游戏风暴

硅谷创新思维引导手册

[美] 戴夫·格雷　桑尼·布朗　詹姆斯·马卡拉佛 著
李龙乔 译

Beijing • Cambridge • Farnham • Köln • Sebastopol • Tokyo O'REILLY®
O'Reilly Media, Inc.授权清华大学出版社出版

清华大学出版社
北京

内容简介

本书取材于孕育着硅谷神话和传奇的“硅谷鸡汤”，从游戏方法和技巧的角度介绍了80多个促进商业沟通、激发创意和定位突破点的视觉化引导游戏，力图多游戏风暴的角度引导和帮助企业乃至个人找到创新点。突破点和变革点，从而扩宽累维，洞察商机和先机，最终从容地应对复杂多变有知识和信息时代。

这也是写给我们每个人看的游戏活动手册，不仅可以促进人际沟通（包括工作和生活场所）培养创造力，训练创新思维，还能够帮助企业和个人取得成功与保持活力。

图书在版编目（CIP）数据

游戏风暴：硅谷创新思维引导手册/（美）戴夫·格雷（Dave Gray），（美）桑尼·布朗（Sunni Brown），（美）詹姆斯·马卡拉佛（James Macanufo）著；李龙乔译--北京：清华大学出版社，2019（2024.5 重印）

书名原文：Gamestorming: A Playbook for Innovators, Rulebreakers, and Changemarkers

ISBN 978-7-302-53104-3

I. ①游… II. ①戴… ②桑… ③詹… ④李… III. ①创造性思维 IV. ①B804-4

中国版本图书馆CIP数据核字(2019)第107794号

责任编辑：文开琪
封面设计：Mark Paglietti，张健
责任校对：周剑云
责任印制：刘海龙
出版发行：清华大学出版社
　网　址：https://www.tup.com.cn, https://www.wqxuetang.com
　地　址：北京清华大学学研大厦A座　**邮政编码**：100084
　社 总 机：010-83470000　**邮　购**：010-62786544
　投稿与读者服务：010-62776969，c-service@tub.tsinghua.edu.cn
　质量反馈：010-62772015，zhiliang@tup.tsinghua.edu.cn
印 装 者：涿州市般润文化传播有限公司
经　销：全国新华书店
开　本：178mm×233mm　**印　张**：21.75　**字　数**：338千字
版　次：2019年8月第1版　**印　次**：2024年 5 月第 5 次印刷
定　价：79.00元

产品编号：066113-01

O'Reilly Media, Inc.介绍

O'Reilly以“分享创新知识、改变世界”为己任。40多年来我们一直向企业、个人提供成功所必需之技能及思想，激励他们创新并做得更好。

O'Reilly业务的核心是独特的专家及创新者网络，众多专家及创新者通过我们分享知识。我们的在线学习（Online Learning）平台提供独家的直播培训、图书及视频，使客户更容易获取业务成功所需的专业知识。几十年来O'Reilly图书一直被视为学习开创未来之技术的权威资料。我们每年举办的诸多会议是活跃的技术聚会场所，来自各领域的专业人士在此建立联系，讨论最佳实践并发现可能影响技术行业未来的新趋势。

我们的客户渴望做出推动世界前进的创新之举，我们希望能助他们一臂之力。

业界评论

“O'Reilly Radar博客有口皆碑。”

——Wired

“O'Reilly凭借一系列非凡想法（真希望当初我也想到了）建立了数百万美元的业务。”

——Business 2.0

“O'Reilly Conference是聚集关键思想领袖的绝对典范。”

——CRN

“一本O'Reilly的书就代表一个有用、有前途、需要学习的主题。”

——Irish Times

“Tim是位特立独行的商人，他不光放眼于最长远、最广阔的领域，并且切实地按照Yogi Berra的建议去做了：‘如果你在路上遇到岔路口，那就走小路。’回顾过去，Tim似乎每一次都选择了小路，而且有几次都是一闪即逝的机会，尽管大路也不错。”

——Linux Journal

译者序

游戏智能

有一次，我听到一个在儿童游戏领域工作的朋友提出一个词“玩商”，他们用这个词来突出游戏能力对于孩子的重要性以及对于家长的重要性。他们的理念是，能带领孩子好好玩，通过玩来学习与成长的家长，是玩商高的家长。我觉得他简直是太有道理啦！玩商，或者定义为“游戏智能”，是不是很有道理？怎么忽然有人玩着风筝就探索出电？怎么忽然有人想着给大学的书呆子弄个约会软件就出来个脸书？这样的游戏能力，同情绪智能与文化智能一样，完全也是一种智能啊！

那么，如果我们玩的目的是探索新的事物，而且我们又想一群人一起玩呢？如果我们想要一个高玩商的团队，去创新一个新的产品、一个新的流程、一个新的文化、一个新的团队或一个新的战略，带给人间一个更美好的愿景，好不好呢？我猜戴夫·格雷，桑尼·布朗和詹姆斯·马卡拉佛（Dave Gray, Sunni Brown & James Macanufo）他们几个人一商量，说好！那肯定需要一场游戏风暴！结果就有了这本书。

这本书是一个游戏的宝库。书里面不单单介绍了他们几个人创作的游戏，还集合了很多其他玩家的招数，其中很多玩家在全球变革管理行业大会上我都有见过，还打过招呼聊过天，实际上，那样的全球大会更像是一个无穷大的游戏场，我们在同一个场域内里一起玩耍、学习、分享和精进，很像本书所讲的“思维大碰撞”。

所以受到邀请重新翻译本书时，简直是心里乐开了花！在我翻译每一个游戏的时候，脑袋里甚至能够回想起我们一起玩这个游戏的情景，每一个游戏者生动的笑容，玩耍过程中碰撞出来的精彩而富有洞察力的见解，我仿佛从中能够看到“思维大碰撞”里那些投入讨论的小组围成圈，在路上边走边讨论，而一些人只好倒着走，他们投入的样子是每一个游戏者的常态！

现在，是时候培养我们成年人的玩商，开发我们的游戏智能了。翻开书的第一页，就是游戏的开始。我们在，你也来吧！

推荐序

头脑风暴到游戏风暴

20 世纪 60 年代初，著名的儿童作家佩奇·帕瑞希[译注 1]介绍我们认识了《糊涂女佣》系列绘本，艾米莉娅（Amelia）是一位极端“文学”的管家呐，她的事儿可真的是多着呢！拿真的海绵做海绵蛋糕[译注 2]；让她去除草[译注 3]，她却在花园重新种满杂草；主人告诉她全家人要“出发”[译注 4]去户外野营时，她真的用棍子使劲敲路面啊！每次我的孩子们读到她的这些滑稽事，都会笑得前仰后合。

我自己经常和孩子们一起大笑艾米莉娅，但后来我意识到，跟我一起工作的人里面，也有很多这样的“艾米莉娅”。然而，他们在工作中犯的那些错误可就不那么好笑了。错误的原因可能是他们对项目目标缺乏清晰的理解，或是在一个复杂的系统中，他们无法全面考虑到工作流程改变后所带来的各种影

译注 1：Peggy Parish（1927—1988），小学教师和童书作家。出生于美国南卡罗来纳州一个贫寒家庭，从小喜欢阅读和绘画，在大学取得艺术学士学位后，一开始当舞蹈老师，后来在奥克拉荷马州，肯塔基州和纽约的小学教 3 年级。在纽约教书期间，她开始进行创作，《糊涂女佣》（Amelia Bedelia）系列就此诞生。该系列共 12 本，第一本书在 1963 年出版，入选美国著名启蒙分级阅读 I Can Read 2 级。

译注 2：原文为 Sponge Cake，直译就是“海绵蛋糕”，实际意思是松糕，女管家只读字面意思，就真的拿海绵来做。

译注 3：原文为 weed the garden，直译就是“种植杂草”，实际意思是“除草”。

译注 4：原文为 hit the road，直译就是“用棍子敲路”，俚语“出发”的意思。

响，也可能是由于团队本身没有充分地探讨各种可能性，或是对于他们面对的各种可能性没有花时间深入地思考，而是匆忙做出决策。

这些错误对生产所造成的损失是巨大的，但是其负面影响还不止于此。所有的工作又要重来一遍，这会非常挫伤大家的积极性。一旦发现失误，就得重新开会找解决办法吧？这下子又多出很多会议。然后，就是来来往往的邮件让我们的邮箱爆满，平常发送电子邮件时，我很清楚应该直接发给谁，可是一旦出现问题，我就得间接抄送给谁，甚至还会有秘密抄送。结果，每个人都不堪其扰，疲于奔命。

而这些错误，都可以运用本书中的游戏来避免。

没错，游戏。

戴夫、桑尼和詹姆斯曾经有过详细的阐述，游戏一旦经过精心设计，就能够带动大家一起协同运作，最终帮助企业解决复杂的问题。戴夫、桑尼和詹姆斯对此拥有丰富多样的经验和理论支持，后来他们开始总结，为什么这些游戏能够帮助组织变得更加有效。带着对这一问题的理解，他们把丰富的游戏拿出来与大家分享，希望团队可以使用这些游戏来解决各种复杂的问题。

我自己本身也是此类游戏的设计师，然而，他们收集的游戏之多依然出乎我的意料。戴夫、桑尼和詹姆斯收集了那么多的游戏，有些是他们自己设计的，有些来自其他同行。他们用这些故事写出了一本容易上手练习的书，你可以在周末愉快地读完这本书，然后在周一早上上班的时候，把其中的某些方法付诸实施。

可是呢，我倒是建议你随身带着它，以便能够随时翻阅。虽然你开始可能只是想试试书里的一两个游戏，但是很有可能你会再回过头来阅读本书，或是登录到 *www.gogameshorm.com* 网站，看看戴夫、桑尼和詹姆斯又找到了哪些可以帮助你实现目标的新游戏。

卢克·霍曼（Luke Hohmann）

The Innovation Games Company 创始人兼首席执行官

代表作有《创新游戏：一起玩，协同共创突破性产品》

前言

在 1807 年，格林兄弟（Jacob Grimm & Wilhelm Grimm）开始收集那些没有文字记载的民间故事。他们于 1812 年出版了第一批共 86 个故事，书名是《家庭儿童故事》。到第 7 版，也是他们有生之年发行的最后一版，收集的故事已经增加到了 211 个。如果没有格林兄弟的努力，我们可能永远不会听到这些有趣（可能也恐怖）的故事：侏儒妖怪、白雪公主、睡美人、莴苣姑娘、灰姑娘、绿野仙踪、小红帽与大灰狼以及青蛙王子。

格林兄弟的热情来自于多个方面：作为哲学家，他们想了解故事中的各种语言学元素，研究它们的起源；作为历史学家，他们想把这些民间的故事记录下来，予以传承；作为故事大王，他们希望能够娱乐大家；作为日耳曼人（在他们所处的那个时代，德国还没有形成），他们希望在说德语的人中间寻找一种民族性的标志并予以发展。

几年以前，我们作为本书的三位作者，开始着手一个类似的项目：我们的目标是搜集整理出一套最新式的工作方法，这些方法萌芽于 20 世纪 70 年代，与蓬勃发展的信息时代紧密交织在一起，你中有我，我中有你。

自从计算机芯片发明以来，我们从工业时代转型到了后工业时代，工作性质发生了明显的变化。在工业社会，工人需要按照标准化的工作说明进行操作，按照明确的政策、程序和规定履行职责。知识工作则完全不同，从业者不再只是被要求按规范完成任务，而是期望用创意取得创新的成果，让客户和同事感到惊喜与愉悦。组织不希望他们只是关注某一单项任务，而是要能够创造出新颖的、更好的产品和服务，取得引人注目的突破性成果。

然而创造和发明长期以来被视为“黑盒子”。作为职场人士，我们往往不愿意费心去了解这一过程。我们把期望寄托在设计师、发明家和创意工作者身上，我们认为，只要把他们往小黑屋里一放，关上一段时间，等他们出来的时候，或多或少就能交出些创造性的发明和成果。当然，我们在想在他们工作时看看他们有什么门道，然而看到的也不外如此：随处可见的草稿纸，手舞足蹈的对话，杂乱的书桌，开怀畅饮，在那小黑屋里发生的一切对我们来讲仍然是一个谜。

当然，把创造留给那些具有创造力的人去做，这是最简单的方法，我们大可以对自己说：“我就不是个有创意的人。”可实际上，在一个复杂的、动态的且充满竞争的知识经济时代，你再这样说已经不行了。只要是个知识工作者，就必须或多或少有些创造力。

说来你可能不信，事实上，富有创新精神的成功人士往往采用简单的策略和方法去实现目标。这并不是说他们有一套一成不变的、能够重复使用的套路，能保证他们源源不断地取得创新结果。这更像是在一个拥有全套工具和策略的车间里，人们可以深入地勘察事物，探索新的思路，展开实验和假设，从而得到令人惊讶的、新颖的见解和成果。

于是我和我的合作伙伴决定像格林兄弟那样走出去到处收集各种最佳实践，我们特别关注了硅谷、各个创新公司以及信息革命领域。

这里的许多做法源于“硅谷鸡汤”这一概念，在硅谷错综复杂和人脉深厚的社交网络中，人们就像蜂房中的蜜蜂授粉那样进行思想交流。那些方法只存在于人们的口头文化当中，这个人告诉那个人，那个人再告诉其他人。例如，一名咨询顾问在和客户的工作中使用了一种方法，然后这位客户开始在他们公司内部采用同样的方法，慢慢地，越来越多的人开始使用这种方法，随着时间的推移，这种方法就会演变得大不一样，而人们逐渐忘记了最初这个想法和做法的来源，就像民间故事那样，散落在不同的地方，流传着许多不同的版本。

我们将这本书称为“游戏风暴”（Gamestorming），因为这是我们能想到的最能贴切描述这一现象的词语。在前面几章，我们尽可能地为大家解构游戏底层的机理和架构以及一些设计原理，期望能帮助大家循序渐进地进行练习。

我们希望本书既能有益于新手，又能帮助到有经验的资深人士。如果你是一个新手，我们希望这本书能为你打开一个新的世界，见识一下可以应对工作中的各种挑战的新方法。对于有经验的老手，我们希望你从中发现一些好的想法，一些“新奇”的点子。

我们出版本书的目的是找到最好的工具和做法，把它们汇总起来呈现给大家。

我们最大的挑战之一是确定每个游戏的出处，找到最初的游戏规则。很多情况下我们无法确定是谁首先设计了某个工具，或者这个工具在哪里被第一次使用。我们尽了最大的努力，在确定每个游戏的起源时，尽可能地做出标注，同时也尽量避免这些标注分散游戏的主要内容。不过有时候我们也觉得很为难，就好像是面对着一套俄罗斯套娃，每当我们确定了一个游戏的来源，又发现似乎前面还有一个更早的源头，好像总有一个“原人”蹲守在那里，伺机而动。

我们标注来源时，使用“基于”这个词，是指它来自某些书面材料，我们已经确定了源头。使用“灵感源于”这个词，表明我们是确定了游戏的基础理念、想法或核心概念，但是游戏本身是口头流传的，或是基于此理念我们自己设计的。如果无法确定可靠的来源，我们会将这个游戏的起源标为“未知”。如果你知道这些游戏的来源，也欢迎与我们分享。

事实上，我们完全有理由相信，随着越来越多的人加入到这个社群，在这本书的以后的版本中，我们将增加更多的游戏，不断改进全书的内容，并且对这些游戏的历史有更深刻的了解。我们设立了一个在线论坛 *www.gogogamestorm.com*，希望您能给我们提供帮助。我们希望您基于自己的知识和经验，为我们贡献更多的游戏；我们希望您能帮助我们弄清各种想法和实践的历史；我们希望通过您的分析和意见，帮助我们更好地理解创新工作中的游戏以及它们曾经拥有的那些复杂而又有趣的历史。

戴夫·格雷（Dave Gray）

2010 年 6 月于圣路易斯

目录

第 1 章

什么是游戏

游戏不同于玩耍。

让我们想象一个场景：一个孩子正在玩足球，他把足球往墙上踢，球反弹回来，他用脚接住球，然后再踢出去。这么玩着玩着，孩子就学会了移动身体，配合足球在空中的移动。我们把这种玩耍称为“配合玩”[①]（associative play）。

现在让我们换一个场景：这个孩子正在等他的朋友。朋友来了，两人一起沿着人行道玩耍，一边走一边踢着传球。现在，这种玩耍添加了社交意义：一个孩子的动作需要另一个孩子的默契配合，而对方的动作也需要他配合回去。你可以把这种形式的玩耍想象成一种即兴对话，两个孩子使用足球作为媒介进行交流。这种玩耍不断重复，来来回回地很自然，并没有明确的开始或结束。我们把这种玩耍称为“一起玩”（streaming play）。

接着，想象他们来到一个小公园。孩子们觉得来来回回地踢球已没啥意思，一个男孩用脚后跟在地上划了一条线，提出了一个建议：“我们来比赛吧，站在这条线后面朝那棵树踢，踢中一次得一分，谁先得到五分谁赢。我们轮流来好不好。”另一个孩子表示同意，于是他们开始玩耍。现在，他们玩耍的性质已发生了改变，这种玩耍称为“游戏”（game），它与传统意义上的玩耍有着本质意义上的不同。

① 中文版编注：幼儿的社会性游戏有四种类型：旁观、自己玩、配合玩和一起玩。

游戏在哪些什么方面不同于玩耍呢？我们来把这个非常简单的游戏分解成一些基本的要素，从中看出游戏与玩耍的区别。

游戏空间（Game space）：进入游戏就是进入另一种空间，在这个空间里，人们会暂时撇开日常生活的通用规则，代之以游戏规则。实际上，游戏创建了另外一个世界， 一个模型化的世界。要想进入游戏空间，参与者必须同意遵守游戏规则，必须出于自愿进入游戏空间。如果是被迫参与，那就不是游戏了。根据约定，人们必须暂时忘记现实生活，这为参与者提供了一个安全的场域，在这个场域中，参与者可以尝试日常生活中看起来太过危险、太过挑战、甚至是粗鲁的行为。两个孩子同意遵守一组规则，例如站在线后，轮流踢球等，从而进入一个共享世界。如果不认同游戏规则，游戏将无从谈起。

游戏边界（Boundary）：游戏是有时间和空间边界的。游戏有起止时间：从参与者进入游戏空间的那一刻起，游戏即为开始，参与者离开游戏空间那一刻，游戏即为结束。经参与者同意，游戏空间可以暂停或再开启。我们不难想见，参与者因为午餐或者其中一位人员要去洗手间而同意暂停游戏。游戏通常是有空间边界的，游戏规则只适用于这个边界以内。想象一下，假如有观众聚在一起观看前面讲到的足球射树比赛，他们要在边界之外。为了不扰乱游戏规则，观众不能站在球员（前面提到的男孩）和树之间，也不能分散球员的注意力。

互动规则（Rules for interaction）：参与者同意在游戏空间内遵守游戏规则。我们的现实世界受各种物理定律的约束，比如地球引力定律。同样的，游戏规则定义了游戏空间的约束条件。 根据游戏规则，男孩不允许越过直线踢球，就像在现实世界中我们不能让球自行上升一样。当然，他可以那么做，但这样就破坏了游戏规则，有作弊的嫌疑。

游戏道具（Artifact）：大多数游戏都采用实际道具即存有游戏相关信息的道具，要么是物体本身，要么是物体代表的位置。前面的游戏中，足球和树就是这样的道具。足球射中树一次，参与者得一分，这就是信息。物品可用于跟踪游戏进度，也可以显示游戏的当前状态。例如，我们很容易联想到，孩子们每得一分便在地上放一块石头帮助他们记分，或者在地上画一条道道——这些小石头和道道也是一种记录信息的道具。游戏者本身就其位置来说，也可以保存游戏状态相关信息，所以也可以算是一种游戏道具。想想运动场上球员的位置或者棋盘上的棋子的位置就明白了。

游戏目标（Goal）：参与者必须要知道如何才算游戏结束，他们得有一个全力以赴要达到的最终状态，所有参与者都理解并认同这个结束状态。有时游戏是定时的，很多体育项目就是这样，比如橄榄球比赛。在我们的例子中，目标是球射中树的命中率，每中一次赢 1 分，一方得满 5 分，游戏就结束了。

我们可以在任何游戏中找到这些熟悉的元素，无论是下棋、打网球、玩扑克还是转圈圈，还是本书收录的所有游戏。

游戏世界的演变

每个游戏都会经历几个阶段的演变：构想、创建、开始、探索和结束。内部运作原理如下图所示。

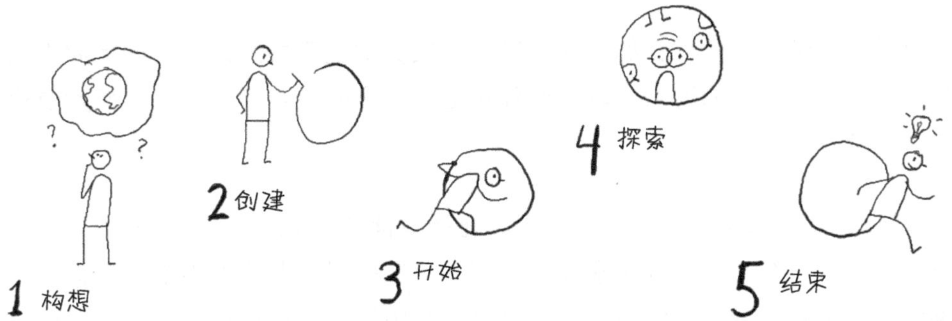
1 构想
2 创建
3 开始
4 探索
5 结束

构想空间（Imagine the world）：在游戏开始之前，必须设想一个可能的世界：一个临时性的空间（场域），参与者可以在其中探索各种想法或可能性。

创建空间（Creat the world）：设定边界、规则和游戏道具，游戏世界就此形成。边界是指游戏世界的空间和时间边界，既有时间上的开始和结束，又有空间上的边界线；游戏规则是规范游戏世界秩序的法则；游戏道具则是构建游戏世界的部件。

开场（Open the world）：只有参与者达成共识后，才可以进入游戏世界。为 了达成共识，参与者必须了解游戏的边界、规则和游戏道具（代表什么，如何操作，等等）。

探索（Explore the world）：目标是推动游戏探索过程的动力，它提供了一个从游戏初始条件到达期望状态之间的必需的张力。目标可以提前定义，或者在游戏场景中由参与者定义。参与者一旦进入游戏世界，就会在游戏系统的约束下努力实现目标。他们在游戏进行过程中，使用游戏道具，尝试新的想法，尝试不同策略，根据不断变化的条件进行调整，努力达成目标。

结束（Close the world）：一旦游戏目标达成，游戏就结束了。尽管实现目标让参与者享受满足感和成就感，但目标本身并不是游戏真正的目的，它只是标志着游戏空间的结束。游戏的真正目的是游戏的过程，在这一想象空间中探索的过程结束以及探索过程中得到的洞见。

游戏世界的构想、创建、开启、探索和关闭这五个阶段中，前两个阶段是设计游戏，其余三个阶段是玩游戏的过程。

可以看出，游戏一旦设计好，便可以不限次数地玩下去。因此，如果你正在玩一个预先设计好的游戏，就只能经历后面三个阶段：开始游戏、探索游戏和结束游戏。

游戏风暴（Gamestorming）是要精心创建游戏世界，以探索和检验商业挑战，增强协作，从全新的角度洞察商业规则和潜在机遇。游戏世界是现实世界的翻版，它创建一个并行空间，我们可以在其中天马行空地构建和探索。游戏可以经过事先精心设计，也可以利用随手可得的素材临时创建。游戏的时间可长可短，有的只需要 15 分钟，有的则需要好几天。游戏空间是无穷无尽的，同样，游戏数量也是无穷无尽的。通过游戏的构想、创建和探索阶段，思维突破和革新之门由此打开！

商业游戏

首先，让我们简单看看商业游戏最基本的组件。

商业，就像许多其他人类活动一样，永远围绕着目标（得分）进行。如下图所示，目标是从 A 到 B 的运行路径：从我们现在的位置到我们想要达到的位置。目标在当前初始条件的 A 状态到未来目标的 B 状态之间设立了一种张力。A 和 B 之间的空间，我们可以称为“挑战空间”（challenge space），需要努力穿越才能到达终点。

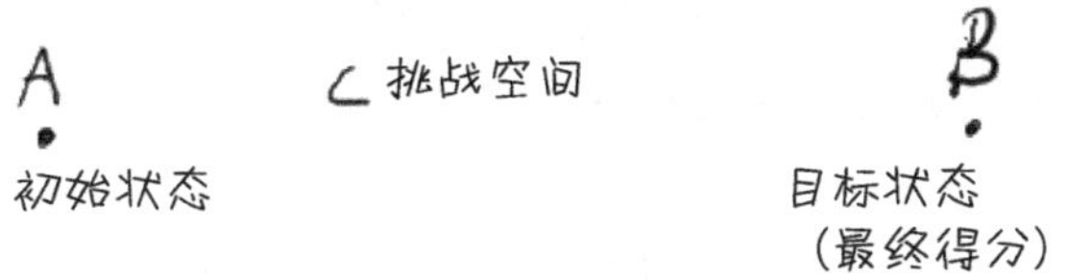
A
挑战空间
B
初始状态
目标状态
（最终得分）

在工业活动中，管理工作的目标是要取得一致的、可重复的且可预测的结果。具体和可量化是制定商业目标的必要条件。因此，我们要确保目标的描述尽可能清晰、精准无误。目标越具体，越可衡量，效果越好。有了清晰准确的商业目标后，我们就要选用由多个步骤组成的业务流程来应对挑战，只要严格遵守该流程，就能够沿着一条因果逻辑链，确保最终得出同样的结果。

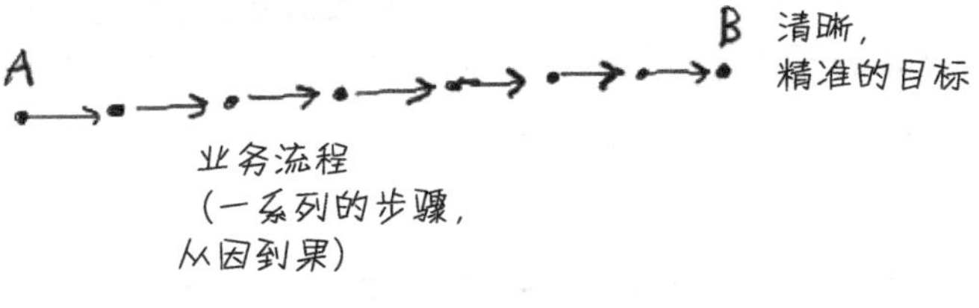
A
B
清晰，
精准的目标
业务流程
（一系列的步骤，
从因到果）

但是，在知识型工作中，我们需要管理的是创新，事实上，我们不再强调可预测性，我们需要的是根本无法预测的突破性的想法。任何创新活动的目标都不是在原有基础上逐步改善，而是要创造新事物。

新，顾名思义，就是“以前没有见过的”。所以，如果一个团队真正想要创新，就根本无法事先准确地界定目标，因为未知因素实在太多了。从事这类项目，就如同参加一个 发现之旅：就像哥伦布，旅程开始的时候是要寻找通往印度的航线，最后达成的却是发现了美洲大陆，目标完全不同，然而更有价值。

模糊目标

如同哥伦布一样，要想向着不确定的未来进发，首先需要设定一条航线。但如果目标未知，如何确定航线呢？此时便需要构想一个世界，一个不同于我们现实世界的未来世界。从某种程度上，我们需要构想一个尚不能够完全感知的世界，它模糊而幽暗，迷雾缭绕。

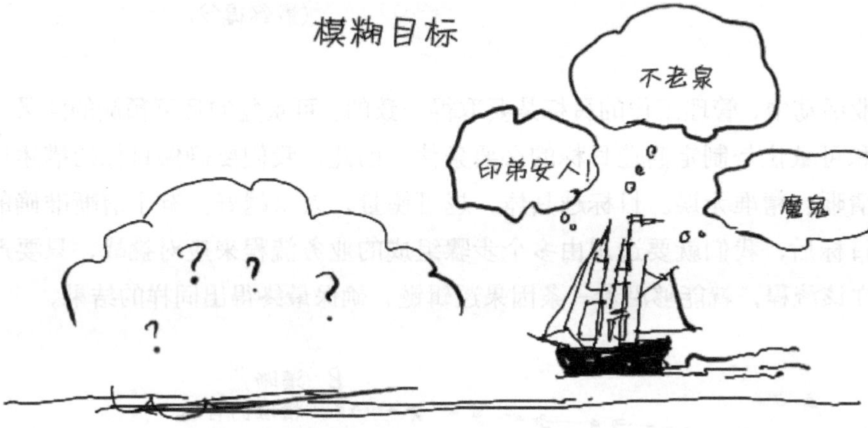
模糊目标
不老泉
印第安人!
魔鬼
?
?
?
?

在知识型工作中，我们需要的目标是模糊的。

游戏风暴是传统业务流程之外的另一种选择。在游戏风暴中，目标并不明确，因此我们应对挑战空间的路径也无法提前设计，这条路完全不可预测。

业务流程创建出一条确定而安全的因果链，游戏风暴则创建出不同的东西：不是一条因果链，而是一个探索、实验和反复试错的框架。通往目标的路径不可预定，甚至目标本身也可能改变。

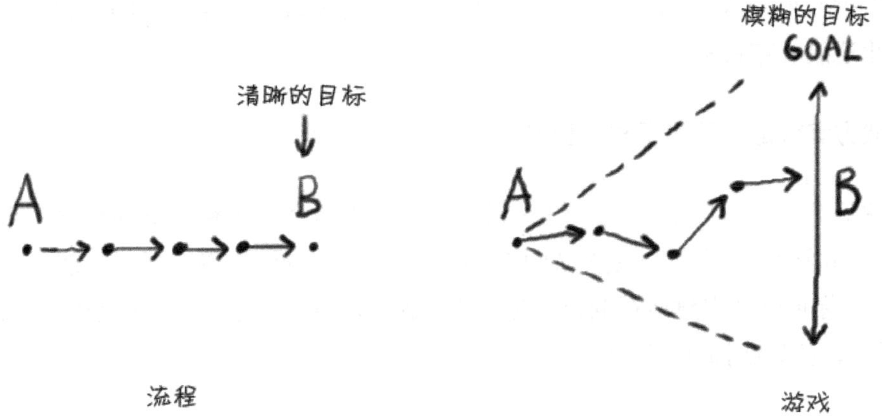
模糊的目标
GOAL
清晰的目标
A
B
A
B
流程
游戏

这个原则即适用于微观，也适用于宏观。要创建一个复杂的工业产品，需要许多流程紧密结合。把一连串流程串起来之后，你会看到一个有很多依赖关系的分支结构图。只要准确遵循流程中的每个步骤，而且沿途没有什么变化，就可以按部就班地实现最终目标。管理方面的挑战无非是精确性和一致性。

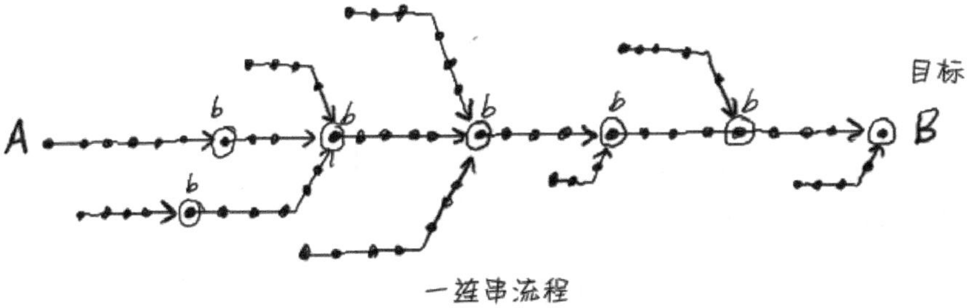
目标
A
b
b
b
b
b
b
B
一连串流程

创新工作的管理则需要另一种不同的方法。因为无法事先精确地设定目标，所以必须基于直觉、假设、猜测来开展项目。这种方式与军事活动非常类似，模糊，不确定，不稳定，这些都是正常现象。

我们都知道军事上使用游戏和模拟作为战争推演手段。但是，他们还会使用作战方案（concept of operations，CONOPS）：(1) 创建一幅系统和作战目标全景图；(2) 与未来将要并肩作战的参战者进行交流。作战方案表达的意思是

“根据我们今天所知道的信息，我们认为系统应该是这样运行的，我们计划如此这般攻克目标。”

作战方案就是一种用于构想世界的方法。

这貌似是一个很大的挑战，但想想前面讲到的两个孩子踢足球的场景：我们创造的游戏世界并不一定复杂才有趣，才能帮助我们取得进展。构想游戏世界时，你可以把它建造得简单，也可以建造得复杂，这完全取决于具体的目标、实际情况以及时间的多少。

作战方案不同于庞大而复杂的流程（必须事先计划），它要根据实际所了解的情况不断修订和调整。当然，行动之前必须要有一个目标，这不可或缺，但是，因为对挑战空间知之甚少，所以在实际过程中，随着行动的展开，知道了什么可行、什么不可行，目标很有可能发生变化。

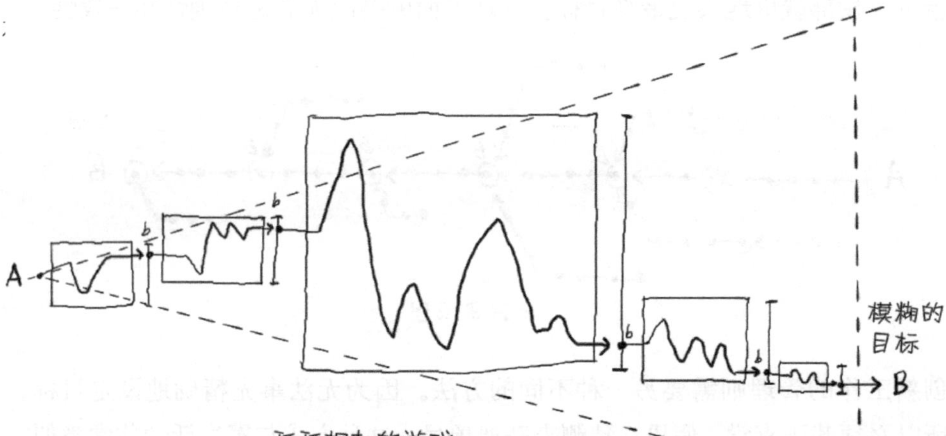

A
b
b
b
b
模糊的
目标
B

环环相扣的游戏

在标题为《突破性创新：跨越学科的界限》（Radical Innovation: Crossing Boundaries with Interdisciplinary）的论文中，剑桥大学研究员艾伦·布莱克韦尔（Allen Blackwell）和同事将模糊目标定义为成功创新的必要元素，他们称之为“北极星愿景”（polar star vision）。“模糊目标”（fuzzy goal）是“在强调工作大方向的同时，不让团队错过探索过程中发现的任何机会”。一位领导人把艾伦的方法描述为“横向管理”（sideways management）。剑桥研究小组确定的另外两个必要元素还包括重点目标和偶然机会之间的平衡，团队目标和个人目标之间的协调。

模糊目标的概念填补了相互排斥的两类标准之间的空白。一端是明确、具体和可量化的目标，例如1000个或1000美元等。在另一端是模糊、以至于在实践中不可能实现的目标，例如世界和平或万有理论。虽然后一类目标可能很崇高，甚至理论上也是可以实现的，但它们缺乏足够准确的定义，无法指导创新活动。模糊目标必须使团队能够感受到方向和意义，同时又能让团队成员跟着自己的直觉走。

那么目标要模糊到什么程度才是最好的呢？要定义模糊目标，需要有一定的ESP，即具备以下三个成分：情感（Emotional）、感知（Sensory）和进展（Progressive）。

情感（Emotional）：模糊目标必须考虑到人对项目的激情和能量。正是出于这种激情和能量，创新项目才有动力。因此，模糊目标必须有一个吸引人的感性因素。

感知（Sensory）：目标定义越形象，越容易与其他人分享。速写和粗糙的实际模型可以使原本含糊不清的想法变得更形象。可以把目标本身变得直观，也可以把目标的效果（如用户体验）变成得可视化。总而言之，在目标共享之前必须以一种形象的方式将它呈现出来。

进展（Progressive）：模糊目标不是一成不变的，它们随时间而变化。因为在你向着模糊目标进发的过程中，自己并不知道需要了解什么。向着目标前进的过程也是一个学习的过程，有时也称为“连续逼近”（successive approximation）。随着团队的不断学习，目标可能会改变，所以很重要的一点是，每隔一段时间就要停下来看一看。然后根据所了解的情况，调整（有时甚至是彻底改变）模糊目标。

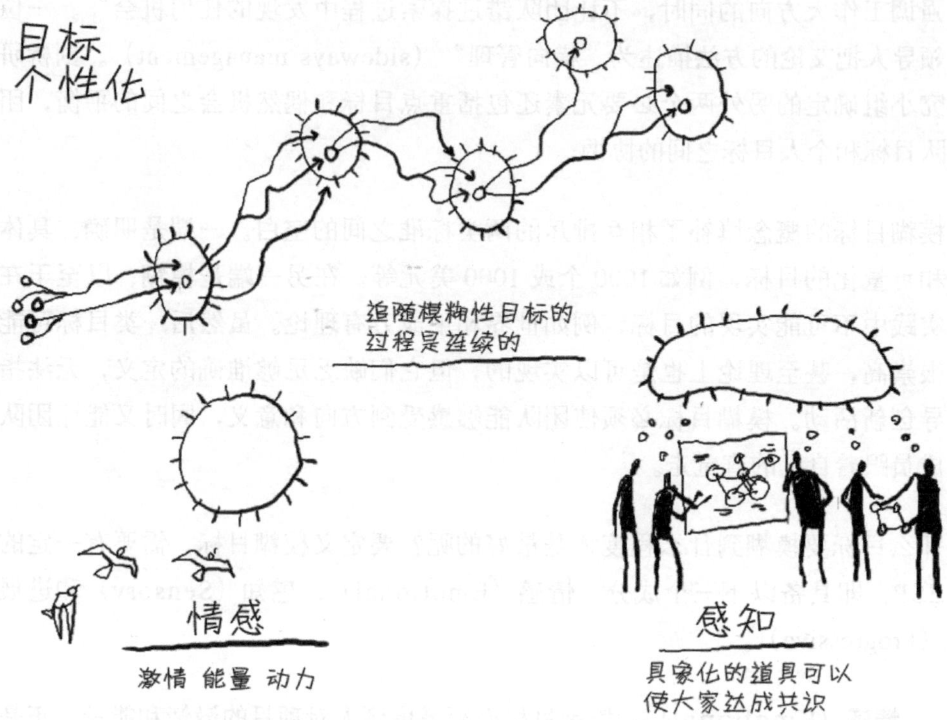
目标
个性化
追随模糊性目标的
过程是连续的
情感
激情 能量 动力
感知
具象化的道具可以
使大家达成共识

创新团队需要在模糊、不确定、复杂的信息空间中摸索前进。未知领域往往远超过已知领域。这非常像是在迷雾中的航行，既没有已经写好的研究案例，也没有任何以往的成功榜样。比起其他类型的尝试，发现之旅面临更大的风险，遭遇更多的失败，但回报也更加丰厚。

游戏设计

如果你想马上开始游戏风暴，可以直接翻到第 5 章，阅读游戏合集，直接应用于工作场所。但如果你想真正掌握游戏风暴，就需要结合你自己的目标和你要达成的具体结果，学习如何设计自己的游戏。

我们来谈谈如何设计游戏吧。游戏是有形状的，它看起来像一支又短又粗、两头尖的铅笔。游戏的目标是从 A（初始状态）到 B（目标状态，即游戏的目标）。在 A 和 B 之间有这么一支又短又粗的铅笔，需要在这个图形中填充自己的游戏设计。

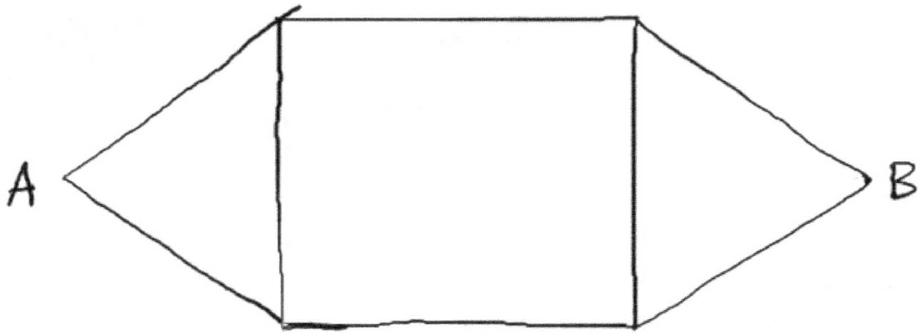
A
B

目标状态（Target state）：设计游戏时，设计起点需要从结束状态开始：你需要知道游戏的目标。在游戏结束的时候，需要完成什么？怎样才算是游戏获胜？游戏结束的标志是什么？这就是游戏的结果——目标状态。我喜欢用一些具体条款来描述目标，可以是一个模拟原型，可以是一份项目计划，也可以是一些未来要去探索的想法清单。记住，具象化的目标更有效。它让人们更加清晰目标的意义和价值，在完成目标时会获得更大的成就感。游戏结束后，他们能看到共同创造的成果。

初始状态（Initial state）：我们还需要知道初始状态的样子。我们现在知道什么？不知道什么？哪些人是我们的团队成员？我们还有哪些资源可以用？

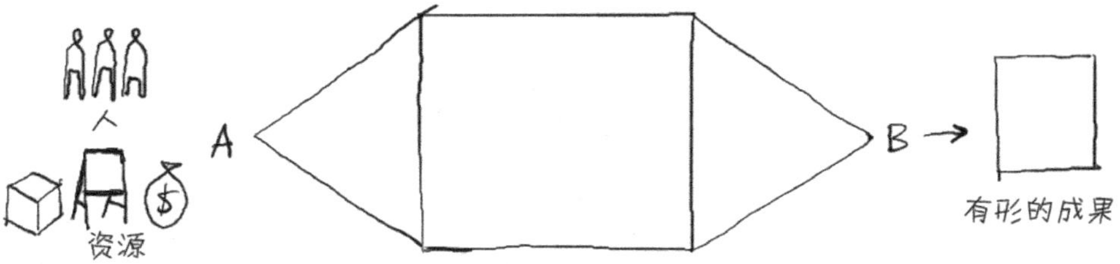
人
资源
A
B
有形的成果

充分了解初始状态和目标状态之后（记住，很多目标都是模糊的！），就要描绘游戏细节了。跟一部好电影一样，游戏可以通过三幕戏来展开。

第一幕是打开游戏空间，即布置舞台、介绍演员、设定主题、提出想法、提供信息，我们用这些元素构建游戏世界。第二幕，探索在第一幕中引入的主题，做不同的尝试。在第三幕中，得出结论，做出决策，计划下一步的行动，作为接下来的事件的输入。这类事件可以是另一个游戏，也可以是其他东西。

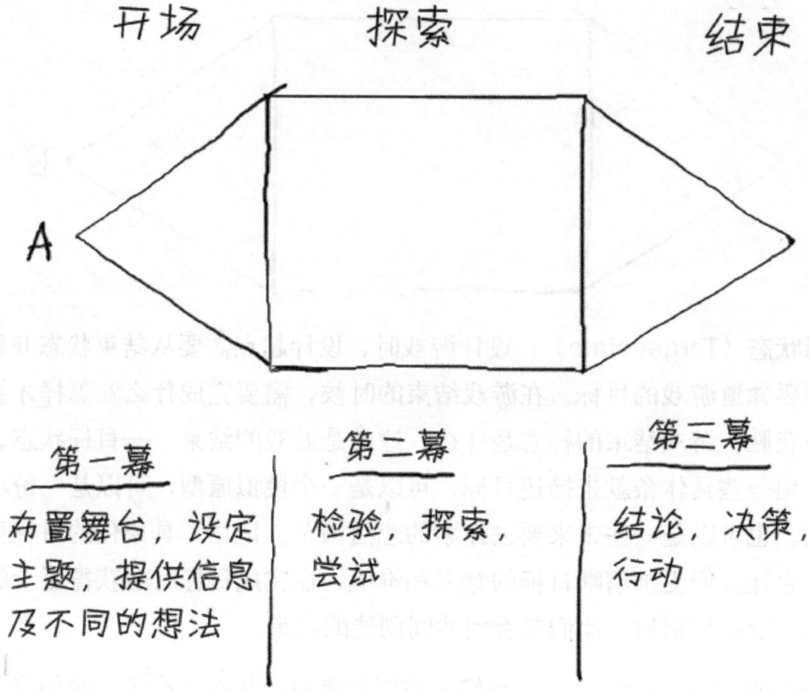
开场
探索
结束
A
B
第一幕
布置舞台，设定主题，提供信息及不同的想法
第二幕
检验，探索，尝试
第三幕
结论，决策，行动

游戏的三个阶段各有不同的目的。

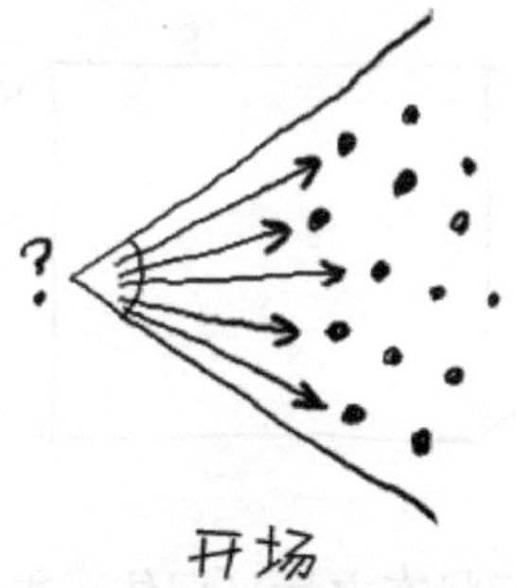
?
开场
（发散）

开场（Opening）：第一场戏就是开场，它所做的一切就是打开——打开人们的思路，打开各种可能性。开场时的主要戏份，就是把游戏参与者请入房间，把牌都放在桌面上，让人们自由地交流信息和想法。你可以把开始想象为一个大爆炸，想法和机会的大爆炸。

开始时得到的想法越多，以后手里能打的牌就越多。开场阶段不要有批判性思维或怀疑主义，而是要激发海阔天空式的思考、头脑风暴、活力、乐观。开场的关键词是“发散”：要鼓励最广泛的视角；要努力在游戏空间中产生无数五花八门的想法。

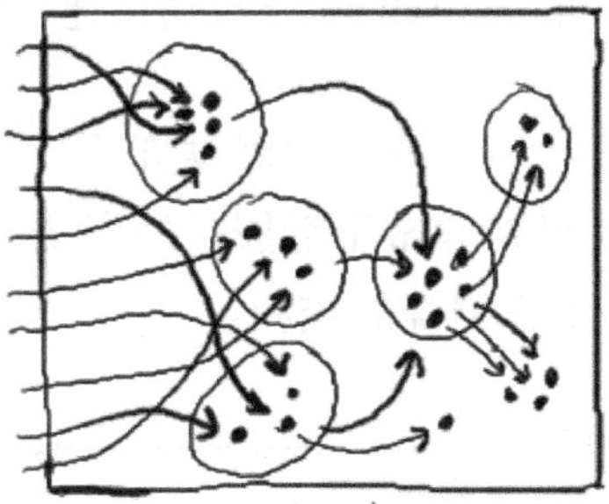

探索
（涌现）

探索（Exploring）：当活力和想法注入游戏空间之后，就要做一些探索和试验。这是真正要展现功力的时候了。你要找到事物的模式和类比，尝试以新的方式看待旧事物，对想法进行过滤和分类，构建新事物并加以测试。探索阶段的关键词是“涌现”：要创造合适的条件，允许各种新生事物的涌现，异想天开的，让人大跌眼镜的，令人振奋的。

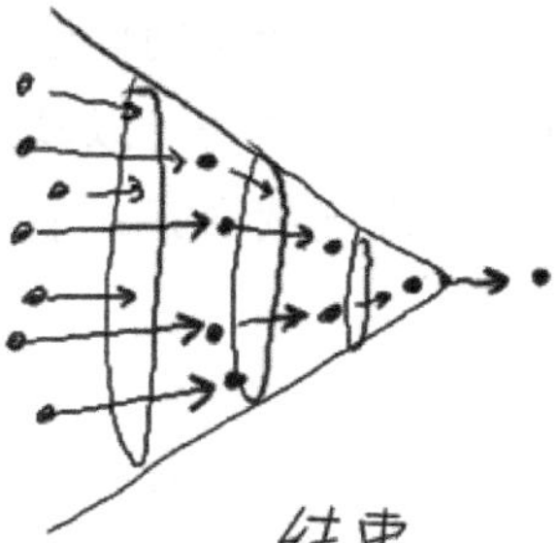

结束
（收敛）

结束（Closing）：在最后一幕就到了收尾的部分了，得出结论，确定行动，明确下一步方案。这个阶段要评估各个想法，带着批判或现实的眼光来审视它们。任何人都做不到事事都去尝试，也不可能去跟进每一个机会。哪些机会最有前途？自己的时间和精力应该投入到哪些地方？结束的关键词是“收敛”：要缩小范围，尽可能选择未来最有前途的想法。

你在设计活动或工作坊的时候，需要像作曲家一样思考，要对各项活动进行精心编排，以求达到创造性、审视、深思、活力与决策之间的和谐共振。游戏设计没有一个统一的正确方式。每个公司、每个国家都有自己独特的文化，每个小组都有自己的运作机制。有的需要行动迅速，有的则需要谋定而后动。

例如在芬兰，人们在回答问题前通常会沉默许久，深思熟虑后才会开口。如果不习惯这种文化，你会感到非常不舒服。所以需要多做功课，摸透情况，拟定适合具体小组和具体工作情况的流程。

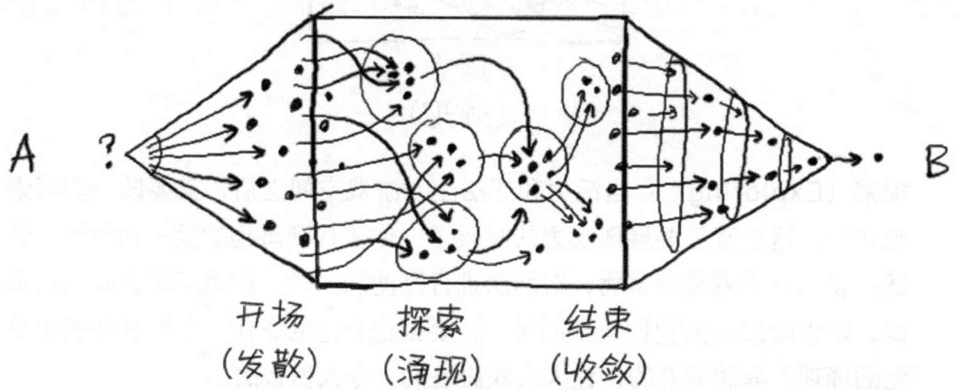
A
?
B
开场
(发散)
探索
(涌现)
结束
(收敛)

开场、探索和结束是三个核心原则，能帮助你谱写流动的乐章，从群体中得出最好的成果。典型的为期一天的工作坊可以设计为多个游戏，环环相扣，具有无数种可能的组合。游戏可以连续展开，上一个游戏的结果可以是下一个游戏的初始条件。

下图展示的是连续开展的三个游戏。每个游戏都有明确的开场、探索和结束阶段。每个游戏的结果作为下一个游戏的输入。这类游戏设计非常简单、清楚，便于参与者理解。

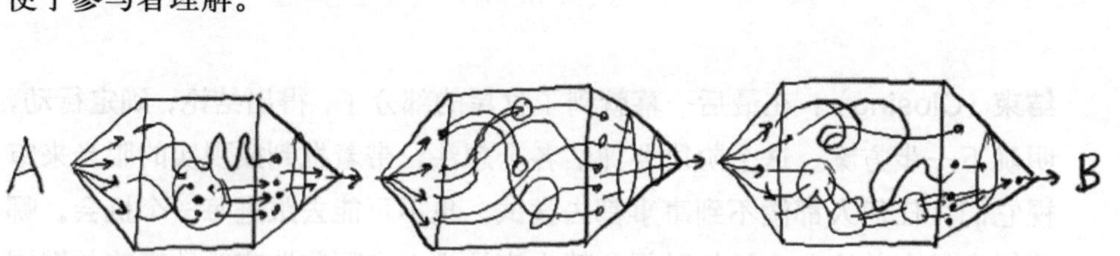
A
B

在接下来的序列中，有三个活动时间更长、更为密集的游戏，中间穿插了两个小游戏。这两个小游戏可以让游戏小组在两个强度比较大的游戏间隔期间有机会稍微放松一下。

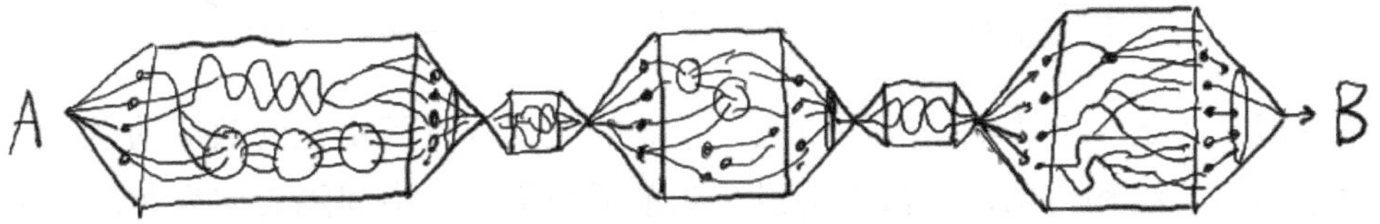
A
B

有的时候，特别是对规模比较大的人群，人们通常会兼顾多重目标。针对这种情况的游戏设计，其关键概念是对开场和结束进行相应的调整，在这里称为“分组”（break out）、“汇总”（report back），通过这种方式，一个大组可分成几个小组，以小组为单位玩一两个游戏，然后再集中到一个大组——对游戏成果进行汇报。通过同时进行多个游戏，不仅可以保证小组的规模和活力，还能增加想法的多样性。

人们还需要时间进行深思熟虑。分小组或者分多个场次可以达成此目标。分组、汇总可以很好地兼顾分享和思考，提供安静思考的时间。例如，你可以要求小组中的每一个人独立地做练习，然后再回到小组和大家分享个人的想法。

下图展示的是一系列游戏，在最开始的会议上确定三个不同的目标，然后分成三个小组，分别对各自的目标进行分组讨论，最后三个小组回到大组中进行汇报，分享各自的成果。

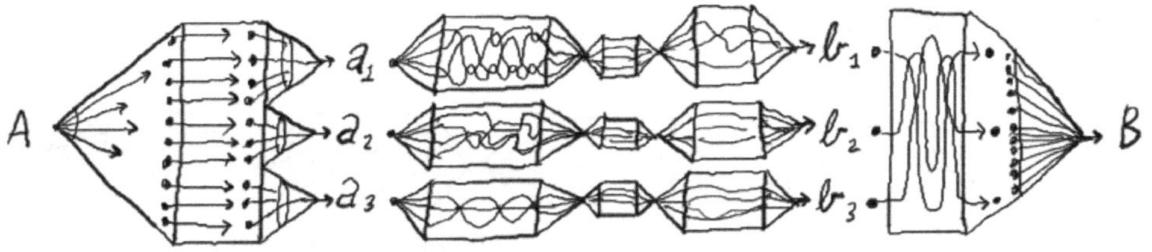
A
a1
a2
a3
b1
b2
b3
B

下图展示的是另一系列游戏，第一个游戏的结果产生了五个游戏，这些游戏接着为后面两个游戏提供输入，然后这两个游戏为下一个更长的游戏提供输入。这一连串的游戏表明这个工作坊包含有多个想法和潜在目标，需要同时进行多个分组讨论才能达成最终的目标。

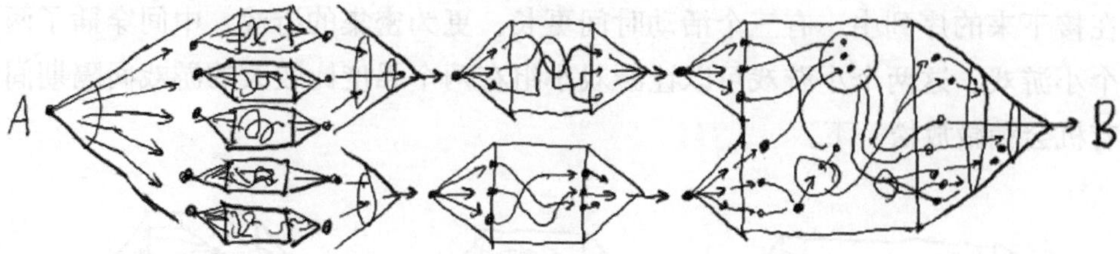
A
B

下图展示的是一个为期一天的游戏，早晨的大部分时间用在发散活动中，产生了很多想法和信息，在探索阶段分为前后两部分，中间隔着午餐休息，下午是收敛活动，最后汇总成一个总的结果。小组成员围坐在四张桌子旁共进午餐，随意讨论并回顾上午的活动，之后进入下午的议程。适合这种设计的团队，每个人都要对游戏的各个组成部分有一定的兴趣，而且大家都希望参与全部游戏，不想被排除在外。

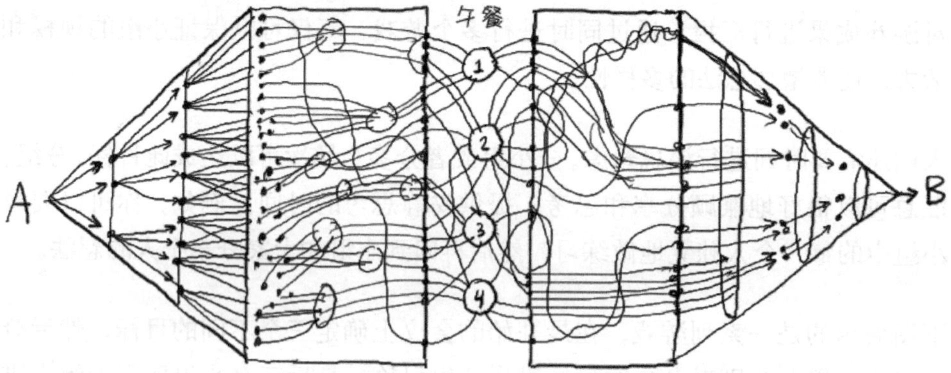
午餐
1
2
3
4
A
B

有时你会发现正在进行的游戏需要改变方向。在下图中，最初的开场和探索过程？示出一个出乎意料的新目标。于是团队同意分成两个小组，一个继续讨论原来的目标，另一个讨论新的目标。

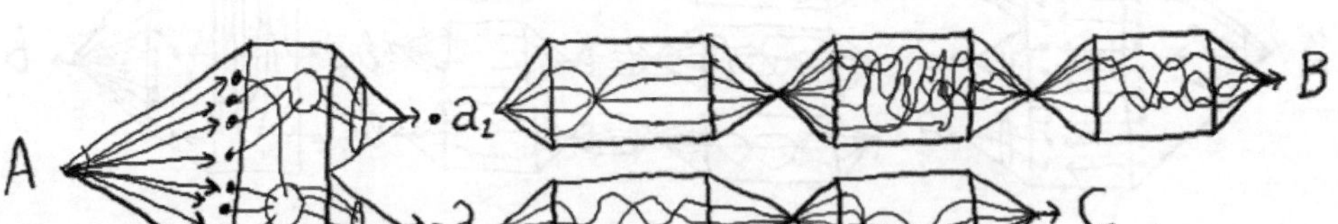
A
a_1
a_2
B
C

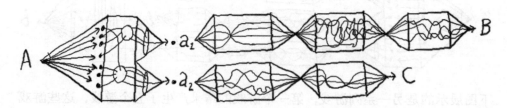

好，现在我们要正式开发一个或一系列游戏了。你准备从哪里开始呢？准备如何构建流程呢？ 请记住，当你想获得出乎意料、令人惊讶或突破性的成果时，游戏风暴是一种有效的途径，是一种激发探索和发现的方法。

让我们花点时间想想那些探索大自然的伟人：哥伦布、刘易斯、克拉克、英国南极探险家沙克尔顿（Ernest Shackleton，又名“薛克顿”），英文南极探险家）以及海军上将伯德（Admiral Byrd）。想象自己是这些探险者中的一员，感受一下。此时的你正在探寻未知世界，而且几乎肯定会发现意料之外的东西。对于探险旅程中可能遇到的事情，你只有一个模糊的概念，然而就像海龟一样，你得整装待发往前走。

第 2 章

游戏风暴的十大要素

登山者俱乐部在 20 世纪 30 年代发表了一份清单，他们称之为“基准十项”，专为那些喜欢探索野外荒芜地带的登山者所写。清单里列出的东西都是登山者在野外探索时的必备用品，其中包括火柴、毛毯和手电筒等，用来保障人们在探索未知地带时的基本生存。

我们正在进入一个探索信息世界的新时代。像过去的探险家一样，我们对于要找的东西往往只有一个模糊的概念，并不知道最终会找到什么。基于大家的共同经验，我们列出了游戏风暴的十大要素。这十大要素不可能面面俱到，但我们认为它是一个实用且可靠的基础工具包。这个工具包列出的方法是前人验证有效的：其中 20% 的方法非常通用，你有 80% 的概率会用到它们。

这些方法都是我们在工作中最常用的，当会议陷入尴尬境地时，使用这些方法还能带你走出困境。熟练掌握这十个方法，将能够从容应对几乎所有的挑战。

1. 开场和结束

我们已经讨论了游戏开场和结束的重要性，但这个概念对管理资源和流程真的非常重要，所以它理所当然地被收录进十大要素表。游戏的开场和结束是设计游戏风暴活动时不可或缺的要素，就像呼吸一样，它们存在于每一个活动中，赋予其韵律和生命。

让我们想象一下法庭审判的开庭陈述和最后陈述。开庭陈述的目的是介绍案子的基本情况、交待前因后果、铺陈庭审中将要探讨的主题。宣判前的总结陈词是为了影响陪审团或法官的最后裁定。

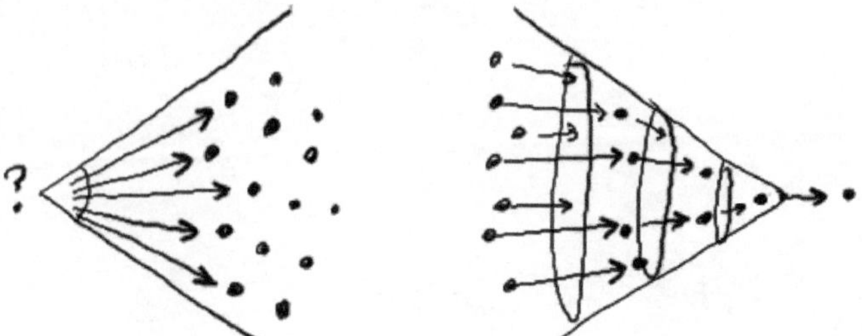
?
开场
(发散)
结束
(收敛)

所谓开场，就完全是它的字面意思：开始。开场就是让人们开始思考，激发想象力。要开场，你就必须营造一个舒适的环境，让人们感到被邀请，他们的到来是受欢迎的，从而让他们打开思路，探索以前从来没有考虑过的可能性。而结束就是要把事情做个定论，从思考模式转到行动模式，即做出选择和决定。分组讨论和汇报归总是另一种形式的开场和结束：开始或分组就是用发散的方式寻找不同的想法和视角；结束或汇总是为了交流意见，使团队目标再次协同。

下面的风险需要额外注意。

开场和结束不能同时展开。不能强调创造性的同时加入批判性，人类的思维模式不是这样的。在探索新的创造机会时需要容忍不同的意见。但在必须做出痛苦抉择时，也不要试图提出新的概念。要让开场和结束独立而有序地进行。

凡事有始有终。一旦就某个主题开了场，就必须完成，否则团队的精力就白白浪费了。开场时可以轰轰烈烈。但如果只有开场而没有结束，就好比打开了一个潘多拉盒子：机会多得眼花缭乱，人们却不知道如何去利用。如果在分组讨论时人们积极参与，而之后却没有机会与别人分享自己的想法，就会很失望，而作为组织者，你可能会错过一个重要的学习机会。

> 有时候，可以很简单地用一句话结束讨论：“这条线索好像没什么用，我们到此为止吧，别再浪费时间了。”

2. 点火

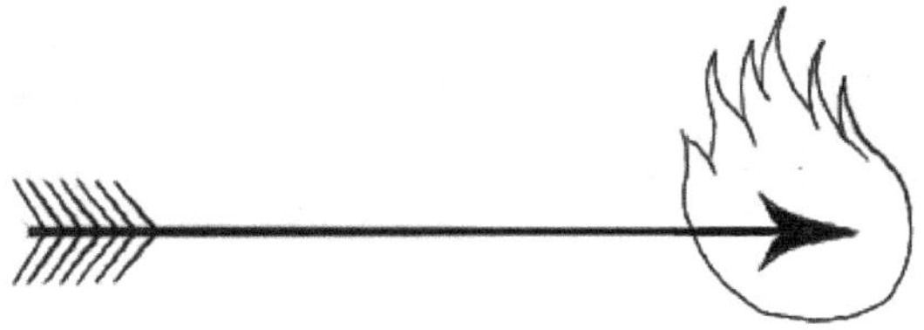

在知识领域，点火技术是指激发想象力并启迪探险精神的火花，这些火花启动了追寻和探索的过程。点火方式在野外非常重要，以错误的方法点火或者在错误的地方点火，火势可能会失去控制，说不定会引发一场森林大火。游戏风暴也是如此。因此，用正确的方式开始探询，能够调动人们的兴趣和感知，激发思维和反思，最终得到想要的结果。

最常见也最有效的点火方法就是提出问题。提出一个很好的开场问题，犹如得到一个可以射向任何目标的箭头。有了精心设计的一系列开场类问题，就好像得到了一组攻无不破的箭头。提问技巧有很多，我们需要仔细研究和练习。提问可以改变人们看待问题的视角，深入剖析问题根因，提高对话层次。

另一种常见的点火技术就是句子填空，写出一个简短的词汇或句子，要求人们像做考试题那样填空。例如，如果想探索客户需求，就要考虑客户通常如何表达需求。探索客户需求的填空题可以这样写“我想要__________。”(填空)

3. 道具

一旦开始收集信息并进行整理和组织，就会瞬间感觉千头万绪。如何对信息进行全面跟踪呢？在考古研究中有个专门的称呼叫“文物”（artifact），其实就是人工制作或打磨出来的成型的道具，尤其当它又具有考古价值或历史价值。在知识工作中，道具是存有信息的有形的、可携带的东西。道具可以是一张纸、一个即时贴或一张卡片。当道具成为环境的一部分时，就更容易承载信息了。

游戏中的卡片、计数器和骰子等都是道具。在餐桌上用盐和胡椒粉瓶子讲故事的时候， 也是在把它们转变为讲故事的道具。

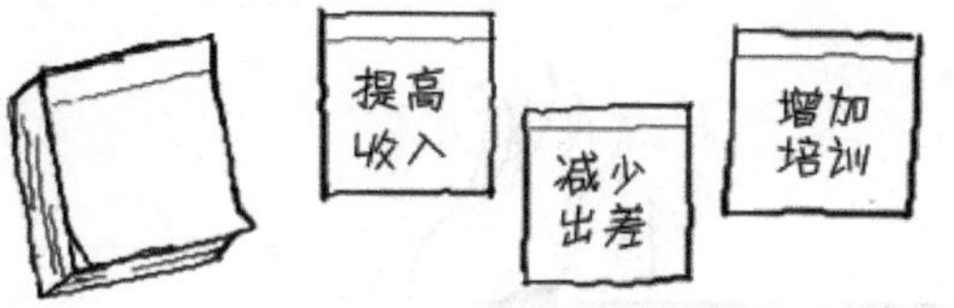
提高
收入
减少
出差
增加
培训

道具之于思维的重要性，很容易通过下盲棋来说明。人们可以默记当前棋盘上棋子的位置，大多数国际象棋大师可以记下整盘棋，但相较于下盲棋，更简单的方法是把棋子摆在眼前的棋盘上，利用棋盘直接显示所有棋子的位置。每一颗棋子的形状、颜色、在棋盘上的位置以及与其他棋子的相对位置，都包含着丰富的信息，能帮助人们在游戏中做出更好的决策。

道具是意义的载体，就像棋盘上的棋子，它们使知识或信息变得明确、形象、可转移、可长久保存。把想法写在便签纸上，就是创建了一个道具。有了很多这样的道具后，它们的价值大小就取决于你如何在特定环境中应用它们。道具或环境存储的信息量越大，越能帮助参与者脱离当下已有的固化认知，大胆地思考。

4. 结点生成

大型系统的任何一个组成部分都可以称为一个结点。知识探索者在创建道具时通常把道具想象成大系统中一个元素。在探索的初始阶段，首要任务是创建尽可能多的结点道具，所以我们需要从最广的角度开始创建。我们把这类练习称为“结点生成”（node generation）。

结点
生成

“贴出想法”是生成结点的方法之一（详情参见第 4 章）。在开始“贴出想法”游戏时，首先采用某种点火方式来设置参数，确定你要什么样的清单。简单说吧，这就好比你去商场购物，需要提前写一张购物清单。你可以从简单的问题开始：“我要在这个商店买什么东西？”在游戏中，让所有参与者在即时贴上分别写出自己想买的东西。这种做法与典型的头脑风暴不同，在头脑风暴中，为了让大家互相启发和了解，你会要求每个人大声宣读自己的想法。而这里，你邀请每一个人安静地写出自己的想法，每张即时贴上写下一个点子。

贴出想法

这样做有两个目的。首先，因为它是一个开场练习，通过邀请人们自己安静地书写，你会得到更加多样化的想法。其次，要求人们在一张即时贴上只写一个想法，这样便创建了一系列模块化的、可移动的道具，后续可以把它们打乱、重洗、排序和重新分组等。

当大家把自己的想法书写完毕后，邀请所有参与者轮流走到白板纸或白板前，和小组成员分享自己的想法，具体的做法是：参与者大声读出自己写的每一张即时贴，并把它张贴在白板上给大家看。请注意，这个“贴出想法”游戏就是前面所讲的分组、汇总的一个版本。要求每个人写下自己的想法时，分组即为开始，大家全部完成分享，汇总即为结束，此时白板上会贴满了即时贴。

5. 有意义的空间

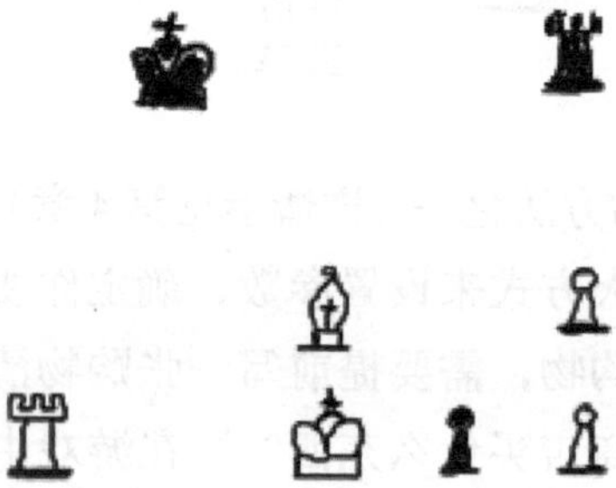

白先两步胜

如果没有棋盘，我们如何下象棋呢？像象棋这样的游戏，它不完全取决于你剩了什么棋子，还取决于棋子在棋盘上不断变化的相互位置。棋盘上的格子打造了一个有意义的空间，如同地图上的经纬线一样清楚明了。棋盘和棋子都是游戏中不可分割同进也不可或缺的重要组成部分。

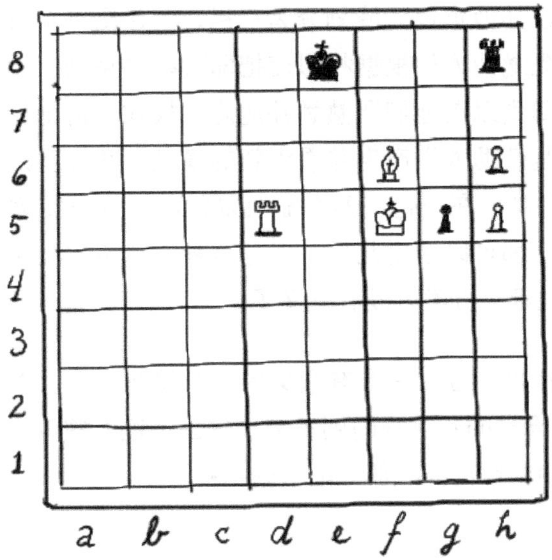
8
7
6
5
4
3
2
1
a b c d e f g h

象棋创造了一个对弈双方可以共同探索的游戏世界。棋盘（有意义的空间）定义了该世界的边界，而棋子（道具）游弋于这个世界。其他游戏亦如此。

游戏规则定义了游戏世界中哪些是可以的， 哪些是不可以的。对弈双方同意进入游戏世界后，研究可能的行走路线，争取胜过对方。这样的游戏往往都是你死我活、你败我胜。然而在游戏风暴中，更多的时候则是参与者拥有共同的目标。

知识探索者可以在任何地方创建有意义的空间：一块白板、一张大白板纸、一页复印纸、一张桌面或一个房间。只要能搭建出一个空间的框架，使其中的关系更有意义，就可以了。就像棋盘上的网格一样，建立网格是最常见的、最有用的空间组织方法之一。从城市规划到电子表格的数字管理，网格在人们的工作和生活中随处可见。

亲和图也称“聚类图”，是一种常见的利用有意义空间来把大量结点划分成几个主题的方法。它能帮助团队成员迅速地把当前工作内容进行分组。首先，利用“贴出想法”游戏或其他结点生成方法产生一组结点（参见第 4 章）。

接下来，将白板或其他可视区域划分为三栏，创建出一个有意义的空间。先别给栏目命名，先邀请人们根据相似度把即时贴粘贴到三栏中。为栏目过早命名会迫使人们回到以前他们所熟悉并适应的模式。请记住，在创造性工作中，我们的目的是帮助人们产生并看到新的模式。在分类的时候，可以要求大家把相似的即时贴叠在一起，这样就可以减少重复信息。如果即时贴太多，三栏根本不够用，那可以多建几栏。但是这种做法不宜滥用，因为分类过多就很难找出共同主题，分类就没有意义了。

三个（或多个）栏目一分，一个有意义的空间就形成了。人们可以把它们当成 “空桶”，把自己的想法分门别类地投进去，这有些像摆好文件夹的桌子或者嘉年华活动中常常见到的那种硬币分拣机。

亲和图

参加商务会议时，如果没有什么物件做道具，又缺少有意义的空间，无异于背着手和蒙着眼来参加会议。当然，如果愿意，这样的会议也可以凑合着开，问题是这又何必呢？

6. 草图及模型

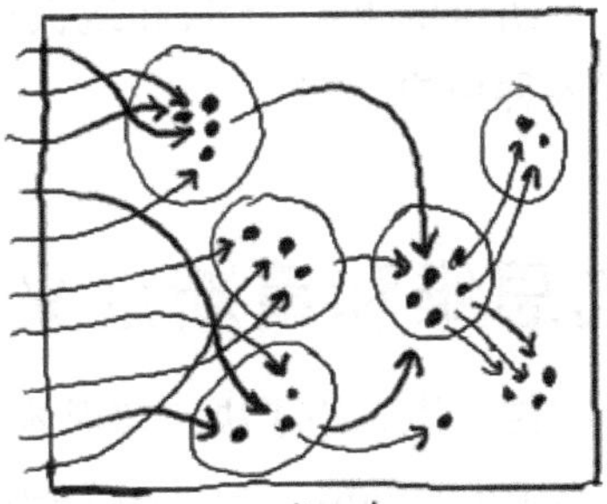

探索
（涌现）

草图和模型都属于道具。草图可以是一幅铅笔画；也可以是个小短剧，如喜剧小品；也可以是一个随手勾勒的大致轮廓，如“他草拟了一个计划”或“她勾勒了一下细节部位”。好，咱们来看看这些描述里有什么共同点，能从中得知草图有哪些特征吗？

草图的特征是随意、松散、简洁。勾画草图是第一步，草图有可能最终雕琢成精美的成品，当然也可能不会。绘制草图是一种快速学习和探索的方式。艺术家可以在想法实现前一口气做出几百个设计草图，然后挑出其中之一进行更深入的打磨。先绘制草图，然后逐渐把它描绘得更加清晰和具体，藉此让想法得以快速深化。

好的草图包含足够的信息，能够恰如其分地表达出想法。画草图不是艺术家、雕刻家或演员的专利。我们大多数人习惯以口头或书面的方式表达想法，这只是众多沟通方式之一。如果我们表达想法的渠道过于单一，对问题的思考会受到严重制约。

没有图片和图表，就没有毕达哥拉斯、欧几里德、笛卡儿和牛顿等人的发明。爱因斯坦说过，他依赖于图像来辅助思考，“这些图片要展现出健与美。”

通常在使用这种方法之前，你要快速介绍一下视觉语言（可以请参阅第 3 章有关视觉字母表的讨论），帮助大多数人跨越障碍，让他们得以流畅地以视觉或象征符号来表达想法。草图也可以包含其他类型的建模练习，如快速即兴小品，或用橡皮泥和扭扭棒制作物理模型。注意，要以最小的代价把事情仿真模拟出来。设计师会使用即时贴、纸张和纸板创建出模拟的软件接口，他们可以以此测试并尝试各种用户的交互。

7. 随机性、反向思维和重新定义

很多事情都不是有序的。有传言说，为了决定《裸体午餐》一书的篇章顺序，威廉·S. 巴罗斯（Williams Burroughs）把他的手稿扔向空中，然后按从地上捡起来的篇章顺序出的书。穆罕默德最初得到的《可兰经》也只是一些散乱的章节，后来是他决定了篇章的合理顺序。人的大脑是一台建模机器。我们寻求和发现周围的模式特征。达芬奇习惯于通过观察墙上的污渍来从中寻找灵感：

> 我不得不提及……一个新的研究机制……这看似荒诞无趣……[但] 极其能够激发思考……观察墙上的污渍痕迹，或是砖石的纹理……你可以从中看到奇异的风景……鏖战中的人群……陌生的面孔和服装……千奇百怪的物件。
>
> —— 达芬奇

我们很善于寻找模式，一旦模式形成，我们就再难看出别的东西了。引入随机性能够让大脑再度活跃起来，帮助我们更容易地从过去熟悉的领域中寻找到新的模式。通过把我们熟悉的东西重新打散、反向排序、或者重新定位，能够为新的想法和机会营造足够的生长空间。

随机性是所有创新不可或缺的基本要素。例如，我们把基因打散之后进行重新选择和重新编组，就能够促进物种的变异，导致新的生命形式的出现。在思想领域采用同样的方法，也会带来新思维的出现。

再比如，如果我们把世界地图反过来看，置南极于顶端，就足以为国际关系引入新的思路。

之所以选择卡片、即时贴这样可以分开来用的文具，是因为它们能支持这种随机性。你可以把它们随便打散，重新排序，重新整理，从而产生新的模式和想法。

8. 即兴表演

“即兴表演”就是没有计划，走一步看一步。就像爵士乐手一样， 一边编曲一边演奏。即兴表演的时候，你感知当下的环境，感知自己当下的内在感受，凭直觉去回应，去发挥，去创作。这一刻，你心无旁骛，所有假设和偏见都被抛在一旁，任由新的思路、新的做法和新的行为自然迸发。你要有意识地去屏蔽脑袋里已知的条条框框，才能进入灵动状态，佳作偶得，惊喜纷呈。

即兴表演是一种用身体带动思维的方式。在角色扮演中，你要进入角色，想象场景，按照剧情对你这个角色的需要进行表演。把自己带入另一个角色有助于理解别人的目标和挑战，并可能得出新的见解和更好的解决方案。

“肢体风暴”（参见第 4 章的游戏描述）是一种即兴表演的游戏。参与者用硬纸板、椅子或者其他随便什么东西搭建一个临时世界，然后扮演角色，按照场景要求进行表演，对场景进行最佳阐释。

在 20 世纪 90 年代初期，用户体验设计师贾里德·斯普尔（Jared Spool）和几个同事开发设计了一款游戏。在游戏中，参与者能够一起合作，用硬纸板和纸张设计一个互动式的售货亭模型。这款游戏的目的就是帮助设计人员学习如何利用纸板搭建原型，从而加快设计过程。

由于这类活动产生的想法稍纵即逝，所以最好能够有录制设备，如摄像机、小三脚架和麦克风等。如果这类活动比较多，就值得投资购买更多的专业化录制设备。这种录制工作当然也需要平衡得失：我们可以藉此把那些有代表性的临时体验固化到有形的物体上，但这项工作也可能降低即兴表演中的随兴自发性（详情请参阅第 3 章）。

9. 选择

你不可能“雨露均沾”，把每一个点子都尝试一遍，所以很多时候，你要把一大套芜杂的想法或选项浓缩成更小的、更容易管理的方案。

投票就是一个很好的办法。我们都比较熟悉通过举手投票或无记名投票进行表决，但是，当你应对大量信息时，其实还有其他更好、更快的投票方式。例如，可以给每个人发 10 个小圆贴，让他们贴在自己最喜欢的选项上，贴完为止。

用贴纸投票（如第 4 章的“投票数点”游戏）是一种货币投票的形式。小圆贴就好比货币，参与者可以自己决定在哪些事项上花多少圆点，最终帮助大家决定哪些对他们来说是最重要的。你还可以想象一张购物清单，清单很长但资金有限。当然如果你钱多，可以都买下来。但是当你资金有限的时候，就不得不做出取舍了，这种决定有时候会很艰难。

人们都爱贪多，不考虑自己的消化能力，美其名曰“我们天性乐观。”可一旦你什么都张罗着全盘吸收，后面就很容易不堪重负，最后什么都完成不了。

有限的票数和货币可以帮助人们完成这种艰难的抉择，识别出对自己最重要的事项。可以给大家发小圆贴投票，也可以请大家用笔标出他们的选择，这样就可以清晰地看出团队偏好，帮助大家快速做出集体决策。

另一个收敛选项的方法是按优先级排序。“强制排名”游戏（见第4章）通过“强制” 排名排出优先顺序：从最重要的到最不重要的，从第一个到最后一个，以此类推。仍然以购物清单为例，我们可以强制要求用商品价格排名，从最昂贵的到最便宜的。也可以强制要求根据重要程度排名，从最重要的到最不重要的。资金有限时，可以把这两份清单都拿来，然后进行综合考虑，确定最理想的花钱方式。

10. 尝试新事物

在探索技能方面磨练知识的最好方法是保持诚实。你只有经常不断地去尝试新事物、去冒险，否则不会有任何新的发现。争取养成这样一个习惯：每次做游戏风暴时，至少尝试一样新事物。这样做能让你保持勤勉，迫使你不断去发展和完善，不断熟悉新生事物，掌握新的技术和方法。如果你自己都无法点燃自己内心的火花，何谈去激发他人呢？

把游戏风暴想象成一个工具包，针对不同的活动，你可以随意拼装组合出不同的应对方法。游戏只有在不断变化中才能产生真正价值。经验丰富的知识探索者看到一个游戏不起作用，他们会快速放弃，转而顺利过渡到另一个。你可以把每个游戏看作一出戏里的一幕，或者其中的一个小品。参与者需要全身心地沉浸其中，才能获得真正有意义的进展。

在游戏风暴的环境中，你可能会很快地从角色扮演游戏转到棋盘类游戏，再转到搭建游戏。这些游戏本身并不是终点，它们只是用来帮助你从一个点到另一个点的跳板。就像士兵建一座浮桥过河一样，需要的时候就创建一个游戏，能用就用，不能用就扔。这就像搭梯子，比如那些卡通片里的角色要搭一个梯子，可是自己不知道要把梯子搭到哪里去，怎么办呢？那就每次搭一格，每次搭一格，慢慢来。

你甚至现在就可以动手！看看四周，随便拿几样东西拼在一起，以最简单的工具打造一个游戏。这个游戏会把你带到下一步。你不必知道目的地，只需要知道旅途的下一步。要朝向那个模糊的目标，那个巅峰，那些远方梦幻中的东西，然后举步向前，下一步，下一场游戏，这样一步一步进入通途。

第 3 章

游戏风暴的核心技能

读到这里，如果你已经迫不及待，那不妨跳到本书的游戏部分读上几个游戏，或者找几个游戏和同事、朋友们一起玩玩。如果你觉得还没有准备好，想再多学习一些游戏风暴的技术，那就请继续读下去。在本章中，我们会详细讲解一些基本要素以及这些要素的操作方法。

提问：启发思路的核心方式，用于激发最初的思维火花。

道具和有意义的空间：白板和各种游戏道具，搭建游戏主场。

视觉语言：能够使你的想象和想法更容易理解，更便于分享。

即兴表演：使用全部身心来探索体验的能力。

好了吗？游戏开始了。

提出问题

对于探索和发现而言，如何提出启发性问题至关重要。问题就像点火器：它能点燃人们的热情，激发出能量，甚至能通过提问把纷繁复杂的事物剥丝抽茧，厘出脉络。

在生活和工作中，我们经常要从 A 点走到 B 点。当从 A 到 B 的路线很明确时，我们画一条直线并沿着它前进，至于这条路好不好走，则不在当前的考虑范围之内。

A
B

通常一个等式有两边，这边是一个问题，另一边则是未知的。如果问题是“我们如何从这里到那里” 而且答案已知，那么等式完整了，我们也就有了答案。于是我们可以从 A 到 B 画一条直线。这就是流程，我们用一连串的步骤描绘出从 A 到 B 的路径。

A
B

如果从 A 到 B 的路径不清晰，那我们面临的挑战就不一样了。问题还是一样的“我们如何从这里到那里？ ”但答案就不同了，我们必须承认我们不知道。很有可能是我们不仅不知道答案，甚至干脆根本无法找到答案：因为并非所有问题都有答案。

A
B

穿越这种空间极具挑战，因为前路一片渺茫，就如同穿越沙漠或在未知水域中航行，我们不知道前面有什么事情在等待着自己。就算有答案，刚开始的时候我们也不可能知道离它有多远。在这种挑战性的复杂空间里，可以尝试下面五种问题帮我们找到方向：开场、试验、探索、检验和结束。

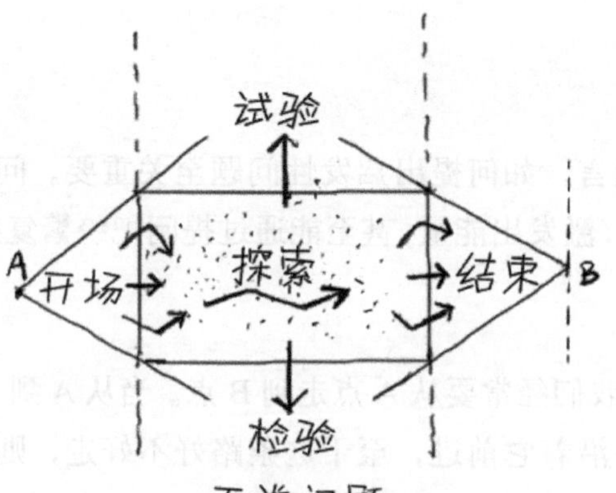
试验
A
开场
探索
结束
B
检验

五类问题

如下图所示，在任何知识游戏中都有这三个步骤，你要开启一个游戏世界，对它进行探索，然后再结束该游戏。在A点和B点之间，必须竭尽全力探索才能取得进展。

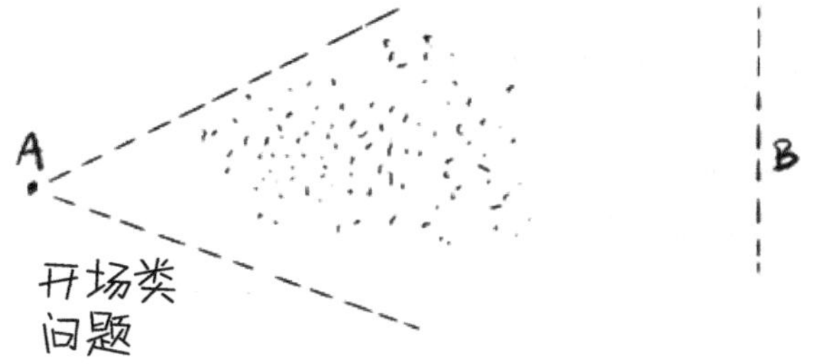
A
B
开场类
问题

开场类问题

开场类问题用来打开通向游戏世界的入口。游戏的开场阶段是你的第一次亮相，要让参与游戏的人开始互相熟悉，共同确定下一阶段要探索的主题。开场阶段的关键点是要让人们熟悉协同工作的流程，要让他们感觉在一起工作很自在，同时能够激发他们尽可能多地产生点子。如果人们过于熟悉，可能无法突破他们传统文化中的惯常思维模式，这样出来的点子就会非常雷同。但如果他们之间完全陌生，出来的想法当然会多种多样，但让他们形成团队合作就会比较困难。

开场类问题的目的是激发想法和观点，引发思考，揭示机会，快速启动。好的开场类问题能为我们面临的挑战打开新的思路，因此我们要营造一种热烈的氛围，激发乐观的情绪，让大家觉得一切皆有可能。好的开场是一个冒险的召唤。

例如，可以先就挑战空间进行头脑风暴，列出所有可能的提问。关注问题的数量而非质量，避免评判，欢迎非常规的想法和有争议的点子。鼓励大家在彼此的想法上延伸出新的问题，也可以把其中的一些问题合并从而使问题质量更高。

开场类问题就是为了给后面的工作积攒素材。你就假想现在拿着个能容万物的大篮子，它可以装下无数想法。但凡有个什么想法，别管它有用没用，先放到篮子里再说。收集的想法越多越好。

下面是启发性问题的一些例子。

- “你如何定义我们当下面临的问题？”
- “我们想要探讨哪类事物？”
- “哪些方面问题最严重？”

导航类问题

导航类问题有助于在游戏过程中评估行动，调整方向。例如，总结关键点并确认大家意见统一，从而确保大家的理解一致。

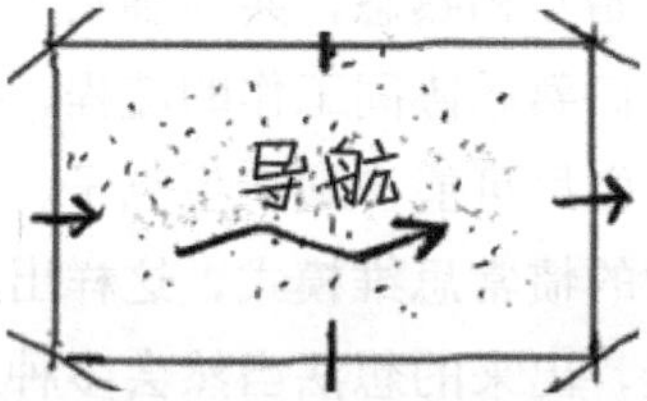
导航

你要关注团队能量，他们是不是疲劳了？是不是有些挫败感？劲头不足了？那就休息一会儿再继续进行。提出一些能重新振奋他们的问题，帮助他们意识到，问题的探索的确很艰难，但他们已然走出了很远。

你到达预定的终点了吗？你取得所期望的进展了吗？大家依然感觉与此项目息息相关吗？问问他们！

不过，在提出过多的导航问题之前要记住一点，你可能比屋子里的其他人有更多驾驭复杂空间、应对挑战的经验，你可能比他们更确切地感受到你们已经走了多远。如果你是船长，而你又提出太多质疑，可能会让别人觉得紧张。

导航类问题帮助设定路线，指出方向，发现错误及时调整。下面是导航类问题的一些例子。

- “我们还在沿着计划的路线前进吗？”
- “我理解得对吗？”
- “这能帮我们取得目标吗？”
- “讨论这条线索会有帮助吗？”
- “我们能否先把它记录下来，后续再进行讨论？”
- “我们今天早晨定下的目标还有意义吗？根据目前所了解的情况，我们是否应该做些调整？”

不管什么时候，只要遇到新东西，就不妨问两个大的问题。首先，它是什么？其次，我能用它来做什么？第一个问题用于审视它，第二个用于尝试其应用。

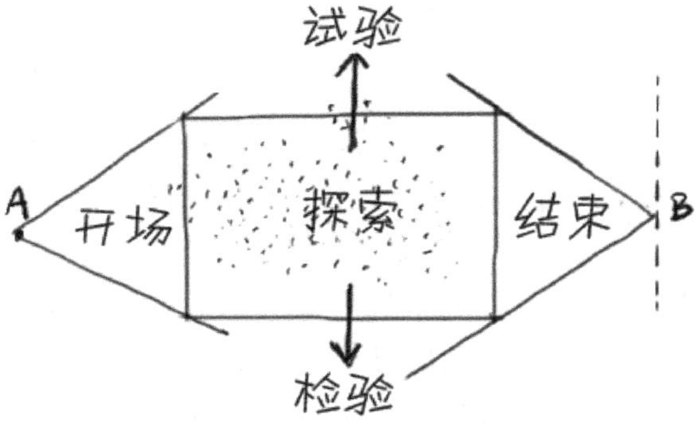

试验
A
开场
探索
结束
B
检验

探索类问题

探索类问题会引起人们对新鲜事物的观察和分析。这到底是什么？它有什么特性？你观察得越仔细，就越能更好地审视它。探索类问题帮助你聚焦于细节，探询那些细微的、具体的、明显的特性。通过不断地对这些细微之处进行定量和定性的分析，使得抽象的想法变得具体。你可以把检验类问题想象成放大镜，通过对某一主题的聚焦，可以看清更多细节。通常情况下，首先要探索的是你自己最基本的假设，对它的质疑和探询总能带来收获。

> 如果把你的想法比作一块岩石，那么探索类问题就是在理解它的重量、颜色、形状和化学成分。

下面是探索类问题的一些例子。

- “它是由什么组成的？”
- “它如何工作呢？”
- “由哪几部分构成？有哪些零件？”
- “你能给我一个例子吗？”
- “那看起来是什么样的？”
- “你能用现实生活中的场景来描述一下吗？”

试验类问题

试验类问题是关于可能性的，会激发我们的想象。我们能用它做什么？它能创造什么机会？试验类问题把你带到了更高的抽象层次，让你发现当前问题与其他事物的相似之处，建立非寻常的、出乎意料的连接。不管“它”是什么，试验一下再说。试着敲一敲，摔一摔，转一转，翻转过来，什么都尝试一下。

如果把你的想法比作岩石，试验类问题会问“除了这些大家都知道的，我还能用它做什么？”比如，你可以用它来钉钉子，你可以用它练习投掷，还可以用它制造噪音，等等。以前曾经有人问过类似的问题，然后就想出了宠物石的点子，一下子挣了上百万美金。[①]

下面是试验类问题的一些例子。

- “其他什么东西也这样运作？”
- “如果它是动物（或者植物，机器，等等），它会是哪种动物？为什么？”

① 中文版编注：该创意来自加里·达尔，就职于广告公司的文案。1975年4月，他和朋友在酒吧聚会时，听人抱怨自己的宠物。他开玩笑说：“最完善的宠物当是石头，不需要喂，不需要洗，不会生病，更不会死。”后来，真做成一个附有宠物训练指南的“宠物盒”。其中每个宠物售价3.95美元，第一个半年就为达尔带来了1500万美元的收益。其时越南战争结束，水门事件刚刚开始，坏消息不断，不安的情绪在滋生，人们需要有让人开心的东西。

- “我们漏掉了什么？”
- “如果所有的障碍都扫除了会怎么样？”
- “如果是经营一家餐馆，我们会怎么处理这个问题？如果是一家医院呢？”
- “如果我们错了呢？”

你可以把这些提问看成高度调节系统。当人们陷入细节难以自拔时，用试验类问题激发他们的想象，把他们带到更高的层次。当他们已经高到云端需要着陆时，用审查类问题把他们降下来。

结束类问题

结束类问题和开场类问题的用途相反。开始的时候你希望大家思维发散，产生尽可能多的不同想法。而到了结束的时候，则要侧重于收拢，集中想法，做出选择。这一阶段的目的是要获取承诺，产生决策，制定行动方案。开始阶段是铺陈各项机遇，结束阶段是关乎最终选择哪个机遇。这也意味着去掉那些看起来希望不大的探索路径，分配优先级等，这时候要使用的是批评性思维。

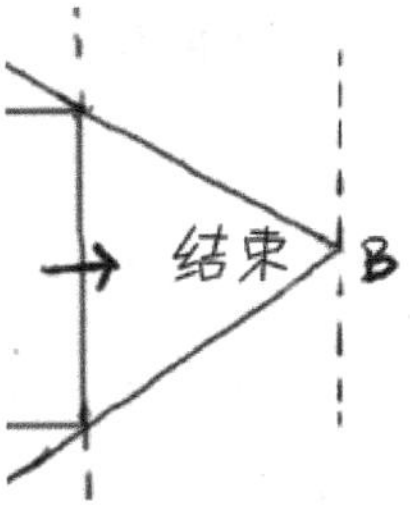
结束
B

结束类问题就像回家。你已经很累了，但你希望在一天结束时有些成就感。你获得了什么？完成了什么？人人都喜欢有成就感，这就是为什么游戏风暴强调要得出实实在在的成果。明确的成果可以帮助团队维持活力，为下一阶段产生新的动力，哪怕就是几页简单的报告，或是一份待办事项清单。

人们想知道：“今天的工作成果在哪儿？我们完成了什么？即将发生什么？明天看起来会怎样？”

下面是结束类问题的一些例子。

- “我们如何对这些选项划分优先级？”
- “哪些是可行的？”
- “下面两周我们能做什么？”
- “谁接下来要做哪些事？”

创造道具和有意义的空间

1968 年，斯宾塞·希尔维尔博士（Spencer Silver），3M 公司的科学家，发明了低粘性、可重复使用的粘合剂。他花了很多年在公司内部大力宣传，希望把它转化成产品。该粘合剂具有足够的强度把纸粘在一起，但又弱到可以轻易把黏在一起的纸揭开而不撕破。他告诉大家这种粘合剂可以用作喷剂或者涂在公告板上，这样人们不用别针就能很方便地把纸贴上去，取下来。

希尔维尔一直在宣传他的发明，然而一直没什么进展，直到有一天他遇上阿瑟·弗莱（Arthur Fry）。弗莱在教堂唱诗班唱歌，用作书签的小纸片总是从《赞美诗》书页中滑落，这让他非常恼火。弗莱意识到粘合剂是最理想的东西，可以把书签粘在赞美诗书上又不会把书弄坏。就这样，即时贴和许多后续的粘性贴产品诞生了。

即时贴 / 即时贴是知识工作中最有用的工具之一，你能用它把复杂的问题分解成小的、可以移动的小道具，作为知识原子或者知识点，然后将它们放置于不同的物理空间，例如贴在你的书桌上、墙上或门上，同时又不会对这些地方造成损坏。这样你在工作中就可以方便快捷地探索知识原子间的各种关系，这些不同的替代方案可以同时呈现在你的视野之中。

如果观察周围人们在日常生活中使用即时贴的不同方法，就能很容易地发现把信息分布在周围环境中的价值。想要记住带东西到单位吗？在前门上贴张即时贴提醒你。想要记住在回家的路上要捎带的东西？在电话上粘个提示条。

想要记住去某地的路线？用即时贴写个路线说明贴在方向盘上。想给同事留个话？写张即时贴贴在她电脑屏幕上。

把道具像这样分布在环境里，就能够以动态方式把想法植入情境。你可以选择一个组合确定下来，一直这么放着，也可以随时打散，重新排列。

即时贴和卡片这样的道具与扑克牌有着同样的属性。它们能够排成不同的组合，也可以通过洗牌变成随机顺序，可以分成不同的组，无穷无尽的排列组合方式。

结点

我们可以把任何生成的道具称为“结点”，也就是说，它们都是大型系统中的零件。

我们会生成很多结，大多数情况下是那些卡片和即时贴，或者是它们的组合，我们可以通过这些结点探索不同的组合。那怎么做呢？你可以像洗牌那样打乱顺序，把它们排成一摞，或者分拆成大组，以此进行分组。大组其实也算一小摞，只不过铺开来放，以便一眼能看到每样东西。

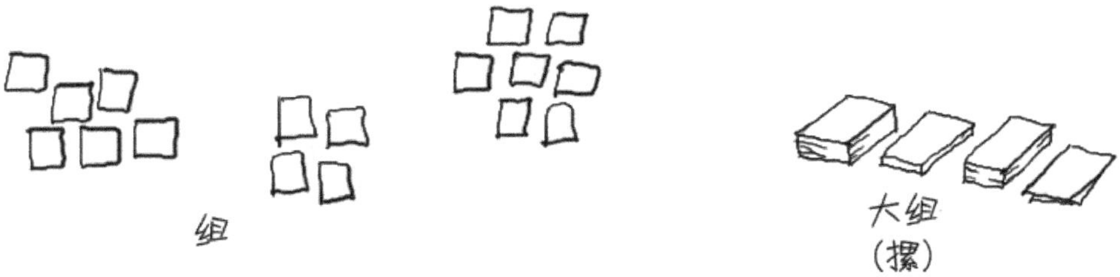
组
大组
(摞)

关联

另一个组织节点的方法是用不同的方式把它们链接起来，就像互联网那样，通过链接把不同的页面和想法组织起来。例如，可以把节点串起来，用以表示过程，像流程图那样；或者做概念性连接，就像做思维导图一样。通过即时贴和白板，创建流程图和架构图，例如下图。

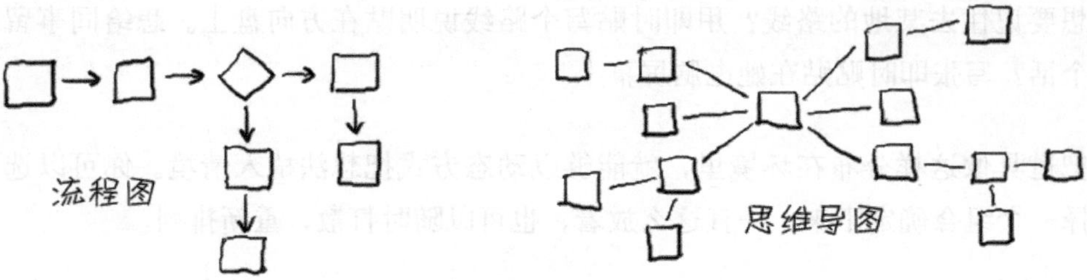
流程图
思维导图

关联

现在，我们来给这个方程加入有意义的、有组织的空间概念，就像在棋盘游戏、网球场、高尔夫球场上见到的那样。这些被精心设计的空间创造了了不起的意义：它们能使道具通过不同的相互位置表达某些精准的含义。

边界

边界是框起空间的线条。边界创造了界限用以区分不同事务，它可以很简单，比如在纸上从上到下划一条线，用以区分利和弊。也可以画个方框或者圆圈做边界，区分里面和外面。边界是想象中的线条，我们可以在地图上看到边界，但是如果走到地图所代表的实际位置，我们肯定不会在地上看到这个线条。然而，边界至关重要，以至于许多人不惜为此兵戎相见。

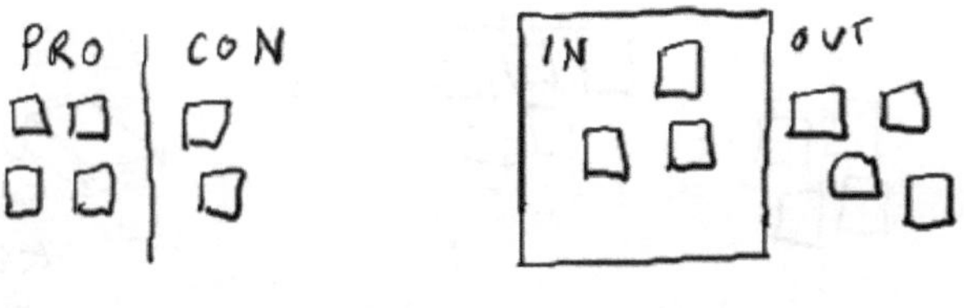
PRO
CON
IN
OUT

边界

坐标

坐标可以为空间里的方向赋予意义。常见的例子是地图上的方向指示。按照惯例，上方一般是指北方，除非有其他特别注释。好了，我们除了用边界来界定国家，现在又有了一种通用语言用来指导空间移动。

坐标与边界不同，边界是用来把事物做简单区分，而坐标是矢量，它有方向。在地图的角落里，一个朝上的小小箭头代表了“北”，这个不起眼的小标记影响了整个地图。它并不只是在角落里代表北，而是定义了整个地图的朝向。

跟地图上的指北箭头一样，许多坐标没有明确的描述，而是按照惯例约定俗成。例如，西方人的阅读顺序是从左向右，因此当你把很多即时贴从左到右贴时，许多人会自然地以为你希望他们按照顺序来读。同样，如果你从上到下来组织即时贴，许多人会以为你是按重要性排列的，起码在西方国家是这样。

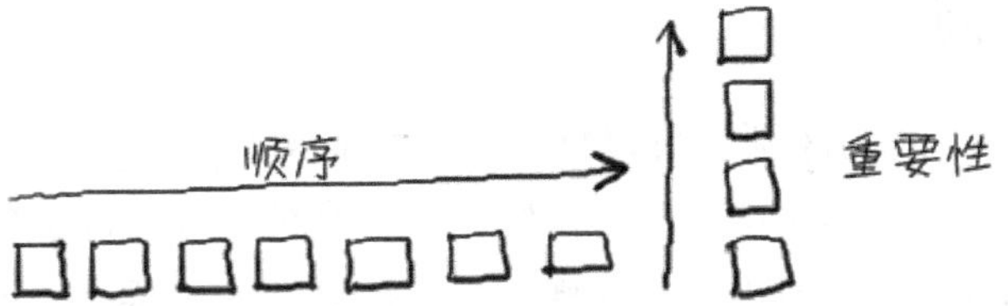

顺序
重要性

许多排列方法都隐含着没有明确描述的坐标。例如组织结构图就有隐含的坐标，向上是表示“汇报”关系，向下表示“管理”关系，体育大会的赛程表横向就隐含着时间坐标。

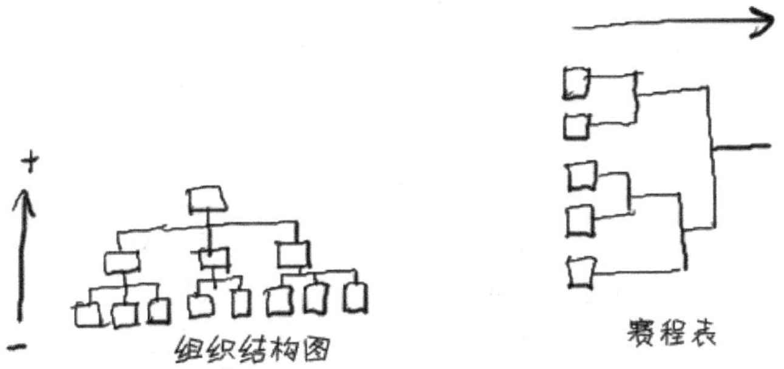

+
-
组织结构图
赛程表

圆圈和目标

当你想估计离预定目标有多远的时候，可以使用圆圈和箭头。一个射手用箭射击目标，同样的，你可以估计某个特定的箭头落点离你瞄准的中心有多少误差。我们可以用同心圆结合坐标来描述程度和矢量线。

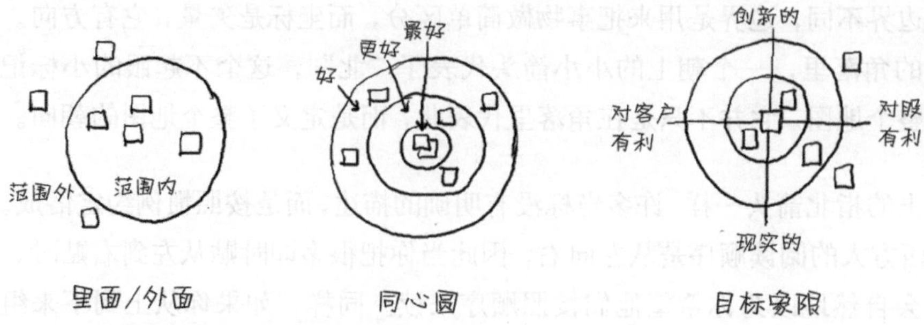
范围外
范围内
里面/外面
好
更好
最好
同心圆
创新的
对客户有利
对服务有利
现实的
目标象限

度量的顺序空间

要描述度量和顺序空间的区别，可以试想一下我们如何确定时间。当我们谈论一周中的某些天或者一年中的某个月时，我们都在使用非此即彼的选择。“今天星期几？”就是一个非此即彼的问题，要么是星期一，要么是星期二，以此类推。但是，当我们说一天中的某个时间时，就要看情况而定了，这取决于谁在提问以及当时的场景。根据场景不同，我们可能会回答“中午”或者“十二点零一分零六秒”（12:01:06）。这是因为日历时间是有序的，我们更关注顺序而不是精确，而时钟时间是量化的，我们更关注精确而不是顺序。

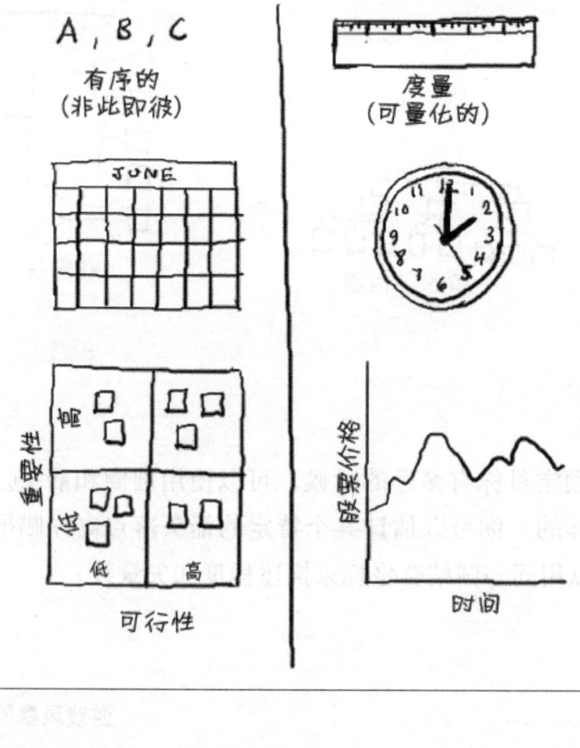
A, B, C
有序的
(非此即彼)
JUNE
重要性
高
低
低
高
可行性
度量
(可量化的)
股票价格
时间

度量空间里我们用精确性衡量。顺序空间是我们更注重事物的顺序而不是它们准确的位置。例如在赛跑的时候，第一、第二或者第三的排名非常重要，当然精准的用时也很重要，但是重要性要低一些。如果第一名领先第二名一小时，而第二名只领先第三名几分钟，他们排名的顺序和相互之间只差几秒是一样的。在度量空间中，我们更关注事物的绝对性，例如高度、重量、长度、距离、速度和温度等等。在顺序空间中，我们更关注类别和关系：它是高还是低？是重是轻？是长是短？诸如此类。

网格

网格很常见，在象棋盘、围棋盘、电子表格和游行的士兵队列中都能见到，行和列，横队和纵队。纵队和纵列是垂直的线。当人们从头到尾排成一条线前进的时候，实际上他们已经排成了一列，就像你在杂货店或者银行前面排队一样。行或者横队是水平的线。横队纵队相交错，就形成了网格。网格是用来组织信息最有用的方法之一。

网格有各种形状和大小。网格可以用来安排物理空间，就跟地图上的网格线一样；还可以用来制订搜索计划，就像在战舰游戏中那样；也能用网格来布局网页或者杂志页面；你还也可以用它做记账本，或者统计各类不同的数字。网格的重要用途之一是把方块分成不同象限，按照两个坐标标出的标准来安排信息。网格的另外一个用途是用行或者列来筛选事物。

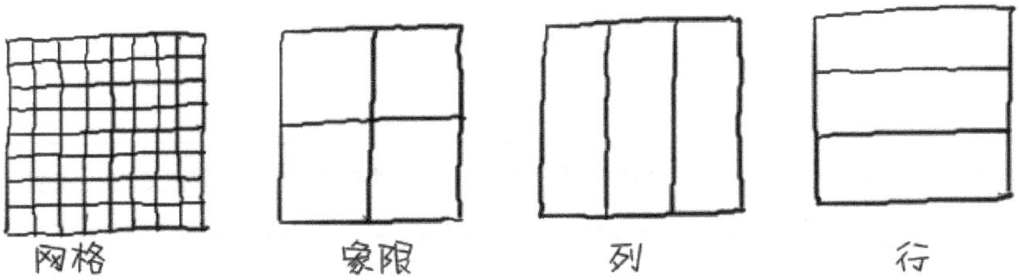
网格
象限
列
行

场景与地图

有时，信息必须要结合地形使用。在某种意义上，每个企业都处在从一个地方到另一个地方的旅程中。每一个市场都有自己独特的危险、挑战、机遇。

你的业务在一个什么样的旅程中？前面的路途怎样？有什么困难迫在眉睫？路上的远大前景是什么？什么力量推动你前进？什么力量阻止了你？

格鲁夫（Grove）国际咨询公司的创始人大卫·西贝特[①]（David Sibbet），开发了一套工具名为“视觉游戏”（Graphic Gameplan），用来帮助大家思考当前所面临的挑战。他用一组精心绘制的充满含义的空间，引导人们的思考过程，把想法转变成行动。他使用颠簸的地形来表示挑战，用箭头表示行动，用轮子表示成功因素，用箭靶表示目的，还有其他类似的方法。

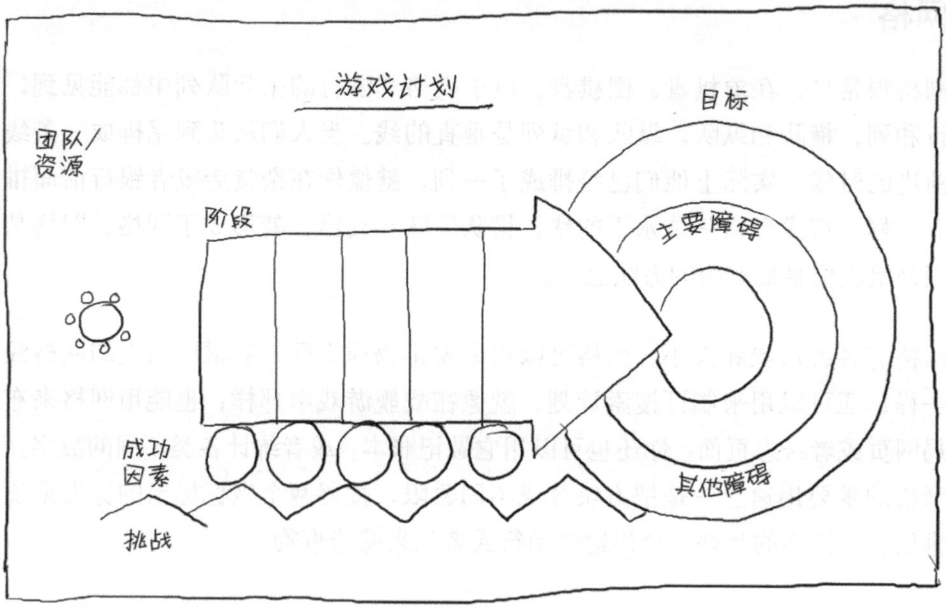
游戏计划
目标
团队/资源
阶段
主要障碍
成功因素
其他障碍
挑战

大卫·西贝特的视觉游戏

“图解游戏规划”是格鲁夫国际咨询公司大卫·西贝特定义的“视觉引导”模板之一，可以在 *http://www.grove.com/site/index.htmliT* 购买模板。

① 中文版编注：视觉引导的鼻祖级人物，代表作有《视觉会议》（中文版译者臧贤凯）和《视觉团型团队》（中文版译者庄文广）。

隐喻

另一个组织信息的方法是通过与其他事物的类比建立起概念之间的联系。信息空间可以通过房子、机场、建筑、动物、船、饭店或者其他任何东西来代表，这样的表示方法有助于我们打破习惯的思维模式。好的隐喻能够带来一系列与之相关的洞察，从而改变人们思考问题的角度。隐喻框架能够帮助你提出发人深省的新问题。

例如，通常来说，房子的隐喻可以引出下面这些提问：我们的地基是什么？支撑屋顶的立柱和横梁是什么？为我们遮风雨的屋顶是什么？地板是什么？墙是什么？

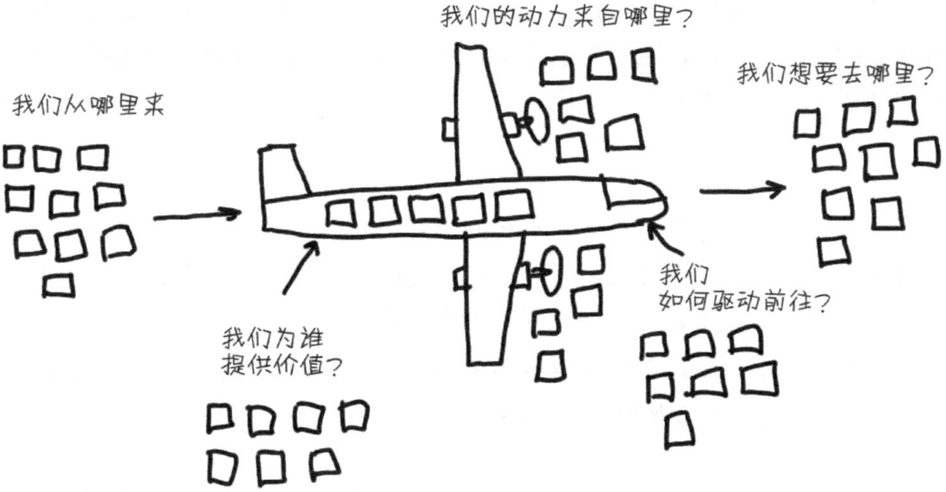
我们的动力来自哪里？
我们从哪里来
我们想要去哪里？
我们
如何驱动前往？
我们为谁
提供价值？

这种探索的危险之处在于，有时候隐喻会过于牵强或者过于僵化，不能把每样东西都强行塞到隐喻框架里。

例如，我曾经和一个猎头公司合作过，我们用钓鱼来隐喻招聘。这是一个不错的隐喻，能够引出发人深省的问题。但是如果问出下面的问题，就陷得太深了：这是说我们要把应聘的人看成食物吗？我们是在引诱他们上勾，然后利用他们和剥削他们吗？不，不是。这只是个隐喻，帮助思考的工具。不要让人们对它浮想联翩，否则就全乱套啦！

利用视觉语言

在上学的时候，老师就教育我们，要想在社会上取得成功，必须要好好学习基础课程，具体指的是阅读、写作和算术。公立教育的前几年主要侧重于这些基础教育。在工业化世界里这么说或许是对的，因为每个工人都像标准齿轮那样在公司这台机器上运转。

但是，当今世界的挑战变化不定。我们前面讲过，现在的工作必须要处理未知的、不确定的、模糊的挑战空间，根本没有清晰或者标准的解决方案，因此，创新和发现能力比填入标准答案更重要。

人类历史充满了创新与发现。我们发现了地球的形状、物质要素以及星辰的运动规律。我们发明了各种技术，让我们能够飞翔，能够在世界上任何地方看到彼此，进行交流，能用光速传输信息。所以，我们完全可以观察一下发明和创造了这些奇迹的人并提出这样一个问题："他们用什么方法创造了奇迹？"

确实，阅读、写作和算术在许多不朽的成就中起着重要的作用。文字和数学都是强大的工具，我们可以用这种语言创造概念模型，思考世界，互相沟通复杂的想法。但是还有一种语言同样强大，我们在学校里却没有学过，至少不是一直都在学，而且学校教得也不怎么认真。这就是"视觉语言"，我们利用这种语言清晰且直观地表达想法。

如果没有高超的地图绘制能力，伟大的航海家哥伦布、麦哲伦和詹姆斯·库克（James Cook）就不会那么成功。离开绘制的图表，欧几里得、笛卡儿和牛顿不可能把数学发展得如此高端。达芬奇、爱迪生和互联网之父蒂姆·伯纳斯-李（Tim Berners-Lee），这些人之所以能发明创造，可能仅仅是因为他们能够画出自己的想法。稍加考察就会发现，几乎每次人类的进步，都揭示了视觉语言的重要性。法庭上，视觉呈现帮助法官判决复杂的案件。电影制作人创造了情节串连板（故事板），帮他们把剧本活灵活现地呈现出来。医学插图可以帮助外科医生和其他医务人员进行专业学习。我们旅行中经过的路标、计算机屏幕上的界面、我们喜欢的商店和品牌的Logo，这些都是视觉语言在生活中的例子。还有，如果驾照上面没有你的照片，那驾照也就没什么意义了，只有贴上照片才能确认驾照上的那个就是持有驾照的这个人。

我们把画草图列为游戏风暴的十大基本要素之一，它是创造性思考的一个重要元素，任何人都能掌握。你不需要什么特殊技术，只要一支笔和一张纸就行了。当然，这并不是说它比阅读、写作和算术简单，你同样需要多做练习。我们发现，对于大多数人而言，使用视觉语言的最大障碍是自信心。如果能够潜下心来动手去画，其他问题都可以迎刃而解。记住了这点，你就可以用下面这些概念和练习来奠定基本的绘画技巧。一旦熟悉了这些概念，就可以运用同样的练习使同事和团队迅速热身。

现在，让我们拿起笔和纸开始做练习。

视觉字母表

让我们从视觉字母表开始，它是一种原始的视觉形状字母，可以用来构建任何类型的视觉图像。它由 12 种形状组成，也是我们视觉字母表的“字母”，我们称之为“符号”。如果你能画出这 12 种符号，那么你就能画出任何想象中的东西。

前六个符号是流水线一样的，可以先后排列，也可以连在一起；它们是开放的形状，自然地流淌，所以我们称其为“线”。它们的名字分别为点、线、角、弧、螺旋和循环。 现在试着画一下。

下面六个符号是封闭形状。当线条自身封闭起来的时候，它更像一个物体，因为封闭的边界把它和背景区别开来，就像一个岛。封闭形状和外在环境之间有明显的分界线，给人以形状释义，所以我们称这些符号为“图形”。它们的名字分别为椭圆、眼睛、三角、方形、房子和云彩。现在试着画一画。

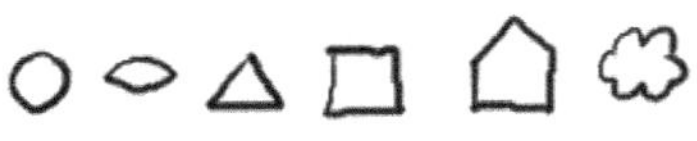

你可以用这 12 种符号画任何东西。它们可以有无穷无尽的组合。不相信吗？在接下来的几步中我们会证明给你看。首先，看看你能否用 12 个形状的视觉字母拼画出这些英文字母。

ABCDEFGHIJKLMNOPQRSTUVWXYZ

还算满意吧？从 12 个到 26 个了吧。现在，拼一拼这些数字：

1234567890

好，我们再试试更难的。别管你现在在哪里，环顾四周，看看身边，挑出一个简单的物品，看你能不能试着用视觉字母画出它们的样子。

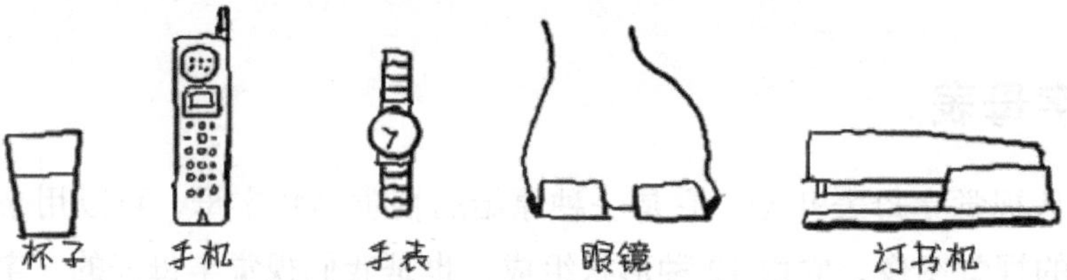
杯子
手机
手表
眼镜
订书机

看到我们把每一个物品都标注了名称对吧？别管你想表达什么，图片都不需要包含全部意思。这是绘画和视觉语言的重要区别。绘画艺术的意义是要愚弄眼睛，使事物看起来跟真的一样。视觉语言的意义是传递想法。把那些有可能不那么清晰，或者有歧义的东西都标注一下，好让人们更容易理解你“画的东西”。

画人物

现在让我们试试画更难的。人是你需要经常画的，因为我们常常要和人打交道。任何需要通过视觉来沟通的事大概都会要求有人出现在画面里。

大多数人都可以用视觉字母表中的符号画个简笔画，就像下面这样。

但想画更复杂的情景就有问题了，比如人们在做事，而不是呆呆地站着。我们想画一个人的时候，一般来说是想表现某个动作，比如，某人在吃晚餐，使用自动售货机，开车，骑自行车，等等。

我们现在开始画一幅某人要寄信的图画。

首先，想象你自己邮一封信，拿出一张纸摆出要投递的姿势感觉一下。你可以在镜子前面做，或者请朋友帮忙拍个照。或者更简单的做法，从网上或者杂志上找到类似的图片。随着时间的推移和不断实践，你不需要参考别人或者摆姿势就能凭想象画出人物。

要特别注意人体的角度，它确定了这一行为的基调。回想一下你从远处观察一个人，你最先注意到什么呢？身体的姿势比别的任何东西都更能表现人的态度。许多人画简笔画的时候先画头，然后再画身子。这种方法画出来的人物几乎总是脑袋大，身子僵硬。

在画人物的时候，最好从重力中心点开始往外画，效果会好很多。先画一个长方形表示身体的躯干，尝试着找好一个大致相同的角度。

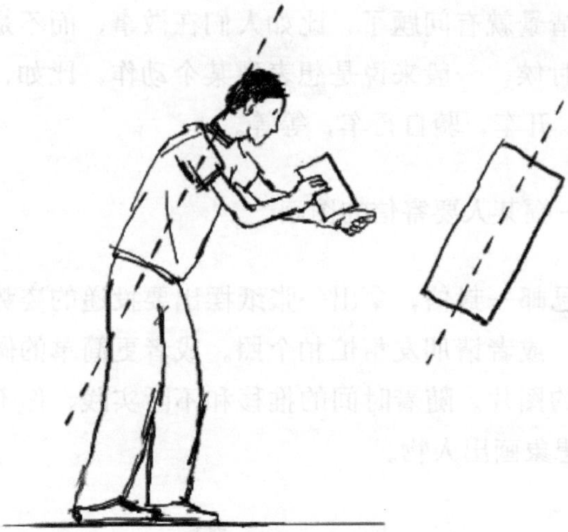

达芬奇在他的笔记本中详细记录了身体姿态的重要性以及如何利用它来揭示中心思想：

> 人物素描或者图画应该关注人物的姿态，因为人们能从肢体姿势中很容易地理解画中人物的意图。因此，如果你想呈现一个品格高尚的人在讲话，把他说话的姿势画得很自然；同样，如果你想描绘一个人的残暴本质，让他做一些激烈的动作，例如他的双手伸向听众，头和胸使劲前倾超过脚，好像要凑到前面的手上去。因此，即使又聋又哑的人看到两个人交谈，尽管无法听到谈话内容，他也可以凭借谈话人的姿势和动作来了解到他们讨论的大致情形。
>
> ——达芬奇

腿部是接下来要表达的最突出的特征。腿部把肢体与地面连接，对身体姿势的影响最重要。画一条线表示地面，在躯干和地面之间加上线段代表腿和脚。

下一个最重要的、体现人体姿态的元素是手。我们几乎做任何事情都会用到手。你听说过有针对公众演讲者的辅导吗？专业人士会告知他们如何利用手势和姿势来强化演说的意图。同样的原则也适用于简笔画。现在试着画胳膊的姿势。用一个小圆圈表示手就行了。别忘了画上一封信哦， 否则邮局我们就白跑了。

现在请看头和颈部相对于身体其他部分的角度，注意，它们的角度不一样。这很正常，除非你是保持立正姿势的士兵，否则头部跟身体不会总是保持一线。我们总会不断地把头转过来转过去，以便更好地看，更仔细地听。试试画条线，用合适的角度把头部和身体连起来。

现在，身体都画好了，可以考虑脸部了。想想你用计算机键盘上的字符敲出来的不同的笑脸和其他表情，你可以用同样的字符组合出任何你想要的表情。加条短线表示鼻子，这样能显示出头部朝向哪个方向。当你想表现两个人正在交互的时候，这一点尤为重要。

邮箱

你可以用前面学到的知识画信箱，把视觉字母表中的基本形状组合起来。我住在美国，我们的信箱形状看起来像电影《星球大战》中“土肥圆”的小机器人 R2D2。也许你住的地方不一样，信箱也不一样。

通过这个简短的示范我想让你知道，基本的素描技巧不是不可企及的。一旦掌握了前面的练习，你就可以带领大家学习，让他们也能画出自己的想法。我发现在许多工作坊中，花大约 10 到 15 分钟就能带领大家完成这些练习。就用大约一个茶歇的时间，你就可以帮助小组熟悉这些概念，然后开始自由地勾勒出各人的想法。

透视

透视的概念常常令人望而却步。我来讲讲三种创建视觉空间的主要方法，这会对你很有帮助，艺术史上很多人都用过。我们最熟悉的方法是线性透视，在意大利文艺复兴时期开始流行。透视的发明，或者应该说“发现”，应该归功于 1425 年左右的艺术家和建筑师菲利普·布鲁内莱斯基（Filippo Brunnelleschi）。

线性透视通过模拟眼睛在特定的某点看到的景象来描绘空间。艺术家画一条线来表示和眼睛平齐的地平线，然后沿着地平线确定消失点。你可以利用这些消失点来建立几乎任何景象，表现出场景的纵深，让人随着画者的眼睛产生身临其境的感觉。

消逝点
水平线
消逝点
结构线

但是，线性透视只是艺术家千百年来使用的三种主要方法之一。

起源于中国的平行透视法领先线性透视法好几百年，它是另外一种形式的图形语法。在平行透视法中，结构线不在水平线上集中成点，而是互相平行，这样景物看起来好像在各个方向都可以无限展开。这种方法好像从上面俯视场景，它的优势是图中的各种东西可以按照相同的比例画出来。由于这种方法可以表达从空中看景物，而且可以向各个方向无限延伸，因此有时候也被称为“上帝视角”（God’s perspective）。

平行
结构线

在线性透视法和平行透视法出现的上千年以前，还出现了另外一种图形空间表达形式。这种组织图像的方式和书写语言更相似，在古埃及的艺术中有其

最纯粹的表现，所以我喜欢称它为“埃及透视法”。它不是画我们看到事物的样子，而是画事物处于理想状态的样子，就好像是从脑子里看到的一样。如果某样东西从侧面看最容易识别，就画它的剖面，如果从上面看最容易识别，就从那个角度画。从远古开始，这种埃及透视法的形式是到目前为止，在所有社会和文化中最常见的。孩子们会自然地用这种方法来绘画，除非他们后续学习别的方法。这种方法画出来的东西很清楚，易于理解，对多数人来说，这也是最容易学习和使用的方法。

画猫的方法太多啦！

要用埃及透视法画图，就像孩子那么画就行了。画出事物浮现在你脑中的样子，不管它跟真实的东西像不像。埃及透视法的想法是抓住并体现事物最基本的特征。画的猫不需要惟妙惟肖，只要能看出是只猫就行了。“猫”这个字跟实际的猫也一点都不像吧，同样的，你也可以利用少量的简单形状表达出相同的概念。

你有多少种方法画猫？

开始学习视觉语言时，随身带个笔记本，就像达芬奇那样，记录下观察到的事物和有关的思考。下面是他对此提出的建议：

> 经常到处去走走，一边走一边注意观察，思考，记录下环境以及人们说话、争吵、大笑或打架的样子。观察这些当事人的样子，也观察周围人的样子，这些人或是劝架，或是围观。你应该随身带着个小本子，随时在上面勾画出你的观察和思考……因为物体的形状和姿势千变万化，单凭记忆很难记住它们，你可以把这些草图作为指导和依据。
>
> —— 达芬奇

即兴表演

要纯粹从形式上讲，最接近于游戏风暴的方法莫过于即兴表演。游戏者作为一个群体，合作创造一个世界，利用直觉和整个身体在这个共同创建的世界里展开探索。

即兴表演是个广义的词，它具有多种含义——在不同的环境中，不同的人对它有不同的释义。

当面临意外的情况时，只能依靠急中生智，利用手边现有的资源，利用你的聪明才智，想出临时的替代方案来应急。因此，即兴表演的能力是一门生存本领。探索者常见的问题是：你不知道接下来会发生什么事情，所以你得预见所有的可能性，在这种情况下，你要带什么装备？

在爵士乐和传统戏剧里，即兴表演意味着先搭好一个基本框架，然后在这个框架之上，也可以围绕这个框架，展开即兴创作呼应当时场景，创造出和谐、优美、有时甚至是复杂的音乐和剧章。在此过程中，即兴表演自发性和多样性就彰显出无穷无尽的魅力。

对于知识探索者来说，即兴表演在两方面显得都十分重要，首先是对突发情况做出迅速反应的能力，其次是围绕基本节奏和结构自发地驾驭现状的能力。我们来逐一分析一下。

对突发情况的反应：掌握前面谈到的十大要素，基本上你就能够应对几乎任何意外情况。如果你手边有基本办公用品（白板纸、白板笔、即时贴、投票贴、纸和卡片），而且你掌握了核心技能（提问、利用道具和有意义的空间、简笔画、即兴表演），那你就可以放心大胆地肆意前行了。你知道自己拥有了必备工具和必备技能，自然就会从容淡定，相信自己能够应对任何场景。

随主题而变：几乎所有游戏风暴工具箱里的工具，都是把一些基本技巧和大量实践相结合，即兴表演也是如此。本节的目的是给出即兴创作的基本原则和练习，帮人们创立简单、基础的框架，指导人们即兴穿越探索过程，也就是说，在探索发现的过程中，用你的身体去感知，用自发性和自由随兴回应直觉，发展直觉。

在商业环境中引入即兴表演的概念听起来有点吓人，但其实这种挑战只是你的感觉而已。在工作中你早就已经应用即兴表演了。在《游戏改变者：网络世界中的商业创新》一书中，即兴剧专家麦克·伯尼佛（Mike Bonifer）提醒我们，生活中到处都是即兴剧：从晚餐桌上的谈话到我们对意外情况的反应，即兴表演很自然，我们一直都在这么做。

为了帮助人们热身，伯尼佛发明了一个他称之为“叽里咕噜语”（Gibberish）的游戏。游戏是这样的：把人们分成两三人一个组，先给第一组一张描述了场景的小纸片，包括每个成员的角色和意图，让他们在其他人的观察下表演出来，但是有个要求：不能用词语说话。他们只能用没有任何含义的声音和其他方法表达意思，比如动作、肢体语言、语音语调。观众要据此猜出场景，一旦猜出来，这一轮就结束。接下来其他组做同样的事情，当然要用不同的场景，让每个人都参与一轮。

这个游戏的目的是要去除被众多商业对话所拥趸的文字和数据所传递的意义，伯尼佛称之为“化妆层面的意义”，为的是突出那些常常被忽略的、更深层次的沟通，如声调、肢体语言和动作等。

从本质上来说，即兴表演与其他类型的游戏没多大区别：你需要打开世界，探索世界，最后关闭世界。从这个角度来说是一样的。可是从另一个角度来说它又不一样：即兴表演不那么在意成果，它注重体验过程，期望通过体验带来某种程度的领悟。

基本结构对于即兴表演来说非常重要，它起到支撑作用，就像骨头之于肌肉，树木之于藤条；要想让自己轻松参与游戏，你需要围绕某些东西来构建，否则出来的东西就有可能会混杂无章。

爵士音乐家围绕着稳定的节拍和主题来即兴表演。篮球运动员围绕着游戏规则和球场边界即兴表演。离开了支持和容纳它们的基本架构，即兴表演很难有现在的魅力和成功。

你想要探索的事情就是主题，场景为你的即兴表演提供一个架构。通常场景包含四个要素：背景、角色、角色目标、道具。

例如，你想找到方法优化所在城市的公共交通系统，想通过即兴表演法来探索可行性。那么主题就是：乘坐公共交通出行。

在开始即兴表演前，你需要人物、目标、背景、道具。让我们从目标开始，你可以使用头脑风暴，想出一系列需要乘坐公共交通出行的场景：某人要去便利店购物，某人要拜访朋友，还有某人要去看场电影，或者去上班。接下来，你可以设定人物，甲退休了，乙是外科医生，等等。现在是背景：甲在家里，乙在公园。最后是道具：一个人有个手机，另一个人没有。

现在，想象你有四种按颜色的卡片，分别代表不同的要素。目标是一种颜色，人物是另一种，以此类推。可以把卡片混起来，让人们？种颜色卡片各选一张。等每个人都拿到了相应的卡片，大家可以轮流把场景表演出来。每表演完一个场景，就可以一起简短讨论一下它的含义。

即兴表演的挑战之一在于它本身的体验性，所以你要一边体验一边学习。即兴表演过程中的体验并不能自然而然地生成什么具体的成果作为产出。但这个问题也不难解决，比如，你可以安排一个人录下表演的现场，或者请人做记录，甚至使用故事板，通过速写捕捉现场的重大发现。

实践

我们可以从两方面来看待实践。首先，从职业或者技能的角度来看待实践，就像咨询实务、法律实务、或者医学实操。在这里，实践是指所从的职业或者核心技能，例如，“我从事医药行业”或者“我从事的是泌尿科”。其次，我们还可以从持之以恒的学习的角度来看待实践，它不仅包含了学习，同时也包含不断地发展、磨砺和维持某个专业技能的活动。 一个职业外科医生需要不断地工作，包括头脑的思维和双手的实践。这种实践和我们说的禅修或者篮球练习差不多。

在这里提到的两种意义的实践都很重要的，且相互依存。我们认为，实践是需要长期学习并持续练习的活动。一个人通过实践获取足够多的经验，可以对某个领域达到精通的地步。单只学习书本或者参加培训班远远不能达成精通，游戏风暴也不例外。那些希望依靠“本月秘笈”来拯救失败的业务、快速止损的人们还是去别处寻找灵丹妙药吧。但如果你想把游戏风暴看成是实践的机会仔细学习，并且愿意持续不断地练习技能，那么你最终会在路的尽头得到丰厚回报，同时会获得个人成就感和满足感。

在本书的这一小节，我们将重点放在了游戏风暴的基础及其基本工作原理。我们不想简单地写一本像菜谱一样的书，让人们盲目地生搬硬套。那不是我们的目的，我们的目的是鼓励人们稍微转变一下开展工作的方法，从以流程为中心的模式往以游戏为中心的模式转变，前一个模式关注预知性和一致性，而后一个模式可以识别数字世界的复杂性及不可预知性。

在本书随后的部分，我们汇编了所能找到的最好的游戏。希望你能熟读这些游戏，在工作中实践，并不断地修改和改进。如果你有想法、评论或者问题，欢迎加入 *http://www.gogamestorm.com*，持续讨论。

第 4 章

核心游戏

一旦开始着手创建自己的游戏，就需要一些适用性很强的小活动。在游戏创建的过程中，对这些活动的巧妙应用通常都能取得满意的结果。这些小活动都很简单，你可以在其他的游戏中植入，成为设计各种游戏的起点。

7P 框架

英文名称：7Ps Framework

> 在战事准备过程中，我经常会发现，计划书虽然用处不大，但计划过程必不可少。
>
> ——艾森豪威尔将军

游戏目的

一次会议都应该有个计划。虽然好的计划并不一定会产生好的结果，但是计划会帮助你确定出基准框架，做为调整的基础。我们可以运用以下 7P 原则定义这些基准框架。

游戏人数

1 个人

游戏时间

20 分钟 ~ 2 小时

游戏规则

可以把 7P 当作检查清单。每次筹备会议时，即使只有几分钟的思考时间，也要用 7P 原则审核一下会议准备情况，以便更好地聚焦，提高会议产出质量。

目的（Purpose）：为什么要召开这个会议？作为会议的发起者，你应该能够把会议的目的简明扼要地讲清楚。还要考虑一下本次会议的紧急性：现在的情况如何？ 哪些方面有严重的问题？如果这点解释不清楚，那就问问自己，这个会真的有必要开吗？

产出（Product）：本次会议必须要得出什么样的具体产出物？我们用这个产出物做什么？这个产出物能代表会议达成目标了吗？如果你的会议老是“光说不做”，不妨尝试确定一个具体产出物作为会议结果。

人员（People）：谁需要参加会议？他们将发挥什么样的作用？决定与会者名单的方法之一是围绕以下的问题和答案：在这个会议上我们要回答什么问题？谁是回答这些问题的合适人选？

过程（Process）：与会者将通过什么样的议程得出结果？在所有的 7P 中，讨论会议议程是和与会者预先进行沟通的最好时机，邀请大家一起确定议程将会确保他们出席会议，同时提升参与度。

陷阱（Pitfall）：本次会议的风险是什么？我们要如何应对这些风险？应对风险的方法可以是一些简单的基本规则，比如“不允许携带笔记本电脑”，或是将某些题目定为本次会议的讨论范围之外。

准备（Prep）：哪些事情最好在会议前做好？比如提前要阅读的材料，预先要做的研究，或者给与会者布置的“家庭作业”等。

会务（Practical concern）：每个会议都要考虑会务安排，例如时间和地点，更重要的一点如谁负责准备午餐。

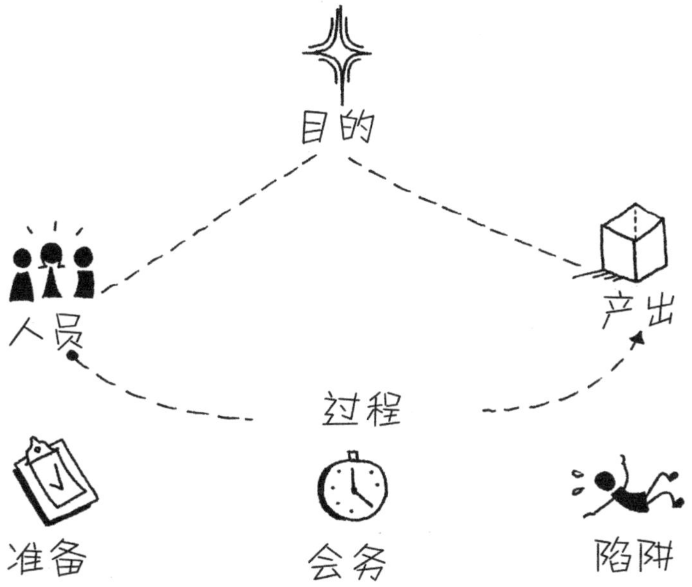
目的
人员
产出
过程
准备
会务
陷阱

策略

- 7P 中的任何一个要素都能影响甚至改变其他各项，要想开发一个好的策略，必须要明晰这一点。例如，如果某些参与者只出席部分会议，你就得对会议的整个日程进行调整。
- 邀请其他人加入会议筹备。筹备时的参与最能保证会议的高效。
- 定期会议有着自己的重复规律，经过一段时间后可能会偏离其最初的目的。定期反思一下初心，当初我们为什么会安排这个会议？这对会议很有帮助。
- 在会议期间可以明确列出 7P 原则。这些原则能够在需要时帮助与会者不断聚焦，把注意力集中到会议主题上来。
- 计划制定以后，还要准备必要时随时调整。7P 原则确定了如何展开会议的框架，但你不能刻板地按照它行事。意外总会不期而至，作为会议主持人，你要做出相应的调整来应对这些变化。

"7P 框架"的作者为詹姆斯·马卡拉佛（James Macanufo）。

亲和图

英文名称：Affinity Map

游戏目的

我们大多数人都熟悉头脑风暴，它让大家在有限的时间内，围绕一个主题尽可能多地提出想法。头脑风暴对当场获取大量信息非常有效。但是它回避了随之而来的一个问题，那就是如何从这些数据中综合归纳出所蕴含的意义。运用简单的亲和图（Affinity Map，也称“同类整理”）技术，通过分类，将基于语言的信息归纳出具体的关联，帮助我们发现底层的模式（有时会打破我们旧有的模式，带给我们新的发现）。通过这样的操作，也能让我们看到大家共同的思考点聚集在哪里。当你想从许多想法中找出类别和纲领性思想时，当你想看出在这些想法中哪些最常见时，可以尝试使用亲和图。

游戏人数

20 人以下

游戏时间

取决于参与者的人数，最长不要超过 1.5 小时

游戏规则

1. 在一张白板纸上写下需要参与者回答的问题，旁边可以画一些图画做释义。一定要确保提出的问题将会得到至少 20 条答案，否则该游戏不适合。

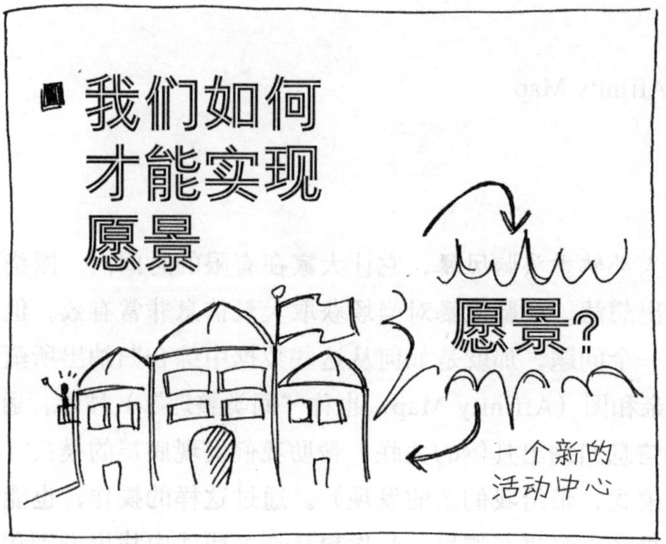
我们如何
才能实现
愿景
愿景?
一个新的
活动中心

2. 针对以上问题让每个参与者 10 分钟内在即时贴上写下自己的答案，如果小组中只有四个人或更少，就使用桌上的卡片。这一步骤让每个人独立完成，不必讨论。

3. 把每一组的想法收集上来，贴到墙上，让所有人都能够看到。结束时，墙上就像这样贴好了。

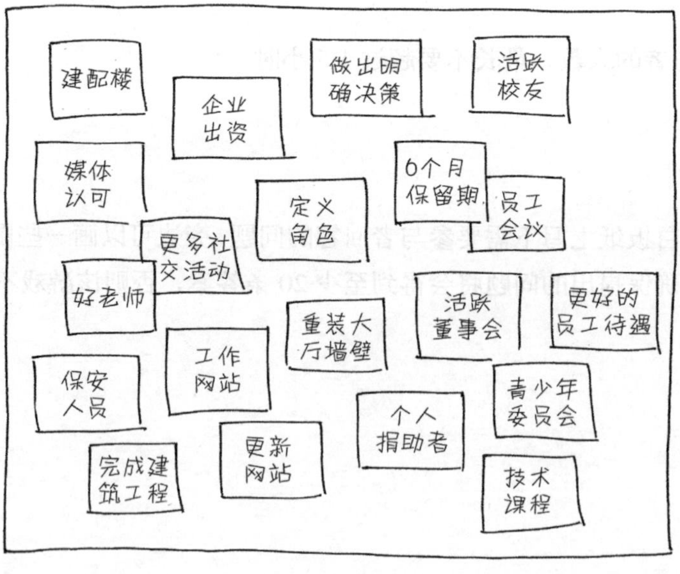
建配楼
企业
出资
做出明
确决策
活跃
校友
媒体
认可
6个月
保留期
员工
会议
定义
角色
更多社
交活动
好老师
重装大
厅墙壁
活跃
董事会
更好的
员工待遇
保安
人员
工作
网站
青少年
委员会
个人
捐助者
完成建
筑工程
更新
网站
技术
课程

4. 根据这些想法间的关联关系将卡片排成队列（或成簇）。尽可能让大家参与这个过程。邀请大家走上前来，自己动手做出最初的横排、竖排的分类，这样可以节省时间。

5. 创建“停车场”，存放那些不能适当归类的点子。重复的点子是可以接受的，不要因为某些想法已经出现了，就把其他相同的即时贴扔掉。张贴重复出现的想法有助于了解在参与者中有多少人有同样的思考。在这个阶段，要求参与者尽量避免提炼更高层的类别名称，只要把相类似的信息归在一起就好。

6. 一旦将内容归好类，征询参与者的意见，让他们为刚创建好的那些分组分别提供一个恰当的类别名称，把大家都同意的那个写下来，贴到这一列的顶端，如果你选的是一组而不是一列，那就在每一组的边上写下来。不要让参与者花费过多的时间确定各项类别的名称。例如，如果大家就“设施”还是“基础建设”争论不下，那就都写下来。如果参与者提出的类别名称差异很大，就少数服从多数，把赞同多的类别名称写下来。

游戏策略

有两个条件能够大大提升亲和图游戏的价值。第一个条件是参与者得出多种多样的数据点，最好都蕴含着高质量的信息。第二个条件是关于游戏中对信息的梳理质量。参与者在研究内容之间的关系时，他们对内容之间的内在联系了解得越清楚，分类就越准确。

> 有趣的变形玩法：先玩一轮亲和图游戏，完成分类。接下来让大家打乱即时贴，重新来过，看看能否发现与第一轮不同的新的亲和关系，重新分类。

有时内容中的聚类关系非常清楚，因而分类显得并不那么重要。可是，一旦某些内容之间的关系变得微妙起来，做好分类一过程就显得异常重要了。如果同时出现了多种分类方法，引导师的就要积极处理。针对那些列或群提出一些启发性的问题，以此帮助参与者深层思考，慢慢缩减类别数目。如果类别太多，数据之间的关联就不那么清晰；如果类别太少，又会导致分析起来困难。你需要帮助参与者找出最佳平衡点。

“亲和图”是20上世纪60年代由川喜田二郎（Jiro Kawakita）提出的。它也称为“KJ法”。

肢体风暴

英文名称：Bodystorming

游戏目的

肢体风暴简单说来就是一种通过身体来完成的头脑风暴。根据活动准备程度和场所的不同，可能看上去也会有差异。但是所有的肢体风暴基本上都有一个宗旨：让人们通过自身的体验理清思路。

大家可以一起尝试下面列举的这些方法，慢慢投身其中。虽然并没有强行规定要按以下顺序进行，但是参与者可以将此作为参考，从观察和学习，到思考和创建原型。 每一阶肢体风暴都有助于我们突破在会议桌旁进行思维分析的传统模式，让人们聚在一起，找出在真实世界中行之有效的方法。

游戏规则

肢体风暴分为三个阶段。

第一阶段：观察

到现场去。如果你的想法与咖啡店、商场或者医院有关，那你就应该实地前往这些场所，像平常一样在那里展开工作。周围的环境会为你提供线索，打开思路，你在会议室里用头脑风暴永远拿不到这么真实的信息。

例如，假设参与者要负责改善大学校园里的生活体验，他们当然可以通过访谈或者调研展开工作，但是也可以从校园开始，走进校园，融入校园环境中，就在那里展开日常工作。这样做非常重要，参与者先不要一头扎入事例分析，这样就能够更开放地接收真实环境所呈现出来的线索。

第二阶段：尝试

运用角色扮演和道具开发新想法。在该阶段的练习中，参与者利用一切现有条件，通过手头现有的或能够拿到的东西把这个想法演出来。参与者的注意力集中在以下方面：与其他人的互动，与周围环境、环境中的各种物体的互动，从而对现有想法进行检验，发掘新的思路。

例如，一个小组需要“重新改编晚间新闻”，那就让大家分别扮演不同的角色：演员、观众、新闻主播、电视机，他们还要即兴开发剧本，按照对这个新的晚间新闻的设想，把它表演出来。

1. 确定和分配关键角色。别管体验主题有关什么，最好先确定“顾客”或“用户”角色的扮演者。这个人（或者这组人）将成为肢体风暴的焦点和主角。其他关键角色就好选了。你可能会听到“谁来扮演互联网？”之类的问题，这都不稀奇。

2. 临场发挥。肢体风暴是用身体循序渐进地展现的：在大家表演想法的过程中，有人会问一些简单但又重要的问题，往往会激发出意想不到的思考。仍然以晚间新闻的场景为例。

   - “OK, 你是怎么观看晚间新闻的？”
   - “我没有电视。另外，通常这个时间我会出去慢跑。”
   - “哦，那你会带上电话吗？”
   - “带着啊，我得用它听音乐。”
   - “OK, 如果是这样……谁愿意扮演他的电话？”

在一个完全即兴表演的情景中，大家应牢记游戏的基本原则：在彼此的想法上“接龙”。使用“是的，并且……”，这比“是啊，但是……”更具有建设性。

在运用肢体风暴的时候，有些场合参与者会按事先准备好的剧本表演。在这种情况下，要有充足的时间来筹划道具和搭建剧目场景，这很关键。例如，如果是有关咖啡馆的游戏，一定要提前搭好柜台，摆上椅子。如果与某个公园或某块户外区域有关，强烈推荐去现场开展活动。

第三阶段：反思过程，发掘原因

通过直接投身体验，参与者会自然而然地探索新的可能性，找出原有方法和假设的缺陷，验证想法的可行性。这种思考对于过程本身和随之而来的结果都非常有益：可以拍摄影片将游戏的过程记录下来，参与者事后可以通过回放讨论游戏中的重点。

游戏策略

根据参与者的特征引入适当的肢体风暴活动，包括选择适当的时机和合适的复杂度。由于肢体风暴要求参与人员从传统的会议桌思维跨出一大步，所以一开始的时候最好能使用结构化的框架，提供剧本，明确角色，由此慢慢地过渡到复杂的即兴表演。无论如何，比起那些“问答”式的会议，这些练习本身更令人难忘，有助于参与者从中获得共鸣，因为这是他们的“亲身”体验。

“肢体风暴”是1994年柯林·伯恩斯（Colin Burns）在马萨诸塞州波士顿召开的CHI’94会议上提出来的。

卡片分类

英文名称：Card Sort

游戏目的

卡片分类是信息架构师和设计师经常使用的一种方法，用来收集并整理输入的数据，服务于多种用途。卡片分类最常见的一个用途，是把一个网站的信息写在卡片上，通过对这些卡片的分类，得出易于浏览的类别，从而搭建网站架构。我们也可以用这种方法制作演讲的幻灯片，任何需要以合理方式分类和组织信息的场合都可以使用这个方法。

卡片分类的应用方法多种多样。使用的方式有点类似于“点子上墙”和“亲和图”。但卡片分类与这两种方法又有所不同。首先，卡片一般都是事先准备好的，当然，参与者也允许在分类时自行创建卡片。其次，卡片是一种半永久性的道具可以反复使用，不同参与者可以多次使用这些卡片，这样就可以找出共同模式。

游戏人数

多个小组或是若干人

游戏时间

30 分钟以上，取决于卡片的数量和参与的人数

游戏规则

使用 3×5 英寸或差不多大小的卡片。一个典型的分类活动通常要有 30 到 100 张卡片；如果超出这个范围，参与者会觉得卡片太多，难以应对；卡片太少，又觉得不至于如此兴师动众。

每个卡片上的信息都应该简单明了；能够清晰表明内容就可以了。在卡片上写太多信息会减慢分类的速度，而一旦信息不足又会引起歧义，导致分类速度进一步下降。

发给参与者洗好的卡片和一叠空白卡。向大家描述组织信息的挑战，然后要求他们将卡片分成合适的组。如果他们觉得有不明白或漏掉了什么，可以换卡片或是创建一张新卡片。分好类别后，邀请他们为每个类别命名并加以描述。

卡片分类有很多种类，可以按照从“最希望看到的”到“最不希望看到的”排序，或是将卡片分为“必须要有”和“可有可无”的两组。也可以要求参与者把卡片归类到预先定义好的类别中，以此测试类别设定的有效性。

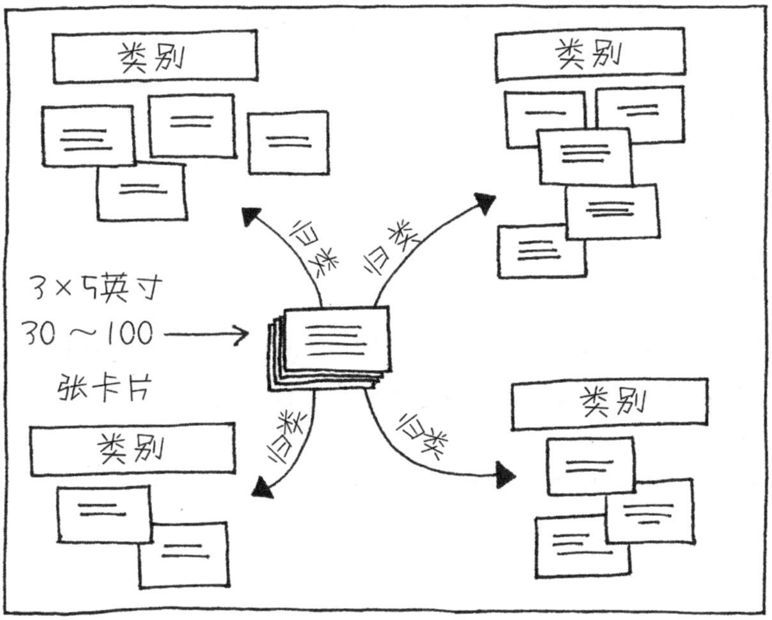
类别
类别
归类
归类
3×5英寸
30～100
张卡片
归类
归类
类别
类别

游戏策略

虽然卡片分类游戏不会告诉你关于一组信息的所有详情，但是它能揭示参与者对问题的思考过程。从这个意义上讲，它关注的更多是人而不是信息。当一个团队做了大量的卡片分类之后，这个团队典型的思维模式自然就会浮现出来。

“卡片分类”是信息架构师和复杂系统设计师常用的方法，它的实际出处不详。

投票数点

英文名称：Dot Voting

游戏目的

在任何有效的头脑风暴会议中，都会遇到这样的情况：一下子产生出太多好的主意、太多好的概念以及太多可以进一步探索的可能性。此时，投票数点就是方案排优、聚拢思想以及达成共识的最简单的方法之一。

游戏人数

至少三人；大型团队活动时，投票数点会非常耗时

游戏时间

短时间

游戏规则

首先，你需要有一系列的选项才能投票！投票的选项可以是他们刚刚得出来的成果，比如贴满墙的即时贴，或是在一张白板纸上把所有的想法都列出来。请参与者投票，具体做法就是在他们最认同的选项旁边贴一个点。也可以使用粘贴条或马克笔。按照经验来说，最好是每人发五个贴点。

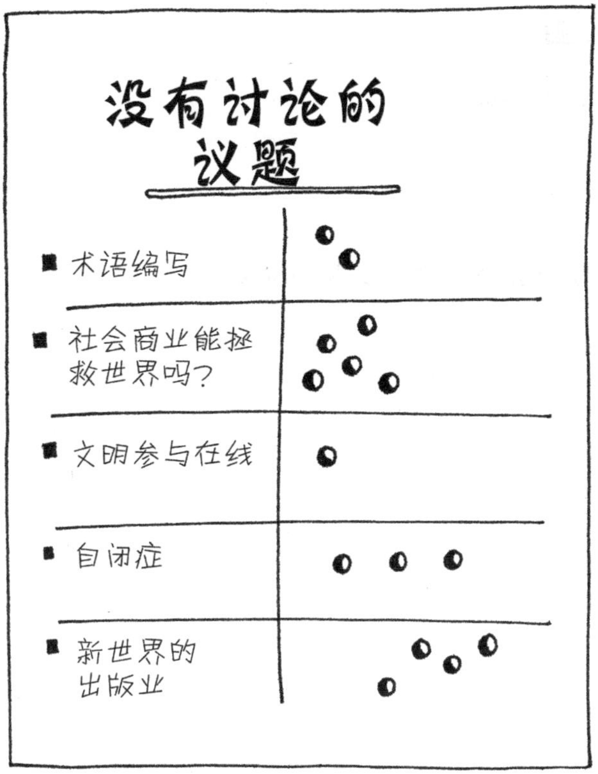

没有讨论的议题
术语编写
社会商业能拯救世界吗？
文明参与在线
自闭症
新世界的出版业

参与者投票的时候，如果特别赞同某一个选项，可以多投，要求五个贴一次投票都要用完。投票完成后马上进行清点。如果有必要，可以根据最终票数重新列一张选项清单。

这个重新排好的清单会成为讨论的主题和决策的依据。在某些情况下，我们也可以对那些得票特别少的选项做一下反思，看看它们是不是被无意中忽视掉了。

游戏策略

这种方法可应用于任何需要集体做排序的场合。可以用来提炼出功能列表，就讨论的议题达成一致，或是在多种策略和概念中做出选择，等等。投票的时候，每个人给五票，基本上就足以能够清楚表达个人倾向了。当然，这也不是硬性的规定。

“投票数点”游戏的实际出处不详。

同理心地图

英文名称：Empathy Map

游戏目的

这个游戏的目的是迅速获得客户或用户画像

游戏人数

3~10 人

游戏时间

10~15 分钟

游戏规则

客户画像能够帮助项目人员把关注点放在“人”身上，通常指的是顾客或是最终用户。尽管创建同理心地图不像开发客户画像那么严谨，也没有基于研究的流程，但是它可以让参与者迅速关注于项目中最重要的因素：人。

在这个活动中大家要一起研究某个人。你可以先在纸的中间画一个大圆圈，在里面可以写字。然后再画上眼睛和耳朵，这样就有了一个大大的“人头”。

1. 请大家给这个人取一个名字。

2. 把头部周围的空白处分成大块，标注“所思”“所看”“所听”和“所感”。

3. 请参与者从这个人的角度来一一描述他的感受，从“所看”到“所感”，逐一描述。

4. 游戏的目标是在大家心里建立起对此人一定程度上的同理。该练习不宜超过 15 分钟。请参与者相互交流勾画出此人的特征：这个人想要什么？有什么力量在激励他？我们可以为他做些什么？

(大家都知道的人)
(职务)
同理心地图
杰克
销售总监
听
想
看
说
感
做

游戏策略

参与者可以把同理心地图看成是参考工具，经常用它来“检验”工作中的想法。需要的时候就可以问一下“某某（虚拟人物名称）他会觉得如何？”。最好在工作的过程中将同理心地图贴在显眼的位置，需要的时候就很容易让大家聚焦回去。

“同理心地图”游戏由 XPLANE 公司的司各特·马休斯（Scott Matthews）发明。

强制排名

英文名称：Forced Ranking

游戏目的

进行优先级排序时，大家需要就多种选项做出逐一排序。强制排名法要求游戏者最终做出艰难的决定，确定清单中每个选项都必须有个明确的先后位置。这是在诸如投资、业务重点、功能特性和功能要求等方面的决策过程中非常重要的一环。适用于任何需要确定清晰的先后顺序的场景。

游戏人数

3~10 人的小组

游戏时间

用时适中或稍长；30 分钟 ~1 小时，具体取决于选项的数量、排序标准和参与的人数

游戏规则

与会者需要提前准备两样东西：一份杂乱无序的选项清单，一套排序标准。由于强制排名的参与者会仔细评估各个选项，所以排序标准应该尽可能地详细。例如，对一个产品的功能排优先顺序时，排序标准可以是“对某用户而言最重要的功能”。在发掘商业重点时，排序规则可以是“在下一年中影响最大”。

如果评选有多重标准，最佳做法是按照每个标准分别进行一轮排序，然后把各轮得分相加，以总分确定最终名次。对参与者而言，使用多个标准同时进行评估是很困难的，比方说 “未来一年影响最大，未来六个月耗费的精力最小”， 这样的标准就很令人费解。针对这种情况最好做两次排名：一次根据影响，一次根据难易程度。

虽然对排序的选项数量没有硬性限制，但是对于一个小型团队来说，理想的排序选项控制在 10 个左右。这样有利于参与者在选项之间做出评估，不至于觉得太难应对。将整个列表写在白板纸或者白板上，让大家都能看得到，这样大家评估起来会比较容易。

操作的时候，先设计一个由选项和评估标准形成的矩阵。参与者单独为每个选项依次分配一个号码，最重要的是 1 号，第二重要的为 2 号，依次类推，直到最不重要的选项。由于排名是“强制性的”，所以没有两个项目可以有相同的号码。

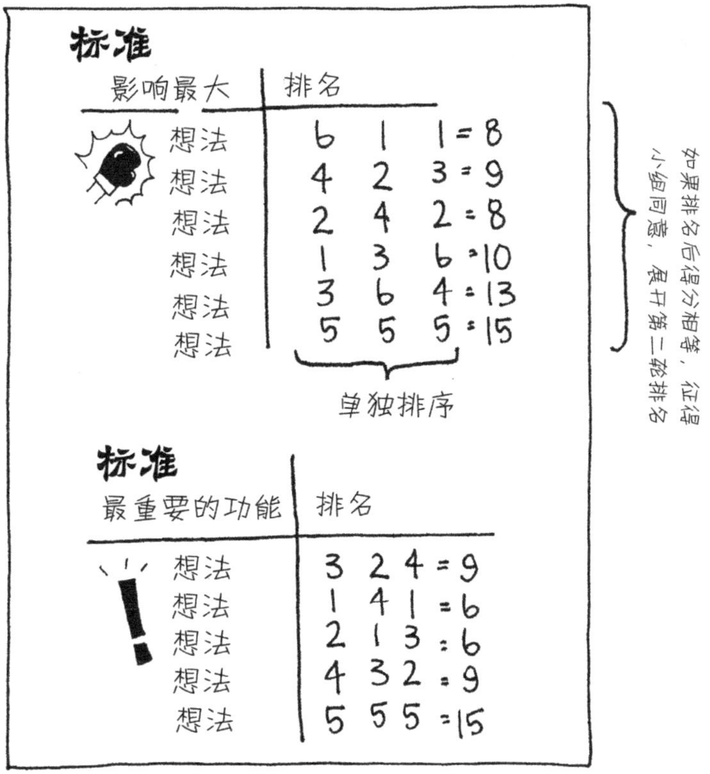

标准
影响最大
排名
想法 6 1 1=8
想法 4 2 3=9
想法 2 4 2=8
想法 1 3 6=10
想法 3 6 4=13
想法 5 5 5=15
单独排序
如果排名后得分相等，征得小组同意，展开第二轮排名
标准
最重要的功能
排名
想法 3 2 4=9
想法 1 4 1=6
想法 2 1 3=6
想法 4 3 2=9
想法 5 5 5=15

一旦选项名次排定，就按顺序重新整理并加以适当的讨论，然后进入下一个环节。

游戏策略

强制排名对参与者来说可能是一个艰巨的任务，因为这需要大家要对一组选项展开严肃评估，必须把它们分个高下。这跟大多数团队正常运作模式不同。通常一个团队一起工作的时候都是争相贡献点子，相互叠加，相互支持，相比较起来其实容易很多。强制排名的精髓也正在于此，大家必须遵照清晰明确的标准来进行严格的评估。

“强制排名”游戏出处不详。

点子上墙

英文名称：Post~up

游戏目的

这个游戏的目的是通过个人写下即时贴来获得想法。

游戏人数

1~50 人

游戏时间

10 分钟 ~1 小时

游戏规则

即时贴用来处理点子，可以有很多不同的玩法，写点子是最基础的一个。它从一个问题开始，让大家集思广益，寻找答案。例如："产品 X 有哪些可能的用途？"

把问题写在白板上或者画在白板纸上。然后要求人们独自思考，并将各自想到的答案写在即时贴上。让大家保持安静，确保每个人可以独立思考，相互之间不会打扰。邀请大家将答案分别写在即时贴上，一张纸写一个，这么做是为了随后可以把这些卡片打散，再进行重新组合和排序。给大家一段时间，之后要求大家将自己的即时贴贴在白板上，每个人快速讲解自己的想法。

如果在分享过程中有人受到他人的启发，想出了更多的点子，等大家都介绍完后，也可以把这些点子贴上去。

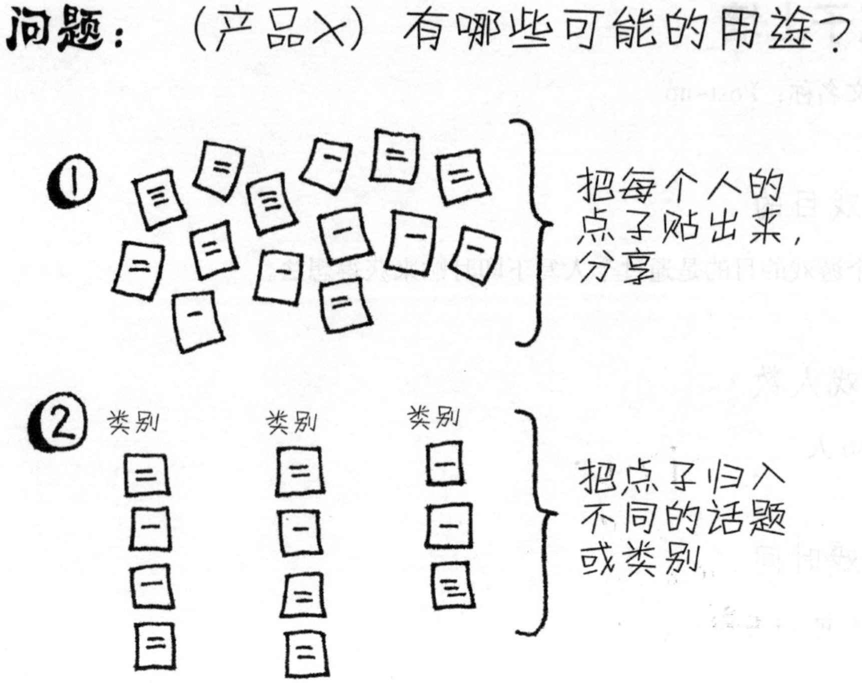
问题：（产品X）有哪些可能的用途？
①
把每个人的点子贴出来，分享
②
类别
类别
类别
把点子归入不同的话题或类别

游戏策略

拿到大家的想法是第一步，后面可以连接很多进一步的工作。你可以用这些点子建立亲和图，或者建立树形图，也可以对这些点子进行重组和优化。

“点子上墙”游戏基于一本名叫《使用即时贴快速解决问题》的书，作者是大卫·斯特拉克（David Straker）。

故事板

英文名称：Story Board

游戏目的

该游戏要求参与者使用文字和图片，按照顺序分步骤设想并描述理想中的未来。故事板的用途多种多样，除了描绘想象中的未来，还可以用来叙述任何主题。 用这种方法创建愿景，效果更为突出，因为它允许参与者想象并创造各种可能性。参与者描述着美好的故事结局，为一个更美好的未来播下幼小的种子。你也可以使用故事板让员工描述他们在项目中的经验，展示解决问题的步骤，或是向新员工解释政策和流程。故事板的用途非常广泛，非常考验你的想象力。

游戏人数

8~20 人

游戏时间

45 分钟 ~1.5 小时

游戏规则

在会议开始前先确定故事的主题，邀请参与者围绕主题绘制“理想”中的故事。会议开始后，根据参与者的人数，将他们分为两人到四人一组。为他们提供马克笔、白板纸和白板架。

1. 向参与者讲解这个活动的目的，是要给其他成员讲述一个美好的故事。故事的主题是“有关 [空白] 理想的未来”，可以是关于一个团队、一个产品、或者一个公司，无论什么都可以，主题要事先确定好。大家的任务就是通过可视化方式描述故事的主题，然后讲给其他人听。

2. 确定小组后，给他们 20~25 分钟的时间完成三个活动：(1) 就一个理想状态达成共识；(2) 决定他们将采取哪些步骤达到目的；(3) 把每一步依次用白板纸画出相应的形象或是场景，一张纸一个场景。

3. 还剩下两分钟的时候提醒参与者注意时间。到时间后，让他们聚拢回来，询问是否有小组自愿先来分享他们的故事。

4. 当所有组的故事都讲完后，询问大家，在他们听到的故事中，哪些内容最精彩，总结故事中重复出现的场景和主题，询问他们从中观察和收获到的洞见和感悟。

我们的
理想状态
pow!!
成为世界最牛的
设计工作室
ah ha!
专一的研究团队
谁？
在哪？
做什么？
拿到设计师需要的
所有资源
HUB
为设计师建立活跃的
社区枢纽
小规模
市场宣传
通过社交工具吸引
人们来到社区
1#
SABBY STUDIO
与顶级设计师合作，
成为顶级团队

游戏策略

作为游戏组织者，你需要有一定的心理准备，当你告诉大家在活动过程中会需要大量绘画工作时，他们可能会觉得有些怪异。你可以跟他们讲，这个活动的关键是讲好故事，画图只是起着辅助作用，让他们放心。他们也可以使用文字作为注释，澄清图画表达的意思，也可以选择团体里的“艺术家”操盘绘画，这样就不用每个人都画图了，（其实大家一起画反而更有乐趣）。最后提醒大家，他们没有足够的时间去画一幅与达芬奇相媲美的大作，简笔画就足够啦。

展示故事的形式有多种选择。几个小组可以将各自白板纸围绕房间贴成一行，一边沿着房间走一边讲故事。他们也可以不动白板纸，讲述时就一张一张翻着讲也可以。他们还可以选择将白板纸贴成一排，先用白纸都盖住，然后找一个成员扮作“凡娜·怀特”，讲一张揭一张，创造一系列悬念。告诉大家怎么好玩怎么来，反正没人打分（当然，如果参与者是那种荣誉感很强的团队，你也可以把它组织成一场比赛）。创建故事、分享故事的过程才是最重要的。

“故事板”游戏归功于沃尔特·迪斯尼（Walt Disney）。1928年，在制作动画片《汽船威利》时，他发明了故事板，墙壁上覆盖着一种特殊的板，故事按照图画的顺序进行讲述。他发现这是跟踪故事进度和提高故事质量的一种有效方式。

谁来干

英文名称：WhoDo

游戏目的

该游戏的目的是对预定目标所采取的行动进行头脑风暴，做出计划，并列出优先级。

游戏人数

1~10 人

游戏时间

20~45 分钟

游戏规则

你想让哪些人做哪些事呢？所有影响重大的行动几乎都离不开其他人的帮助。我们可以通过设计一个“人 + 行动”的列表，简单地分清各自的任务。

1. 从想象愿景开始。写出或画出总体目标。
2. 画一个两列的矩阵，在左边一列写上“人”，在右边一列写上“行动”。
3. 询问下述几个问题：我们需要哪些人才能把事情做成功？谁是决策者？谁有所需要的资源？谁有可能妨碍我们？我们需要谁的支持？在“人”的那一列写下这些个人或团队的名字。
4. 给出“行动”那一列的内容往往较为困难。针对“人”列中的？一栏，询问下述几个问题：他们需要做什么？或者他们需要改变哪些做法？需要采取哪些行动来达到总体目标？不断地细化“人”那一列的个人或团队，直到你为所有个人或团体安排了可衡量的具体行动。

人+行动

资助人	每个项目捐款5000美金
董事会成员	推荐三个资助人
发展部副总裁	批准活动理念
↓…	↓…

在左右列出的人和事中，哪些事最重要？谁是完成这项任务的首选？

游戏策略

强令自己把更多的注意力放在行动上。在策划“行动”栏时，人们会倾向于把事情简单化，变成“我们只是想让他们明白这些事。”在大多数情况下，当你希望别人明白某些事情时，是因为你想让他们改变一些东西，或者你想让他们明白了以后去“做点什么”。问问你自己或参与者：“一旦他们明白之后，那又会怎样？”不要刻意淡化你的最终目的：行动。

“谁来干”游戏归功于戴夫·格雷（Dave Gray）。

第 5 章

开场游戏

开场是迈入一个空白空间的第一步。开场游戏的重点是定义这个空间的边界，对其进行描述，然后带领大家进入场地。有时候，开场游戏能点燃思想的火花，激发出大量多姿多彩的想法；有时候它们能迅速规划出即将展开的探索的时间与空间。

有些开场游戏本身就是一个完整的游戏，有些游戏像组件模块一样可以互相组合，形成更大的游戏。

面对空白的空间时，最困难的一步就是开局。使用开场游戏可以帮助我们迈出这一步，为随后接踵而来的事件打开方便之门。

3~12~3 头脑风暴

英文名称：3~12~3 Brainstorm

游戏目的

这种形式的头脑风暴把创意的过程压缩到极简。数字 3~12~3 分别代表三个重要活动中所需要的时间：3 分钟进行观察，12 分钟把这些观察归纳成大致的概念，另外 3 分钟把概念展示给大家。

这个形式的精要之处是严格遵守时间。设定计时器，迫使人们当即做出迅速决策，不能过多思考。一般来说，注重思考过程的团队往往从这个练习中受益最多，同时他们面对的挑战也最大，时间的紧迫让他们很难投入。

由于时间短（如果 10 个人的话，总计需要 30 分钟），3~12~3 头脑风暴可用来做热身活动，为接下来更大的活动做准备，当然也可以作为一个独立的练习，不需要做任何提前准备。还可以用来为持续改进的主题激发新想法，也同样非常有效。

游戏人数

这个游戏的关键是速度很快，随着参与人数的增加，游戏速度会变慢。如果要把它作为开场热身，最好是不要超过 10 个人，两两结对展开游戏。超过 10 人时，为了保证速度，需要把人分成三人一组而不是两人一组。

游戏时间

21~30 分钟，取决于参与人数

游戏规则

需要一个用来进行头脑风暴的主题，将该题目简化成两个词，可以是现在面临的问题，比如“能源效率”，也可以是创新的主题，比如“未来电视”。

尽管你可以用一个完整的提问来代替这两个词的意思，比如“未来电视是如何工作的？”但是在现阶段最好避免提成完整问题。使用两个主题词可以帮助大家先行思考问题的定义，而不是直接进入一个新的概念，或者直接奔向解决方案。

游戏前，给每位参与者分发一些卡片和马克笔，确保每个人手里都有足够的卡片。解释完规则后，游戏马上开始。

3 分钟：生成想法。在开始的三分钟内，邀请参与者思考当前主题的特征，在卡片上写下自己的想法，越多越好，每卡一个。邀请大家把脑海里出现的任何内容都记录下来，使用名词 + 动词的形式，也可以邀请大家进行自由关联，这样能加速团队思考过程。按照头脑风暴的总原则，这个阶段不要有任何筛选，目的就是在短短三分钟内产出一个数量众多的点子库。

12 分钟：开发理念。把团队分成两人一组。每个小组随机从点子库中先抽取三张卡片，展开思考和讨论。每个小组有 12 分钟的时间开发出一个理念，随后要向整个团队讲解。如果开始时定义的两个词语的标题足以解释大家面临的挑战，那么 12 分钟计时开始，各小组开始讨论。如果对题目有任何疑问，可以透露更多有关题目的侧重点，比如“下个季度我们如何提升绩效？”

在准备汇报的过程中，小组可以制作草图、原型、或者其他手段进行辅助，关键是要准备一个短小精悍（最多三分钟）的演示，把他们的想法给整个团队做讲解。

3 分钟：进行展示。向整个团队演示时，小组可以展示他们手里抽到的卡片，以及这些卡片是如何带动了他们的思考。和前面一样，对时间的把握非常重要，每个小组最多有三分钟时间。所有组都演示过后，大家再一起讨论收获。

游戏策略

速度是关键。如果不充分把控时间，许多传统的头脑风暴会进行得非常缓慢，就算大家都很愿意参与，也很愿意贡献想法，最终也可能达不到目的。此外，速度可以帮助大家迅速抓住最有价值的部分。其实。很多时候好的点子不需要冗长的讨论，很多精髓内容能够瞬间迸发。

大家分享完毕后，小组还可以一起做一些其他的事情。大家可以针对某个？念展开深入挖掘，或者试着把某些？念互相结合起来。他们可以对这些理念进行投票或者展开排序，决定对哪些概念进行深入研究。通常这个活动中得出的内容很容易被参与者记住，因为他们在短时间的压力下共同创造了这些理念。

“3~12~3 头脑风暴”的发明者是詹姆斯·马卡拉佛（James Macanufo）。

反转提问

英文名称：The Anti~Problem

游戏目的

反转提问游戏帮助人们在束手无策的情况下找到出路。它特别适用于下列情况：团队已经就某个问题纠结了很长时间，再也没有新的头绪。通过引导团队朝向与当前问题截然相反的方向思考，帮助团队看清当前的解决方案已经误入歧途，而且那些想当然的解决方案根本不奏效。

游戏人数

5~20 人

游戏时间

30~45 分钟

游戏规则

1. 开会前确定需要解决的问题或是要攻克的难题。
2. 给参与者提供各种物资和工具，比如即时贴、马克笔、卡片纸和橡皮泥等，在办公室能找到的各样用品，可以用来设计并描述解决方案。
3. 把大组分成三或四人的小组，给他们布置要共同解决的反向问题，或者告诉他们去思考现有问题的对立面。（例如，如果要解决的问题是销售人员如何推销产品，那么参与者则需要想出如何让消费者拒绝采购该产品。）问题的对立程度越极端越好。

> 可选活动：列出一堆小问题，逐个缩短解决这些问题的规定时间。让各个小组比赛，看哪个小组想出的解决方案更多，即使其中一些解决方案看上去很无厘头，也没关系。

4. 给参与者 15~20 分钟时间想出解决逆向问题的各种方法，同时设计出方案的展示方法。鼓励大家做得越快越好，点子越多越好。方案没有对错之分。

5. 时间一到，邀请每个组分享针对逆向问题给出的解决方案。邀请小组站起来分享，同时展示他们设计的视觉创意，也可以邀请其他人围到他们的桌子面前来，参观他们展示的解决方案。

6. 讨论参与者的领悟和发现。

游戏策略

这个游戏的目的是帮助团队跳出现有模式，从其他角度评估问题。所以要把逆向问题问得非常极端，从而引发人们的思考。不要担心参与者给出的解决方案完全（或者大部分）不切实际。这个活动本身为的就是让大家发散、搞怪。我们的目的不是在 30 分钟内解决一个复杂的问题，而是让他们能够找到一个新思路，在会议结束后进行充分地思考，得出新的解决方案。或者，由于这个游戏能很自然地能引发人们围绕真正的问题展开对话，你可以再多拿出点时间，趁着参与者兴致盎然、想法层出不断，带领他们就真正的问题展开深入对话。注意：有时候人们忽然间恍然大悟，发现以前使用的方法实际上居然是这个反向问题的答案！醍醐灌顶啊！

“反转提问”游戏基于一种名为“反转”（Reverse It）的活动，来源于唐娜·斯宾塞 (Donna Spencer)[①]的游戏设计网站 *http://www.designgames.com.au*。

① 中文版编注：《卡片分类》一书的作者。

静默头脑风暴

英文名称：Brainwriting

游戏目的

好的想法往往凝聚着多人的智慧结晶。“静默头脑风暴”这种技术是让大家生成想法，彼此分享，彼此构建新想法。经过多人的书写、阅读和思考，获得最新奇的成果。

游戏人数

5~15 人

游戏时间

30~45 分钟

游戏规则

1. 在大家都能看到的地方，写下需要对其生成想法的题目，配上点图画。举个例子，题目可以是“员工表彰项目”。
2. 把卡片分给每个游戏参与者，让他们独立思考，针对这个话题写出自己的想法，一张卡片写一个想法。
3. 让大家每写完一个想法，就把该想法传给坐在他右面的人。
4. 让收到卡片的人阅读卡片，并把它想成“想法启迪”卡。他们可以在现有想法的基础上增加新的想法或者对它进行补充，再将卡片传给在右边的人。
5. 不断把卡片往右传，重复这个“静默头脑风暴”过程，直到每张卡片上都写满不同的想法。

> 可选活动：让参与者在纸上写下想法，然后把纸折成飞机投给另一位参与者，然后重复步骤 4。不断写下想法、投掷纸飞机，直到每张纸上都有了很多想法。用步骤 6 和步骤 7 来总结。

6. 上述步骤完成后，收集所有卡片，找人把它们贴在刚刚的题目和配图边上。
7. 请大家一同到前来观看这些想法，邀请他们在自己认为最好的想法旁边画上一个小星星，然后讨论。

> 可选活动：把白板架和白板纸在屋子里摆开，布置成一个点子画廊。让参与者在白板纸上写下他们的想法，越多越好，然后邀请他们在屋子里四处走动观看其他人的想法，告诉他们可以在其他人的白板纸上添加自己的想法。重复这个过程，直到所有的白板纸上都写满了想法。

游戏策略

在一个典型的团队环境里，大多数都是外向型的成员在说话，他们会主动贡献想法。他们的贡献固然重要， 不过也要倾听那些不爱说话的、内向人们的声音，他们的想法也很有价值。跟大家强调，这个游戏是需要静默的。内向型的人们可以利用这个机会贡献自己的想法，而不需要在整个组面前说出来，这也保证了屋子里的每个人都能参与并分享他们的想法。静默头脑风暴还能避免人们过早地对不同想法进行批评，创造一个宽松的环境让更多的人们共同创建想法。也因为很多想法是共创的，它们就会更有可能被推动实施。

“静默头脑风暴”游戏基于迈克尔·米哈尔科（Michael Michalko）在《米哈尔科商业创意全攻略》中描述的同名活动。霍斯特·格施科（Horst Geschke）和他在德国法兰克福贝特利研究所（Batelle Institute）的同事开发了一系列的创新思维技术，称为“静默头脑风暴”。

情境地图

英文名称：Context Map

游戏目的

在对整体局面有一个全面的认知之前，我们很难真正驾驭局势。情境地图就是用来给展示整体局势，它包括外部因素、趋势以及围绕在企业周围的各种力量。一旦我们对所处的外部环境有了更系统的认知，就可以更积极地做好准备，应对不同的情景。

游戏人数

5~25 人

游戏时间

45 分钟 ~1.5 小时

游戏规则

1. 在墙上挂六张大的白板纸，分成两排，每排三张。
2. 在上面一排中间的纸上画出当下正在讨论的组织。你可以很得简单，例如画你所在的办公楼，或者画一个地球的图形来代表全球市场，给画的图形或者场景加上文字注释。
3. 在同一张纸上的左上方写上“政治因素”，右上方写上“经济环境”。
4. 在左上方的纸上，画一些大箭头指向右边。把这张图写上标题“趋势”。在“趋势”前面留出空白，后续会在此添加修饰词。
5. 在右上方的纸上，画一些大箭头指向左边。把这张图也写上标题“趋势”。同样，在“趋势”前面留一些空白，将来可以添加修饰词。

6. 在左下方的纸上，画一些大箭头指向右上方。把这张图题为“技术因素”。
7. 在下面一行中间的纸上，画一个图像代表客户并把这张图标为“客户需求”。
8. 在右下方的白板纸上，画一些雷雨云或者一个头上有问号的人，把这张图标为“不确定因素”。

趋势
情境地图
Political Factors
Economic Climate
Helix Consulting & Design
趋势
技术因素
客户需求
不确定因素

9. 为团队介绍情境地图。解释绘制地图的目的是让我们对企业的运作从宏观上有个理解。让参与者选择先讨论“趋势”之外哪个主题，对选中的主题展开讨论，把大家讨论的内容记录在该主题的空白处。
10. 当一个主题的讨论进行得差不多的时候，根据团队的讨论方向或是基于你自己的判断，转移到下一个题目。继续填写栏目中的内容，直到除了趋势之外的每个主题都完成为止。
11. 两个“趋势”的类别可以让大家自行决定，不妨先做个快速投票，看大家想讨论哪种类型的趋势。可以是在线趋势、统计趋势、增长趋势等等。当你帮助大家一起确定了要讨论的趋势类型后，可以使用投票数点或者让大家举手表决，把这个修饰定语写在“趋势”前的空白处。然后继续上述的活动过程，邀请大家提供内容，写在合适的区域。

12. 与团队共同总结活动的收获，询问他们对情境地图的发现、体会、领悟以及担忧等。

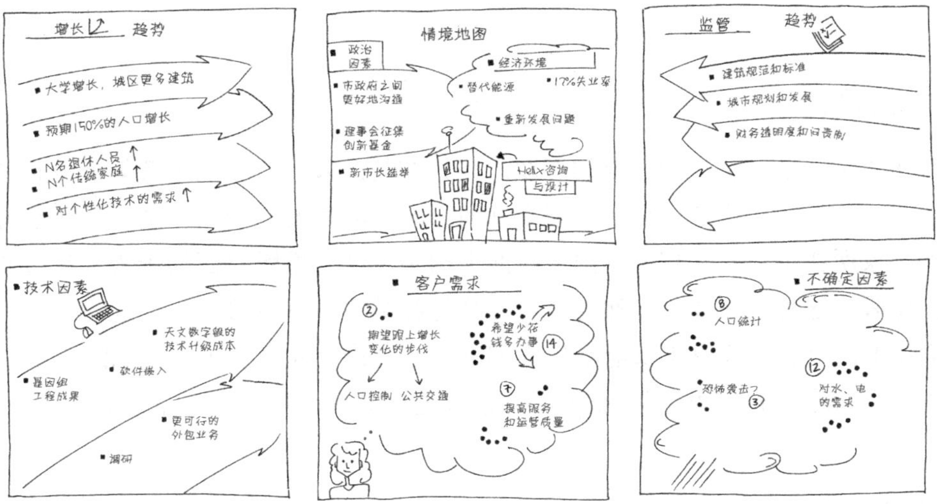
增长 趋势
大学增长，城区更多建筑
预期150%的人口增长
N名退休人员 ↑
N个传统家庭 ↑
对个性化技术的需求 ↑
情境地图
政治因素
经济环境
市政府之间更好地沟通
替代能源
17%失业率
重新发展问题
理事会征集创新基金
新市长选举
Helix咨询与设计
监管 趋势
建筑规范和标准
城市规划和发展
财务透明度和问责制
技术因素
天文数字般的技术升级成本
软件嵌入
基因组工程成果
更可行的外包业务
调研
客户需求
期望跟上增长变化的步伐
人口控制
公共交通
希望少花钱多办事
提高服务和运营质量
不确定因素
人口统计
恐怖袭击？
对水、电的需求

游戏策略

通常一定是由参与者决定如何绘制他们所处的情境地图，但是作为会议组织者，你可以通过提出睿智的问题引发他们思考，帮助他们得出高质量的洞察。有必要的话，你可以在会议前进行调研或者找员工访谈。这个活动的意图是要尽量丰富准确地描述环境，帮助参与者洞察他们所处的环境，从而能够主动地出击而不是被动等待。参与者可以选择从"趋势"以外的任何类别开始讨论，以任何顺序展开讨论，因此，务必留意他们的出发点，并注意他们最关注的地方，或者产生想法最多的地方，因为那里恰恰就是他们的能量所在。但要记住，这个活动的设计是为了绘制外部环境图，而不是内部环境。一旦你发现讨论开始朝着分析内部环境的方向游走，就要把大家引导回来，在此聚焦外部环境。告诉他们，我们还有其他一些游戏是专门针对内部动态的。情境地图游戏的结果应该是让大家对外部商业环境有一个整体的观察，向大家展示在哪些方面他们应该集中精力，以取得战略性成果。

"情境地图"游戏基于格鲁夫国际咨询公司的《情境地图图解指南之引导者手册》®© 1996—2010 The Grove。

封面故事

英文名称：Cover Story

游戏目的

封面故事是个完全基于想象的游戏。其目的是深入、广泛地思考某个企业未来的理想状态，这是一个愿景规划练习。游戏的目的是消除怀疑，引导参与者想象所在企业未来超级耀眼，瞬间占据主流杂志整版封面的场景。参与者需要假想这种未来场景已然发生，并且已经被主流媒体报道。这是一个值得尝试的游戏，因为它不仅能激发人们的雄心壮志，实际上也在人们的心中植下了未来的种子，通过这个游戏，可以让他们看到这个未来的可能性。

游戏人数

不限

游戏时间

取决于参与者人数，但是最多不超过 90 分钟

游戏规则

1. 在会议开始之前画一个大模板，包含下图所示的所有栏目。你的模板不必和下图完全一致，可以创造性地设计中间的图像和布局。但要注意包括下图中所有的题目。根据游戏人数准备多张模板，最多每四到六人共用一张模板。

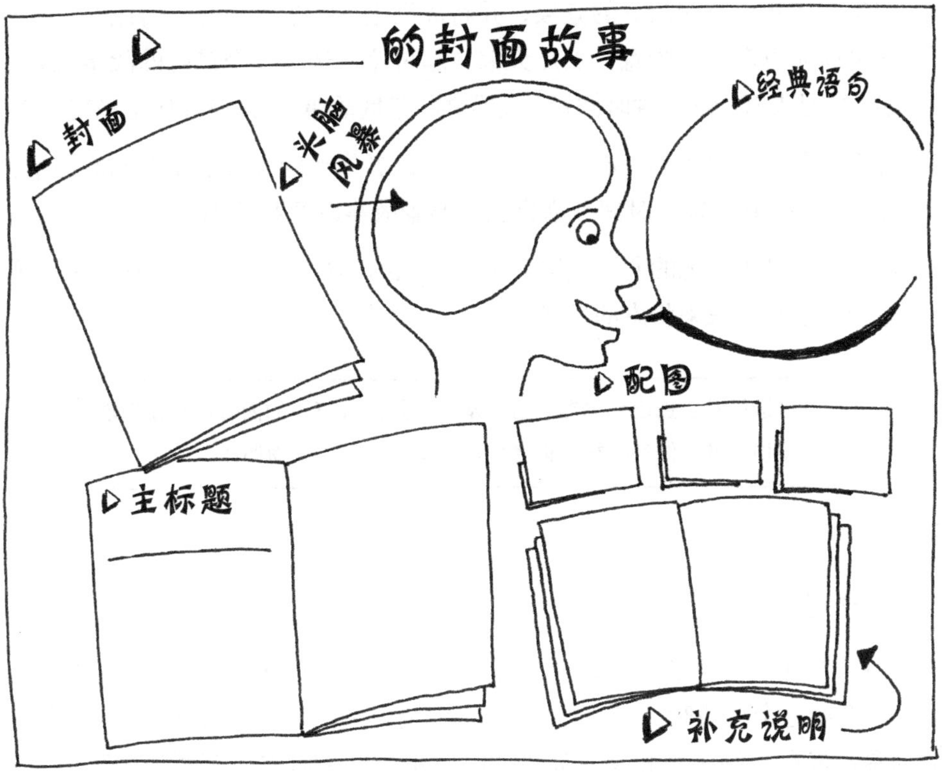

的封面故事
封面
头脑风暴
经典语句
配图
主标题
补充说明

2. 向参与者介绍游戏的目的，讲解模板每一栏的定义。
    - “封面”描述他们辉煌的成功故事。
    - “主标题”阐述封面故事的主旨。
    - “边栏”列举封面故事的有趣事实。
    - “经典语句”可以是来自与故事有关的任何人。
    - “头脑风暴”用来记录封面故事的最初想法。
    - “配图”用插图支持内容。
3. 把参与者分成四到六人一组，每组分配一张模板和一些马克笔。参与者可以选个代表做写手，或者一起写。

4. 让参与者想象公司最好的景象，并将成果进一步扩大。每人可以有五分钟的时间先思考个人创意，然后大家一起讨论，选择一个最好的故事展开描述。给团队 30~45 分钟时间设计他们的“年度故事”，并在模板上呈现出来。
5. 再次将各小组召集到一起，邀请各组志愿者依次给大家展示他们的愿景，每组有 5~ 10 分钟的时间分享自己的愿景故事以及相关内容。
6. 记录下愿景中出现的共同主题和大家共识的部分。询问参与者他们的发现、体会、以及对未来状态的思考。

> 可选活动：选出两名参与者，基于“封面故事”的内容进行模拟现场采访，就好像杂志社派记者采访故事中的重要人物那样。

游戏策略

这个游戏描述的是企业最狂野的梦想，而且它已然实现了！因此，当你作为组织者开始这个游戏时，一定要用过去式，要热情洋溢地宣布他们“成功”了。鼓励参与者在头脑风暴和编写故事的时候也用过去时态。不要让团队进入分析模式。这个游戏完全不在意什么逻辑清晰、观点务实、参数正确。封面故事是创意无限的练习，可以随意编写。告诫参与者千万别用“真实情况”较真。小组分享愿景时，引导者讨论并记录过程中出现的共同主题。不管这些主题多么不切实际，一旦成为共性就很能够说明问题。它们揭示了大家共同的希望，也播种下了梦想成真的可能性。如果这个游戏是更长的团队游戏过程中的一部分，就可以把这些愿景张贴在屋子里，从而激发他们继续思考，不断产生新的灵感。

Reboot公司 封面故事
封面
《时代》
"我们的在线内容变现了！"
——Reboot新闻报道
头脑风暴
搭建完美在线社区
经典名言
他们告诉我们这不可能，但是当初"他们"说登月也不可能。
配图
our office
大标题
其他人都在尝试，而Reboot太快了！
Reboot引发社会各方变革
新的互联网络来自Reboot
他们如何破解的密码
补充说明

"封面故事"游戏基于格鲁夫国际咨询公司的《情境地图图解指南之引导者手册》®© 1996 — 2010 The Grove。

问题画像

英文名称：Draw the Problem

游戏目的

每一天，我们都会给自己关注的问题排优先顺序。那些模糊不清或不容易理解的问题会让我们产生本能的抵触情绪，我们会选择性地忽视它们。因此这些问题总被束之高阁，得不到处理和解决。在处理各样问题的会议上，我们通常会跳过一个重要的步骤：定义问题。对问题的描述不单要能使人们清晰地了解它，还能引发足够的关注，吸引大家，从而愿意解决这个问题。

在会议刚刚开始的时候对问题进行简短的描绘，能促使参与者关掉笔记本电脑，全身心参与进来。

游戏人数

6~10 人的小组效果最好

游戏时间

20~30 分钟

游戏规则

给每个参与者一张大的卡片或者 A4 纸。先介绍会议的主题，然后让参与者思考他们要在这里解决的问题。思考的时候，要求他们列出有助于理解这一问题的一些事项。例如，他们可以选择描述这个问题在“日常的一天”中是如何呈现的，或者用某件物品来代表整个问题。

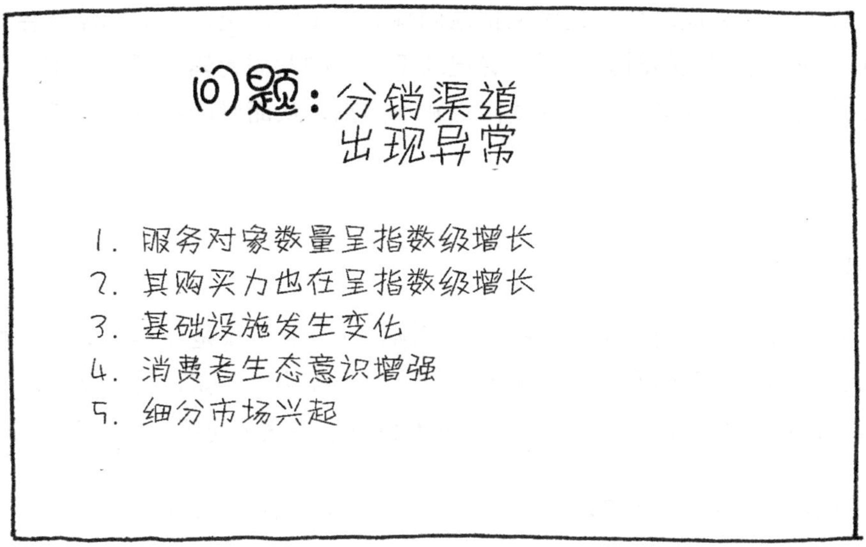
问题：分销渠道
出现异常
1. 服务对象数量呈指数级增长
2. 其购买力也在呈指数级增长
3. 基础设施发生变化
4. 消费者生态意识增强
5. 细分市场兴起

（卡片正面）

几分钟的思考和回顾后，让参与者把卡片翻过来，在卡片背面针对写出的问题画一幅画，随后要用这幅画向同事解释清楚这个问题。他们可以画个简单的示意图，或者画一个隐喻画面。画得好坏都没关系，也没有奖惩，只要图画能帮助他们讲解清楚自己的问题就好。

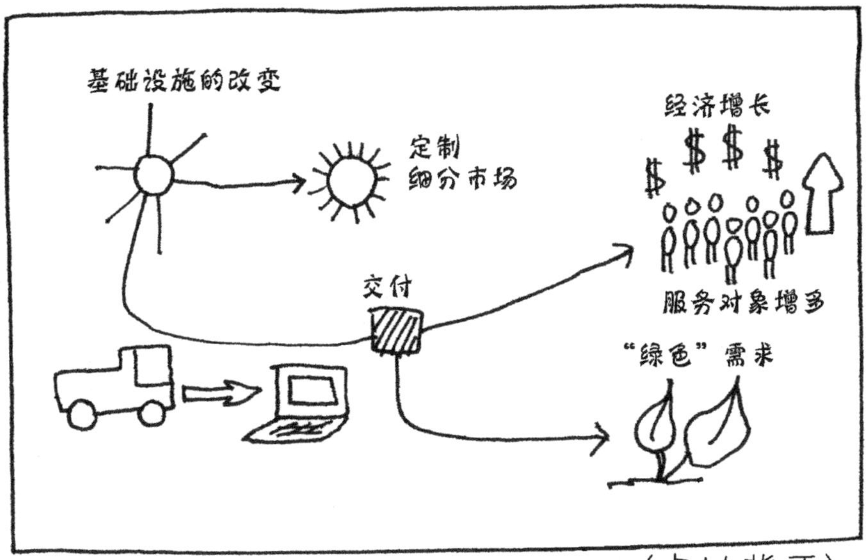
基础设施的改变
定制
细分市场
经济增长
$ $ $ $
交付
服务对象增多
“绿色”需求

（卡片背面）

每个参与者都完成以后，让大家把他们画的图贴到墙上，然后轮流解释这些图画。在大家解说的时候，引导者记录下所有的共同元素。活动结束之后，团队成员一起回顾这些画作的共同点和不同点，从而对问题真正的描述达成共识。

游戏策略

这个热身游戏并不能得出一个精准的问题定义，它仅仅是让参与者用简单的形式描述挑战。我们通过这个活动让团队就目标达成共识，使问题从混杂的声音中浮现出来，引起人们的注意，从而愿意解决这个问题。

“问题画像”游戏的发明者是詹姆斯·马卡拉佛（James Macanufo）。

金鱼缸

英文名称：Fishbowl

游戏目的

很多时候，我们需要把相关利益方召集在一起开会，而这些人很可能彼此不熟悉对方的观点，或者习惯于在还没有完全听清楚对方的观点前就做出评论。甚至有时各利益相关方是首次见面。在这种情况下，人们自然难以进行深入的讨论。金鱼缸游戏可以有效地吸引注意力，启动我们天性中的倾听和观察的能力，从而引发更有实质意义的对话。

游戏人数

中大型团队

游戏时间

40~45 分钟

游戏规则

1. 在会议开始之前，确定一个适合团队讨论的话题，围绕该话题写下相关的提问。
2. 找个场地足够大的会议室，把其他东西全部收拾走，只留下椅子。
3. 设计一张类似下图的下发资料。

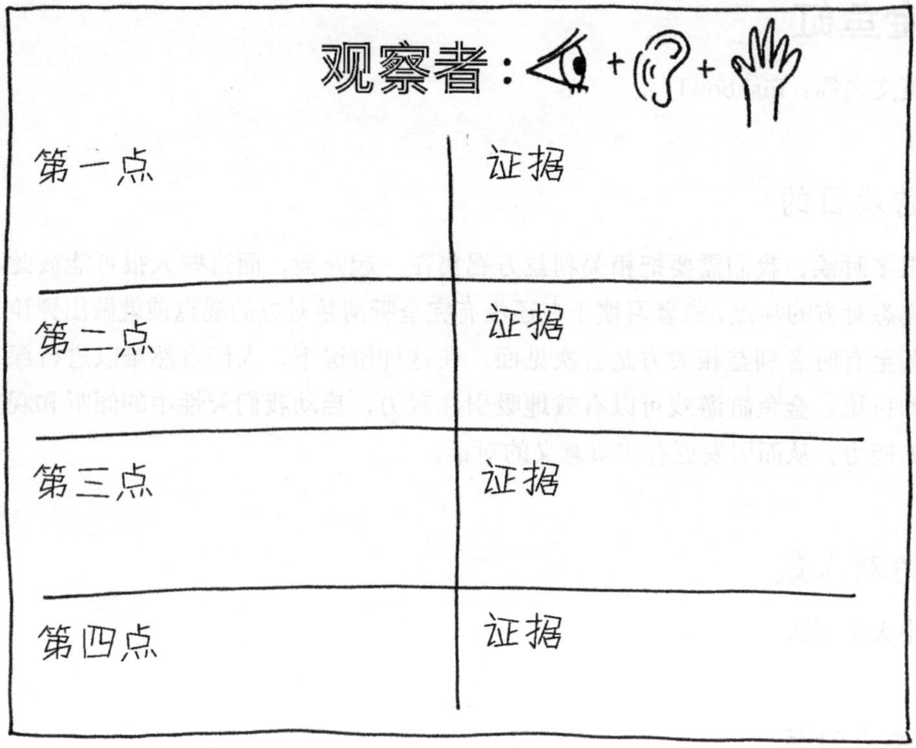
观察者：
第一点
证据
第二点
证据
第三点
证据
第四点
证据

4. 像下图一样，在把椅子排成两个同心圆。坐在内圈的人参与对话，坐在外圈的人作为观察者。

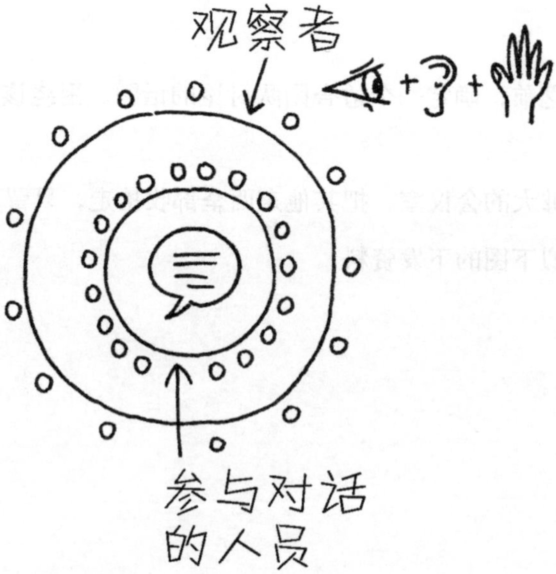
观察者
参与对话
的人员

5. 介绍游戏规则，给每个人分配“观察者”和“谈话者”的角色。分给每人一支笔和一份材料（告诉大家只有观察者需要使用下发材料），让大家按照各自角色坐到对应的圆圈中。
6. 宣布讨论主题，给内圈人员 15 分钟时间就此展开讨论。利用会前准备好的问题打开对话，并推动谈话进行。确保内圈人知道他们的职责就是在圆圈中对话。也确保观察者知道他们的职责就是仔细观察谈话者，并在纸上记录下他们所抓住的要点和证据。
7. 15 分钟一到，让里圈和外圈的人交换座位和角色。然后再做一次 15 分钟的讨论，可以用同一个题目，也可以换个题目。
8. 两组讨论结束后，找人自愿分享他们收集的信息，描述他们在内圈和外圈不同的感受。

游戏策略

许多人都很健谈，我们不擅长的反而是倾听、观察以及对我们的观察所得负责。金鱼缸游戏正是要提高我们这些已经生疏了的技巧。因此，从表面上看来，这个游戏的行为是发生在内圈对话者之间的，但实际上，这个游戏的行为发生在外圈的观察者身上。作为活动组织者，你需要明确告诉团队这是一个倾听和观察的练习。如果有个得分系统（实际上没有哈），那些最能准确记录谈话的人会得分最多，而不是那些谈话中发言最多的人。与团队成员讨论他们安静地观察别人谈话的体验。哪些比较困难？哪些比较简单？这些因素如何影响了他们对题目和对其他参与者的感知？金鱼缸游戏可以作为一个序曲，为后面利益相关方之间的“给予和索取”的严肃探讨做准备。

“金鱼缸”游戏基于山姆·卡勒（Sam Kaner）等人在《参与式决策引导师指南》（*Facilitator's Guide to Participatory Decision~making*）一书中阐述的观点。

强制类比

英文名称：Forced Analogy

游戏目的

我们往往把相似类型和功能的事物放在一起比较，以此来增强对它们的理解。飞机和直升机类似，它们都是能飞的东西。它们又都跟鸟类相似，但是跟蚯蚓比就没有这么多相似的地方，因为鸟也是能飞的东西，而蚯蚓是个在地上爬行、时不时钻个洞的东西。“强制类比”游戏打破了这种明显的类比，为我们打开了解决问题、产生想法的新思路。

游戏人数

1~10 人

游戏时间

15 分钟 ~1 小时

游戏规则

参与者可以随机准备一张事物列表，任何东西都可以，可以包括动物、物品和人。把这些东西分别写在卡片上。给每样东西写出一些特性或者属性，例如，“飞机按照预定路线飞，在空中飞，它有自动驾驶功能。”同样，橡树的特质可以是“枝状结构、发达的根系、从一粒小种子开始生长的能力”。

把卡片顺序打乱，随机分发给人们，然后利用这些卡片来类比手边的问题，并且询问。

- 这个问题和（随机拿到的事物）有哪些类似之处？
- 我如何用（随机事物）来解决这个问题？

参与者也可以共同讨论某个问题的类比，比如“我们如何用曲别针来解决数据集成问题？”

游戏策略

随机列表会帮助团队成员打破旧有的思维模式和限制，创建新的观点。如果有必要，可以在游戏开始前请一个不参与游戏的第三方创建随机列表。

“强制类比”游戏出处不详。

图形汇

英文名称：Graphic Jam

游戏目的

随着词语的写实性越来越小，词汇的可视化变得愈发困难。例如，“计算机”和“领带”让人马上联想到图形。但是“策略”和“公正”就较为抽象，要真的做视觉联想，那就有些摸不着头脑了。图形汇游戏是一个多用途的可视化游戏，可以在其他很多游戏之前用做热身，当然它本身也是个很有用的游戏。抽象概念的视觉化演绎可用于 Logo 开发、演示稿设计、网站设计、网上教程中的隐喻设计等。它锻炼我们大脑皮层的视觉部分，这部分占我们 75% 的感觉神经元。视觉化练习能够激活我们的大脑在典型的商业环境中不太活跃的部分。为什么这一点这么重要呢？因为商业环境日益复杂，能够用我们的大脑视觉化当前的问题，视觉化可能的解决方案，将是一种独特技能，令人羡慕。

游戏人数

5~15 人

游戏时间

30 分钟 ~1 小时

游戏规则

1. 找一块大的、平整的空白区域，确保有足够的展示区域。为大家准备充足的即时贴和卡片。
2. 让大家花一两分钟在卡片上写下他们难于定义和绘画的词语或短语，比如“质量”和“团队合作”。每张卡片上写一个。
3. 把卡片收集上来然后打乱顺序，抽出一张卡大声读出来，同时把它贴在空白区域。

4. 让参与者思考这个词语，然后把它画在即时贴上，便于接下来贴到墙上。给他们两三分钟时间完成绘画。
5. 邀请大家走到空白区域，把他们的即时贴贴到写有相关词语的卡片下面。
6. 重复步骤 3~5 步，直到大多数或者所有的词语都被画出来。如果抽到重复的词语或者已经画过的同义词，就放到一边，再抽一张新的。
7. 游戏结束时，空白区域应该已经贴满了各种视觉化的概念。让大家花些时间观察，看看其他人是如何解释这些概念的。
8. 可以就某些即时贴引发大家讨论，询问特定图画的含义，画手如何把那个词与图像关联在一起的。询问参与者哪些词比别的词更容易画出来，原因何在。结束时可以询问大家如何看待视觉技术，如何在日常生活和工作中应用视觉技术。

词汇：质量
#1
Best

（视觉产出的细节）

游戏策略

在这个游戏中，参与者贡献的词语很可能非常抽象。注意，这个游戏需要的时间取决于参与者人数、每个参与者贡献的词语数以及词语概念的复杂度。所以一定要提前确定好图形汇游戏要花的时间。当你觉得游戏快要结束的时候时，询问团队他们是否还有热门概念想要图形化。如果有的话就再多给几分钟。当游戏结束后，给参与者创造机会，让他们互相讨论，交流一下他们表达和创建视觉图形的过程和技术。

“图形汇”游戏的灵感来源于国际视觉从业人员论坛的合伙创始人之一莱斯利·沙莫－朱（Leslie Salmon-Zhu）发明的同名活动。

启发式构思技术

英文名称：Heuristic Ideation Technique

游戏目的

在这个简单游戏里，参与者利用矩阵寻求解决问题的新想法和新途径。这个游戏得名于三个启发思考的经验认知。

- 通过混合现有想法的属性来产生新的想法。
- 通过两个维度来描述一个新想法的基本特性，最有助于帮助理解该想法。
- 形成新想法的两个属性结合得越特别，越能得到好的想法。

游戏人数

1 ~ 10 人

游戏时间

15 分钟 ~ 2 小时

游戏规则

游戏开始时，参与者先来定义矩阵所需要的两类属性。例如，玩具制造商如果要思考其生产线，可以选择玩具类别（车辆、玩偶和娃娃、拼图或乐器等）和玩法（赛车、模拟或搭建）这两个属性。参与者用这些列表生成矩阵，创造出新的可能的组合。

玩具新想法	车辆	娃娃	拼图	乐器
赛车	遥控玩具车	发条娃娃	快速拼图	???
模拟	飞行模拟器	巫毒娃娃??	???	"组成乐队"
搭建	模型组合	可画娃娃	3D拼图	拼接乐器

活动中，参与者思考方格内两个属性的奇特组合，从而萌生新的想法。

游戏策略

一些貌似荒唐的组合其实更值得仔细推敲：一个结合拼图和赛车元素的玩具似乎有违常规，但实际上有一些经典游戏恰恰是基于这个概念。在矩阵中寻找到这样的组合后，团队可以制作简易原型或者画出草图，进一步探讨其中的可能性。特种部队（GI Joe）是乐高专为男孩子设计的一款产品，可以带给我们很多启发。

"启发式构思技术"中用到的方法来源于爱德华·陶伯（Edward Tauber）1972 年的论文"HIT：启发式构思技术，开发新产品的系统性过程"（HIT: Heuristic Ideation Technique, A Systematic Procedure for New Producet Search）。

历史挂图

英文名称：History Map

游戏目的

企业的天性是追求发展，向前看。但是过去和未来一样充满信息。当一个企业要经历系统性变革或者文化变革时，非常关键的一步是重溯组织发展历史。通过收集历史元素并把它们视觉化地呈现在眼前，我们可以识别出过去的制胜要素，感谢那些成就了今日我们的人和事。过去的历史可以是未来的指路明灯，也可以是未来引以为鉴的警示。“历史挂图”活动教会你为企业的重要时刻和基本元素绘制地图。我们还可以用这个方法带领新人熟悉企业，帮助他们了解企业在快速增长期间的历史和文化。

游戏人数

10~50 人

游戏时间

30 分钟 ~1.5 小时

游戏规则

1. 用白板纸和马克笔，在几张纸的底部画上连续的时间线，把纸一张接一张贴在墙 上。在时间线下面写上年份，包括一个大致的起始年，尽量不要一下子回到 75 年前，除非特别场景、特别需求。如果你的企业历史较长，可以选择长一点的时间间隔，每 5 年或者每 10 年算一个时间段。确保在年份之间留出足够的空间用来书写、绘画和张贴内容。针对大家了解比较深刻的年份，或者企业发生显著增长或者发生变革的年份，预留出更多的空间。

2. 让每个参与者在即时贴上写下自己的名字并画一幅自画像，贴在他加入公司的年份 上。参与者到墙边贴即时贴时，随口问他们一些问题，鼓励他们与大家分享加入公司时的第一印象，以及为什么加入公司。当老员工上来贴即时贴的时候，要给予他们足够的关注。这些“老人”丰富的经验会帮助到整个团队的思考，因此一定要让他们分享故事。记得，做历史挂图的活动，必须要有“老人”参加，否则宁可不做。

可选活动：在游戏参与者张贴即时贴之前，也可以让他们按照加入公司的时间先后排队。让他们相互之间对话，了解其他人是在什么时间加入的，然后自行调整队伍。队伍成形后，询问他们的体会和观察。

---

3. 向团队提出下面这些问题，用文字和图形把他们的回答表示出来，形成一幅历史挂图：

   - 公司的成功之处
   - 吸取的教训
   - 领导层和愿景的变化
   - 文化的转变
   - 市场竞争的趋势
   - 结构重组
   - 法规的执行力度变化
   - 利润和员工人数的变化
   - 主要的项目等

4. 如果你不擅长即兴绘画，可以在会议前绘制一些图标代表不同的事件类别，让大家能够容易地区分出内容类别。例如，可以用星星代表成功，箭头代表利润或者员工人数的增加或减少，工具箱代表项目，等等。加入新内容的时候，你可以手指着代表这个类别的小图标，提问一些开放式的相关问题，保持对话的持续深入。

5. 总结大家的发现，询问参与者他们从中看到了什么，为什么他们认为公司的历史非常重要。寻找公司历史上出现的变化规律，将过去的历史与未来连接起来，把话题导向未来。询问参与者的想法、感受和察觉。

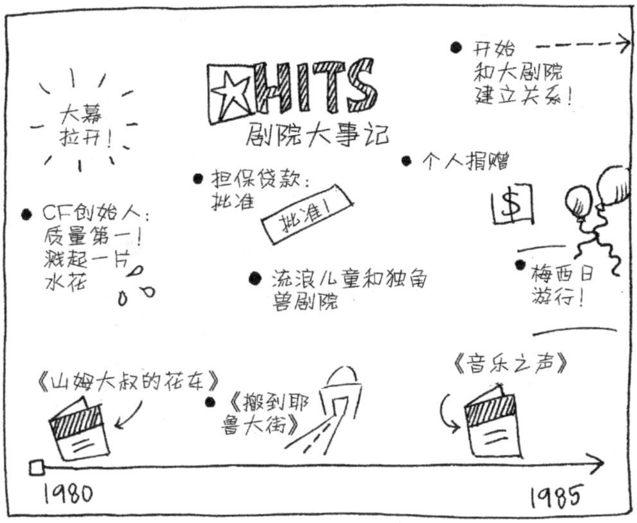
HITS
剧院大事记
开始
和大剧院
建立关系!
大幕
拉开!
个人捐赠
担保贷款:
批准
批准!
CF创始人:
质量第一!
溅起一片
水花
流浪儿童和独角
兽剧院
梅西日
游行!
《山姆大叔的花车》
《搬到耶
鲁大街》
《音乐之声》
1980
1985

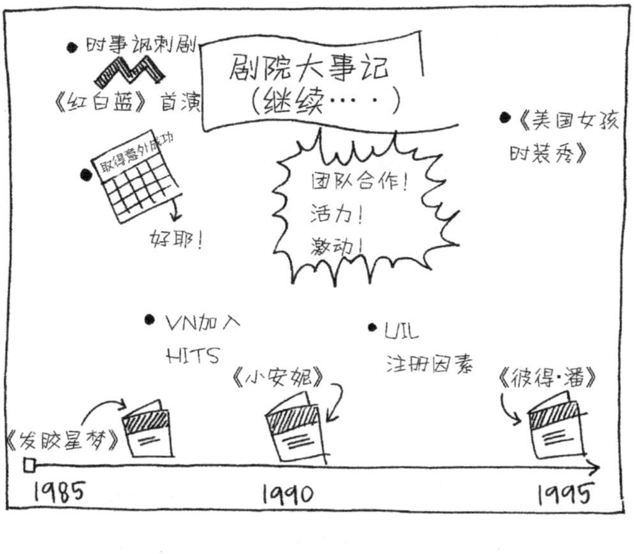
时事讽刺剧
《红白蓝》首演
剧院大事记
(继续…·)
《美国女孩
时装秀》
取得意外成功
好耶!
团队合作!
活力!
激动!
VN加入
HITS
UIL
注册因素
《小安妮》
《彼得·潘》
《发胶星梦》
1985
1990
1995

HITS 剧院，成立于 1980 年，创办人卡琳·弗拉伯克林（Carlyn Frabklin），主要为 18 岁以下的儿童提供艺术方面的教育和表演机会。他们排演的《猫》和《彼得·潘》等音乐剧大获成功，累计观众都在 2 万人次左右。

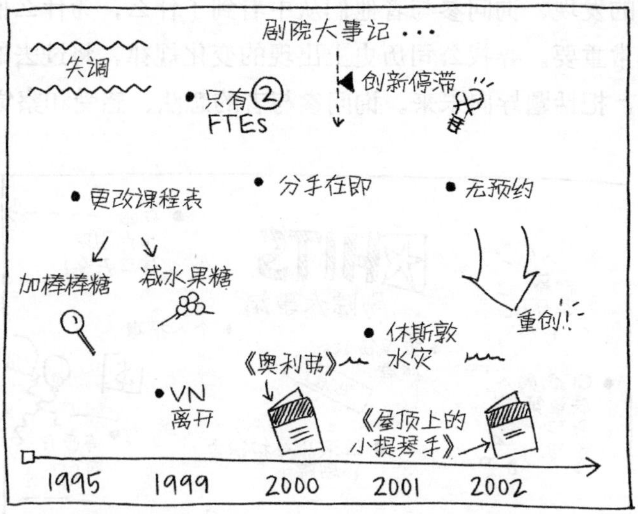
剧院大事记…
失调
只有②
FTEs
创新停滞
更改课程表
分手在即
无预约
加棒棒糖
减水果糖
重创!
休斯敦
水灾
《奥利弗》
VN
离开
《屋顶上的
小提琴手》
1995
1999
2000
2001
2002

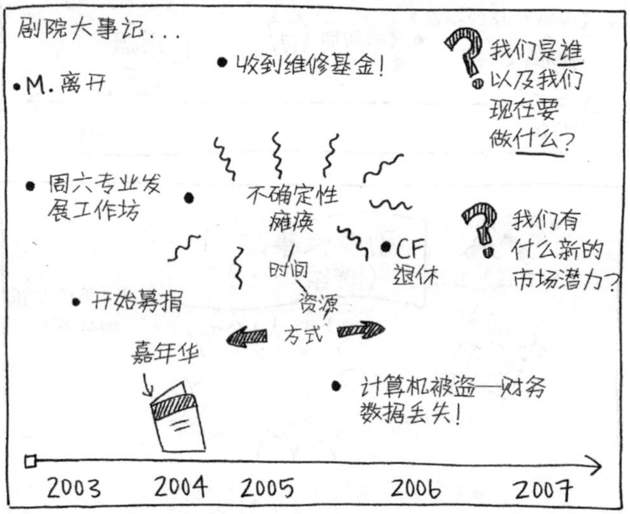
剧院大事记...
M.离开
收到维修基金!
我们是谁
以及我们
现在要
做什么?
周六专业发
展工作坊
不确定性
瘫痪
CF
退休
我们有
什么新的
市场潜力?
时间
资源
方式
开始募捐
嘉年华
计算机被盗—财务
数据丢失!
2003
2004
2005
2006
2007

游戏策略

历史挂图活动是个非常愉快的过程，会议的组织者和参与者都会很开心。大家欢聚一堂，讲述在公司过往的生活和体验，回顾来时路，心里充满感激。你要帮助团队记录他们的历史，注意，通过语气创建相互支持的氛围，鼓励友情、让大家更多地讲述过往的故事、鼓励大家坦诚相待，哪怕是谈到曾经充满坎坷的时期。如果会议时间较长，可以把历史挂图留在墙上，这样参与者在休息的时候还可以回来阅读，继续回忆那些鲜活的历史过往。分享的时间也许结束了，但这些历史挂图本身还在继续述说着故事。作为一个会议组织者，你可以参考下面的这些小建议，让整个过程的安排更加简单一些。

- 一定要关注会议中组织记忆是否足够。如果你的场里需要经验丰富的员工，那就邀请些老员工。如果你的场里需要新的视角和想法，那就邀请些刚加入公司的新员工。注意这些参与者的知识和经验水平，它会与你期望的产出紧密相关。在历史挂图上画上公司的 Logo，在标题的位置写个能代表当前愿景和文化的句子。
- 事先在地图上画下一些关键事件，用这些事件打开对话。
- 遇到人们不确定的日期或数据，先写在即时贴上，这样将来查到确切信息之后就可以拿下来换上新的。

“历史挂图”游戏基于格鲁夫国际咨询公司的《情景地图图解指南之引导者手册》®© 1996 — 2010 The Grove。

图片畅想

英文名称：image~ination

游戏目的

围绕没有头绪的主题激发新的想法。

游戏人数

每组 5~7 人

游戏时间

15 分钟 ~1 小时

游戏规则

1. 在会议开始前，收集一些不含文字的图片。可以从杂志、商品目录、垃圾邮件中剪下来。不要刻意找漂亮的图片，要找类别广泛的图片，为每人准备 3 ~5 张图片就好。
2. 在桌上放一张大纸，白板纸最理想。在纸的中央用一到三个词语来描述你希望产生新想法的主题，例如“寻找新的客户”。
3. 在白板纸的周围放上图片，正面朝下。给每个人一摞即时贴。
4. 告诉大家这个游戏的目的是要开辟新思路，越不着边际越好，一定要突破他们现有的认知。你可以随意翻起一张图片做演示，迅速说出图片中内容与指定主题的多种关联。
5. 让每个参与者随机选取一张图片，翻过来，思考这个图片中的内容与主题有何关联，或者可能产生哪些关联，把这些想法都写在即时贴上。告诉大家每张即时贴写一个想法，然后把这些纸贴在白板纸上主题的周围。

6. 给每个人五分钟时间让他们各自安静地完成。然后再选一张，重复同样的过程，直到图片用完，或者时间到了。
7. 收集大家写好的卡片，按照内容重新排列，把内容相关的放在一起组成一摞（cluster）。让参与者为每一组出一张代表性的图片，然后想出一个简短的标题写在图片下面。
8. 如果你有多个小组，可以让各组分享自己的图片和标题。
9. 让大家讨论主题图片如何反映了团队对于主题的想法，邀请大家列出针对这些想法可能采取的行动。

游戏策略

图像能够点燃思想的火花，创造新的关联和底层的连接。鼓励人们大胆地联想，找到潜在的新想法。这类游戏过程其实是在帮助人们交互使用视觉能力和文字表达能力。当交互活动如游戏中这样短时间内快速切换时，就能激发出更多新想法，浮现出更多办法。

组织这个游戏的时候，一定要跟大家明确：这个游戏的目的不是要他们提供设计方案，也不是要寻求一个特定的答案。规定一个短的时限能有效遏制精细思考，让大家迅速产生联想，找到更多关联。毕竟，如果大家运用思考能够解决问题，团队也不至于束手无策了。该游戏的重点就是跨越人们惯常的想法，去探索一些不同的新东西。

可能你会听到有人说，根本找不到一张图片能描述他们的想法。这实际上是个好信号！这个“问题”本身意味着参与者有机会去创造性地找到另一种可能的关联。

“图片畅想”游戏由“视觉破冰工具箱”（Visual Icebreaker Kit）中的看图说话！（Picture This!）改编而来，该工具集是 Visual Speak 公司的图形化游戏和工具之一。

低科技关系网

英文名称：Low~Tech Social Network

游戏目的

这个游戏的目的是通过共同创造一个大型的、可视化人际关系网，让大家相互认识。

游戏人数

大型活动的正常参与人数。

游戏时间

25 分钟创建第一版关系网，关系网在整个活动过程中一直挂在那里，后续可以增加、修改，也可以进一步深入研究。

游戏规则

游戏准备过程中，每个参与者需要一张 5 × 8 的空白卡片，要准备马克笔或类似能为自己画头像的道具。还需要在墙上贴上大张的牛皮纸，用来勾勒实际的网络关系。

1. 活动主持人向参与者发出明确的指令："我们现在要一同为这个屋子里的人建立关系网络。我们会利用这面墙来完成这件事。但是首先，我们需要为网络创造最基础 的元素：你是谁。每个人先取走自己的卡片，设计一个你要上传到网络中的头像，在卡片底部写下自己的名字。"
2. 创作头像（Create the avatar）：过一小会儿（你通常会听到一阵阵笑声，还有人会惭愧于自己的绘画能力），参与者应该完成了写有名字的头像。这时主持人可以加个变化，让参与者再在卡片上写两个词语来给自己定个"标签"，表明他们是什么样的人，或者他们对什么感兴趣。

3. 建立联系（Make the Connection）：接着，主持人邀请参与者起身，带着自己的卡片和马克笔走到大牛皮纸前，把卡片贴上去，完成头像“上传”。
4. 下面的任务就简单了：找到你认识的人，画一条线接起来。如果可能，在连线边做上标 识：“朋友”或者“以前一起上学”或者“一起爬过山”。这个过程需要一段时间，然后很有可能会发现以前没发现的有关联的人和新朋友。

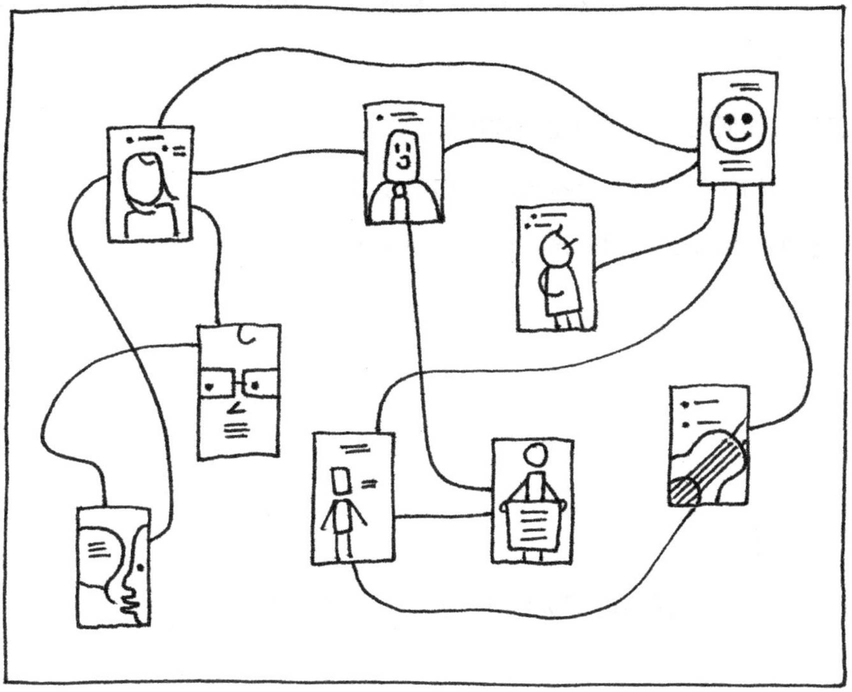

游戏策略

一开始创建关系网的时候会有点儿混乱，画出来的成品好像是挂了许多面条的壁画。随着会议的进行，参与者可能会回来扩展这个网络。要鼓励他们这么做，看看他们建立了哪些新的人脉。

“低科技关系网”游戏来源不明。

不可能的任务

英文名称：Mission Impossible

游戏目的

要想真正有所创新，就必须挑战现有的约束。在本练习中，参与者要面对现有的设计、流 程和想法，改变其中一个基本项，使其在功能或可行性上变得“不可能”。例如：

- “我们如何在一天之内建一栋房子？”
- “我们如何创造一个没有电池的移动设备？”
- “如果不接入互联网，浏览器能做什么用？”

游戏人数

小型团队

游戏时间

取决于参与人数，游戏时间大约 45 分钟～ 1 个小时

游戏规则

当一个问题既重要又有趣的时候，我们通常都能灵机应变。做这样的活动需要事先设计好问题，要能同时调动大脑的情感和理智两部分。一个没有电池的移动设备既是个工程的壮举（理智），又具有使世界变得更美好的价值（情感）。把问题写下来，然后为团队讲解他们面临的挑战。

在接下来的 30 分钟，以结对或小组的工作方式展开研讨，各小组积极想办法来完成这些“不可能的任务”。他们可以选择使用这些比较宽泛的问题，也可以针对这些挑战开发出下面这些更具体的问题。

- 在这样的限制下，会产生什么新的好处或功能？
- 为什么这是一个明显的限制或条件？或只是一个大家习以为常的假设而已？
- 冲突点的核心元素是什么？
- 冲突元素能否被消除、更换或以某种方式改变？
- 在改变冲突元素之前或之后可能会发生什么事情？
- 时间、空间、材料、运动或环境会对它产生什么影响？

30分钟后，各小组展示他们的概念。接下来针对常见方法和不常见的方法分别讨论，列出可能的解决方案用作进一步深入探索。游戏结束，确定下一步行动计划，确保把跟进工作放入其中。

游戏策略

这种挑战方法非常适合全面、透彻地思考产品或流程中的假设和障碍。如果某一产品老旧，日趋式微，需要加以改造重焕生机，那么这种技术有助于挑战其设计的基本假设。如果某一流程过于缓慢或超负荷时，抛出一个问题："如果我们必须得在一天之内完成，能怎么做？"这种"消防演习"式的提问框架非常强大。

"不可能的任务"游戏的发明者是詹姆斯·马卡拉佛（James Macanufo）。

道具头脑风暴

英文名称：Object Brainstorm

游戏目的

道具在头脑风暴中起着非常特殊的作用。就像草图或角色扮演一样，有形道具往往以更为直接和具体的方式帮助人们呈现思维过程。由于道具本身表明了用途，所以它们往往能很好地开启自由联想和探索。

游戏人数

不限

游戏时间

30 分钟以上

游戏规则

在游戏开始前，需要尽量多地收集道具，你是这些道具的管理员。你要花点心思考虑一下，需要做哪些方面的投资。刚开始的时候，你可以去二手店淘换一些既有趣又便宜的道具。但如果想把这个游戏练习作为自己的长期爱好，就应该花点钱、花点工夫，广泛搜集一些道具。

尽管你会定义自己的收藏标准，但通常来说搜集能有些实际用途的东西才是上策。有一定功能 的道具往往可以提供更多的灵感。当然也不完全是这样，你也可以是看重它的某些独特特征、个性、或者趣味性。下面是一些值得考虑的、可收藏的道具：

- 厨房小工具
- 手工工具
- 使用说明书

- 功能性包装和分液器
- 容器及小隔箱
- 体育器材
- 玩具和棋类

好的收藏会与时俱进，吐故纳新，好的收藏爱好者会鼓励其他人参与贡献。

道具头脑风暴开始的时候都需要一个问题，比如“下一代的（填上内容）会如何工作？”，我们抛出这样一个问题让参与者重新设计现有产品或发明一个全新的东西。

1. 让各小组去研究某一物品，花些时间亲自感受感受，玩一玩。这些物品可以激发参与者去思考新事物的用途、新事物的样子、或者手感。订书机的长铰口也许暗示一个新的弯曲和固定钢条的方法。一个可伸缩的窗帘挂杆或许能启发出折叠自行车的创意。同样，道具的属性也能激发联想，一个耐用的工具箱可能会促成笔记本电脑的创意设计。大多数道具都有明显的特质，直观看上去就能带来一些想法；参与者也很可能一下子就形成一整套的想法。
2. 留出时间，让参与者分享各自的想法，记录下来，然后确定接下来的活动。最简单的活动就是对这些想法进行投票选择，看看接下来要专注哪个想法，开发出更多细节；当然也可以进入另一轮头脑风暴练习

游戏策略

展开“道具头脑风暴”之前，需要决定是使用一组道具还是单一道具。这个决定会影响讨论的深度：使用一组道具的讨论会带来更广泛的想法，而使用单个道具则会“强迫”参与者展开更深入的研究和联想，这个过程中需要尝试随机输入或强迫模拟等方法。在人员较多、需要更发散的头脑风暴时，可以使用一组道具，在人员较少、需要更专注的探寻中使用单个道具。

“道具头脑风暴”游戏来源未知。

速度闲聊 / 点燃

英文名称：PechaKucha/Ignite

游戏目的

这些简短而有序的谈话能使人们快速地交流思想，最大化地避免干扰。此外，这种方式迫使讲话的人以最精准而扣人心弦的方式来传递信息。

游戏人数

人数不限，小至一个小工作组，大到人员熙攘的大礼堂

游戏时间

1~4 小时。总时间取决于出席人数的多少，差别很大

游戏规则

“速度闲聊”游戏基于一个简单的想法：通过限制演示幻灯片的数量以及讲演者在每张幻灯片上使用的时间，使演示过程节奏紧凑，传达信息精准扼要。速度闲聊（啤茶酷茶）的规则为 20×20：讲演者允许有 20 张幻灯片，每张幻灯片可以用 20 秒时间进行讲解。幻灯片的切换设定成自动播放，不由讲演者控制。“点燃”游戏是它的一种变形，也有这样一个类似的固定速度。

传统的“速度闲聊”之夜和“点燃”游戏之夜是那种乐趣丛生、非正式的夜间活动，但其理念对任何工作组或团队都有用。

游戏策略

这些谈话的目的是对讲演者有所约束，同时又要保证趣味性。通常活动中都会提供饮料和小吃，一位优秀的主持人对活动的体验至关重要。如果人数较多，

最好在组织细节上花些心思，比如选择一个音效好的场地，安排高品质的音响和录像设备。注意，绝不允许演讲者使用自己的笔记本电脑！

PechaKucha（发音为“啤茶酷茶”，日文“闲聊”的意思）源于东京的一个设计师分享活动。“速度闲聊”的演示形式由Klein&Dytham建筑工作室（KDa）的克莱因和戴森（Astrid Klein和Mark Dytham）设计。第一次“闲聊”之夜是在2003年2月，后来先后在他们东京的画廊、酒廊、酒吧、俱乐部和创意厨房等地举办。从那时起，画廊激发了一些类似的活动，包括Talk 20（每次20张幻灯片的简短演示）和Ignite（每次20张幻灯片，每张幻灯片15秒的时间）。

饼图议程

英文名称：Pie Chart Agenda

游戏目的

许多会议是在特殊情况下或临时提议召开的，并没有正式的计划、日程安排、或准备工作。然而，这样的会议往往是众多会议中最有成效的。它们相比其它会议最大特点是参与者都能意识到时间紧迫，例如“我们只有30分钟时间，应该如何利用这一有限的时间呢？”

画出饼图议程可快速而又清晰地回答这个问题。大多数情况下画这么一个饼图需要的时间甚至不到 一分钟。我们在画的时候就会关注到次序和主题的重要性，通常的简单列表则做不到这一点。饼图议程以速度和灵活性弥补了隆重感的欠缺。

游戏人数

小团体

游戏时间

60~90 秒

游戏规则

1. 在白板、白板纸或者普通的纸张上画个圆圈代表你的时间“大饼”。这个大饼代表团队在该主题上能使用的时间总额。
2. 在圆圈的中间写上会议目标。例如“用头脑风暴的方法处理某问题”。
3. 然后小组考虑他们希望如何使用时间。先把这些事项按照时间的顺序添加到圆圈上，就像一个圆形的会议议程一样。注意，把这些项目都加到会议目标的外围。

4. 接着，小组需要决定为每项任务预留多少时间。这一信息通过饼图记录下来，就好像是在一个表盘上隔出大小不一的面积。例如："我们要花三分之一的时间谈这个项目，然后一部分时间谈那个项目，在最后五分钟谈另一个。"
5. 一旦小组确定了大体的时间分配，而且大家都同意了，那么开始计时，会议开始。

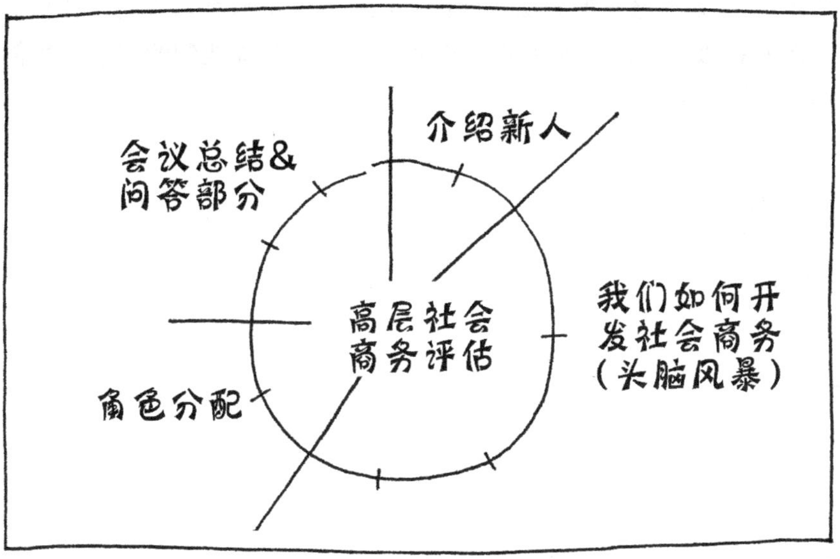
介绍新人
会议总结&
问答部分
高层社会
商务评估
我们如何开
发社会商务
（头脑风暴）
角色分配

游戏策略

这个议程和清单议程有什么不同呢？这个时钟样的图形带来双重价值：时钟是个隐喻，它强调在时间有限的条件下要达成成果，这对临时会议的效率至关重要。它也表明任何一项议事都是整体的一部分，有各自不同的重要性和所需时间。而清单议程往往有个缺陷，有的项目可能会被遗忘或被整个跳过去。如果能够快速制定这样一个饼图议程，并且在会议过程中严加遵守，就能确保高效合理地利用会议时间。

"饼图议程"的发明者是桑尼·布朗（Sunni Brown）。

海报会议

英文名称：Post Session

游戏目的

如果“一图胜千言”，那么 50 张图片的价值会有多大？如果 50 个人可以向彼此展示自己 最有激情的想法，而没有任何冗长的解释，该有多棒！“海报会议”游戏打破传统的演示方式，迫使专业人士提炼他们的想法，用简单的图片相互交流分享。

游戏人数

10~100 人

游戏时间

20 分钟完成海报的制作，浏览时间不限

游戏规则

海报会议的目标是创建一组引人注目的图片为一个挑战或一个主题做陈述，从而带入更深入讨论。 这组图片的创建可能只是个“序幕”，为引出要进行深入探索的想法奠定基础；或为一 个大的主题建立提纲。创建海报的过程迫使专家和激情人士停下来，思考怎样以最有效的方式传达事物的核心本质，避免落入“一开口就离题万里”的俗套。

要为每个人准备充足的制作用品。白板纸和马克笔就可以，除此之外，还可以考虑增加其他学习用品：不干胶、用于剪贴的杂志和其他物品。

游戏开始，首先要陈述挑战。别管人数多少，你都可以这么开场：“我们每个人的脑海中都有很多智慧的火花，我们需要时间来逐一理解、逐一消化。

通过海报，我们每个人都能呈现自己的想法，讲解自己的思考，这能帮助我们从中得出更好的点子，知道我们接下来要如何去做。”

参与者的任务是创建一张海报来阐明主题，其中要有两个要求。

一定要让人一看就懂。如果你把这个海报给别人看，在你不做任何解释的前提下，对方会明白你的意思吗？

它必须是图像化的。词语和标签固然清晰，但文字本身并不足以吸引人们的注意力，也不能帮助人们了解你要表达的概念。

创建海报时，下面三种表达方法通常有助于参与者的思考。

之前和之后：通过描画主题的今天和未来，阐明“为什么”人们应该关心这一主题。

系统：用不同的组件及其相互关系来描述你的想法是“什么”。

过程：用一系列事件来描述这个想法“如何”实现。

给参与者 20 分钟制作海报。完成后把海报张贴在墙上，建立一个“画廊”。

不要仔细介绍每一张海报，邀请参与者走入画廊一一浏览其他人的作品。有些海报会特别引人入胜。当大家浏览完毕，就可以要求大家利用投点的方式（参见第 4 章）选出需要进一步跟进的想法，还可以考虑让参与者“用脚投票”。

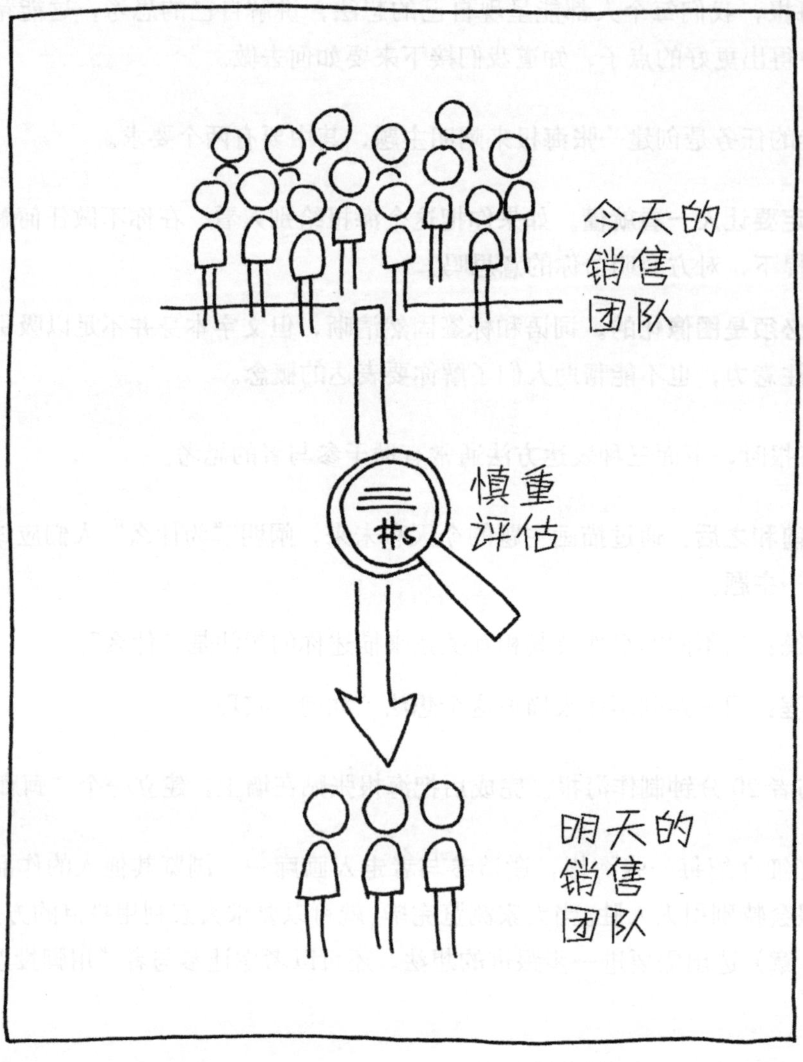
今天的
销售
团队
慎重
评估
#5
明天的
销售
团队

游戏策略

海报会议的另一种形式是让小组共同创建海报。这种情况下，重要的是要让他们提前决定绘制的主题是什么，多用一些时间来达成共识：包括他们要画什么以及怎么画。

团队规模小的话，可以就围绕一张会议桌举行。会议开始时，几位专家可以用创建海报的形式来解释他们各自的观点，并让大家能够清晰地了解他们的模型、词汇和兴趣点。在这里花上 20 分钟可以节省团队在后续流程中无休止的讨论。

“海报会议”游戏基于学术海报会议，论文作者在论文发表前召集这样的会议，以一种非正式的、对话的方式来分享自己的观点。

马前炮

英文名称：Pre~Mortem

游戏目的

在项目中，学习的顺序往往被弄颠倒了。团队成员往往是在事情已经铸成大错或者已经脱轨之后，才会聚在一起开一个“事后总结会”，理智地反省是哪些错误的假设和哪些一连串的行动导致了项目的失败。令人遗憾的是，很可能这些人在过程中凭经验就早早地看到灾难来临的端倪。

“马前炮”是在项目初始阶段提供一个对话空间，让大家直接讨论其风险。这不同于正规的风险分析，“马前炮”要求小组成员单纯地利用各自的经验和直觉指出可能的风险，而这些往往是在后续项目过程中最需要、最有用的。

游戏人数

人数不限，但在通常情况下，规模小的团队对话会更轻松、更开放一些

游戏时间

视工作范围而定，建议允许每个参与者最多 5 分钟

游戏规则

“马前炮”最好在项目启动时进行。所有的关键团队成员都在场，项目目标和计划都已经介绍完毕，大家也都理解了。这一活动可以从一个简单的问题开始：“哪里有可能会出问题？”言外之意是“这个问题最后会导致什么样的灾难？”

这对团队而言是一个机会，可以体现集体智慧，他们可直接指出项目中潜在的风险或明显存在的大问题。这也是一个提出问题的机会，以防后续酿成大祸。

在小团队中，简单的讨论就可能足以让问题浮现出来；在一个更大的团队中，可以采用“点子上墙”或者“生成清单”等活动。

“马前炮”游戏结束时，可以按优先级顺序排列出大家的顾虑和风险，然后决定采取哪些措施来降低风险。在项目进行期间，还可以把这些内容列入项目固定会议的日程，持续进行跟进。

这里埋葬的是
项目
灵感
原始目标
哪里错了？
原始计划

游戏策略

召开“马前炮”会议看似简单，实则不然。在项目开始时，项目推进的动力和热情往往是最高的，但恰恰因为这样，项目成员不会自然而然地察觉到失败的征兆。通过“马前炮”会议，项目成员有意识地分享他们过去的经验，能在最佳的时间应对风险。

“马前炮”游戏发明者是詹姆斯·马卡拉佛（James Macanufo）。

展示和讲解

英文名称：Show and Tell

游戏目的

你可能还记得幼儿园的“展示和讲解”游戏，孩子们把最心爱的玩具带到学校，给全班同学讲述这件特别玩具的意义。事实上，这里面蕴藏着你未发现的智慧。会议组织者可以通过“展示和讲解”游戏来更好地了解相关人士对任何主题的观点，不管是项目、重组、公司愿景或产品的换代升级等。“展示和讲解”让员工围绕组织的一些重要事项借助物品讲述故事。

游戏人数

5~15 人

游戏时间

20 ~ 45 分钟

游戏规则

1. 在会议的前几天，要求参与者准备一个道具来进行展示和讲解。告诉他们带来的东西一定要能够代表他们对于会议讨论事项的观点。如果可能，让他们在展示以前尽量保密，不要让别人知道。
2. 会议开始前，找一块显眼的空白板面写上这次活动的主题，最好能画一幅图。当所有人都带着自己的物品聚齐之后，寻问大家谁自愿上来进行展示和讲解。
3. 关注每一个演讲者的讲解，倾听她为什么会认为自己的道具能够代表自己对主题的想法，或者引起她对主题的思考。仔细聆听道具与主题有何相似或不同，听取她对此道具的感性描述。在白色区域记下每个人贡献的意见，如果你能画，最好在每个想法旁边画下她带来的物品的样子。

4. 总结听到的所有发言，让团队成员重温共同分享的激情、疑惑或担忧，提出与内容相关的跟进问题，以便产生下一步对话。

可选活动：指定一名参与者作为摄影师。给每个讲述故事的人拍照，然后创建一个相册。如果你想要团队成员继续讨论这个话题，就把相册挂在办公室的走廊上。

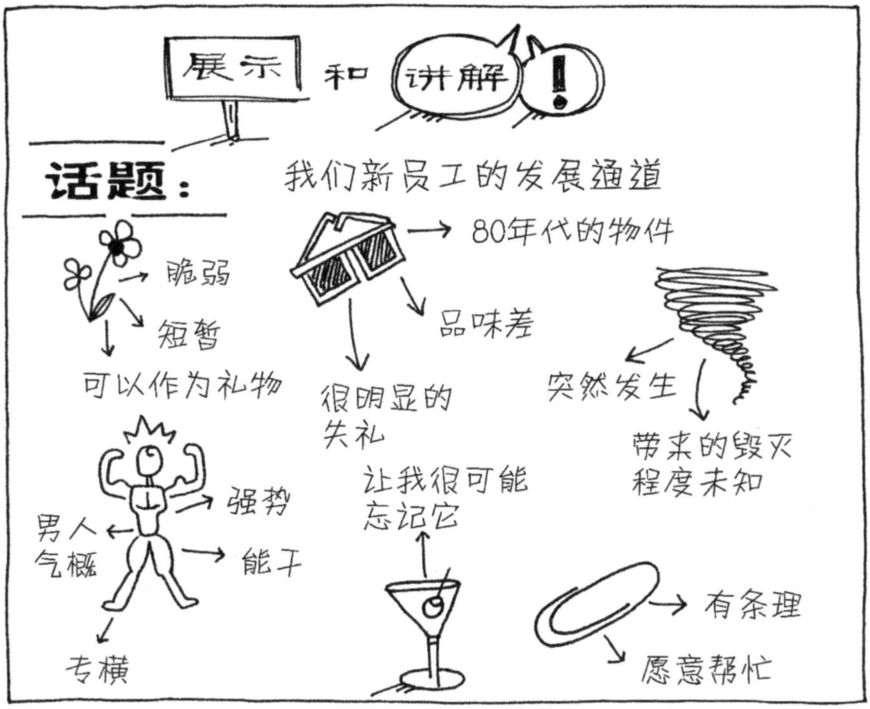

展示
和
讲解
!
话题：
我们新员工的发展通道
脆弱
短暂
可以作为礼物
80年代的物件
品味差
很明显的
失礼
突然发生
带来的毁灭
程度未知
强势
男人
气概
能干
专横
让我很可能
忘记它
有条理
愿意帮忙

游戏策略

“展示和讲解”充分利用了隐喻的力量，让参与者分享他们对主题的假设和联想。 如果你看到多个展示道具描述同一个主题，而表达的想法都不那么愉悦，这就说明参与者对此有一些顾虑，需要加以关注。不要过度解读道具本身，而是关注讲述者从道具引发的对主题的论述。作为团队领导，要鼓励和赞许参与者的坦诚。记录每一个对参与者来说很重要的观点。有人在展示和讲解时，让其他人保持安静。

引导师的一部分工作是在空白处描画出参与者讲述的道具，你要是画技不怎么样，很可能会感到不好意思。但是你必须得突破自己：就先笨拙地画出来，让团队尽情地笑话呗。“展示和讲解”对讲解的人来说其实是个很不容易的活动，特别是性格内向的人，所以引导者表现出自己的笨拙，实际上还可以鼓舞大家积极参与。

“展示和讲解”的创作灵感来自广为人知的美国小学教育的课堂练习。

价值观展示

英文名称：Show Me Your Values

游戏目的

员工对公司核心价值的理解，不论是有意识还是无意识的，都直接影响他在践行公司使命时的斗志和自觉性。要了解员工如何解读公司的核心价值观，从而发展组织，执行新举措，发动系统性变革， 或推行任何其他举措，都可以组织“价值观展示”这个游戏。

游戏人数

5~15 人

游戏时间

30~45 分钟

游戏规则

1. 会前确定你希望大家分享的主题。设置一块白板，方便大家接下来张贴图片。在板面上写出要讨论的题目。为大家提供胶带和各类杂志，杂志的数量要保证在场每人能有三四本的样子。
2. 告诉参与者这个游戏包含两部分。首先，他们要用图片描述自己所理解的这个主题底层的价值观。然后，他们要分享一个与主题有关的工作中的故事，例如，一幅乌龟图片可以代表耐性和持久性，那么参与者可以就此分享以前一个很不错的项目，因为风险高而没有被实施。最重要的是，当你介绍这个游戏时，鼓励大家尽可能坦诚地分享他们的内心想法，引导他们直言不讳。如果有人觉得公司隐藏的核心价值观是划地盘，那就不妨找个狮子来代表。这样做不单没什么不合适，实际上非常值得肯定。因为底层价值观驱动行为，很多时候大家不会在公开场面上提及，但是私底下在小范围里往往被广为传播。

3. 给参与者 10 分钟时间捡出一幅或多幅图片来代表他们对底层价值观的看法。有些参与者会立即想到一个关于主题的价值观，然后马上动手从杂志中寻找合适的图片。而另外一些人会先翻阅杂志，从中寻找能与其模糊想法产生共鸣的东西。这两种方法都可以。

可选活动：要求参与者剪出与价值观不相符的图片。例如，如果某人相信速度不是本项目的价值，她可以使用前面提到的乌龟图片来代表。

---

4. 请参与者把图片张贴在布置好的板面上，安静地思考与其代表的价值观相关的故事。
5. 接下来要求参与者轮流分享他们的图片和故事。分享故事的时候，如果有人讲起来比较费劲，不妨给他多一点时间，或者干脆跳过去，先邀请其他人接着讲。
6. 在大家讲述各自的价值观时，注意倾听，并在相应图片旁边记录下来价值观词汇。
7. 回顾你记下来的所有价值观词汇，请参与者观察，里面有哪些想法是重合的，哪些是有巨大差异的。对相关内容和故事提出后续跟进问题，激发进一步对话。让团队慢慢消化，看哪些是大家共有的，哪些是各自独有的。

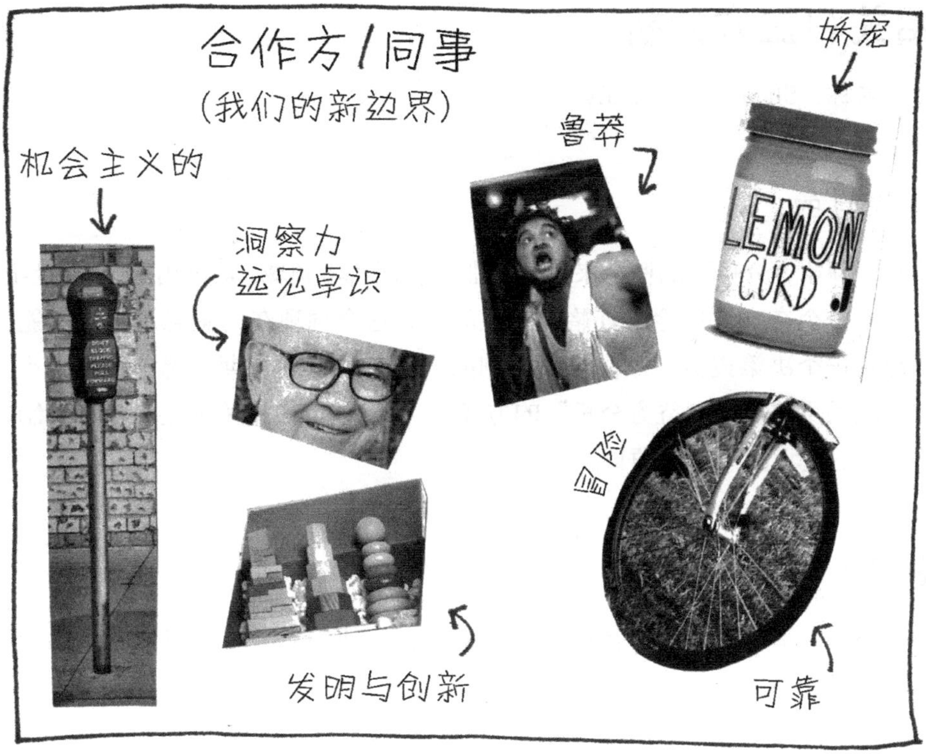
合作方/同事
(我们的新边界)
机会主义的
洞察力
远见卓识
鲁莽
娇宠
LEMON
CURD
冒险
发明与创新
可靠

游戏策略

通过使用图片讲述故事，表达价值观，有一个明显的好处，它能避免大家一上来就信口开河，能够激发更深层次思考，带来比“理性”思维更深刻的洞察。另外，使用图片可以让大家轻松地表达观点，因为他们可以借用图片游刃有余地表达任何一种想法，无论是悲观的还是乐观的。

如果有人习惯通过幽默故事揭示真相，那她可以选择相应的图片；如果喜欢夸张手法，她也有选择。鼓励人们在讲故事的时候充分发挥创造力。如果两个或多个参与者想要共同分享一个故事，一定予以鼓励。他们甚至还可以用角色扮演的方式来表演。你的任务就是创造一个空间，任凭人们无所顾忌地讲述故事，帮助他们打破禁忌，促进思考。

“价值观展示”游戏来源未知。

相关利益方分析

英文名称：Stakeholder Analysis

游戏目的

“相关利益方分析”的概念来源于商业和管理科学领域，最早出现在18世纪，指任何一个在一场历险中打赌或下注的人。这个词现在的意思是指任何能显著影响一个决策或被一个决策所影响的人。在项目的初期，无论项目大小，都可以采用“相关利益方分析”的方式， 找出项目的相关利益方，然后制定策略让这些人深入参与项目。

游戏人数

人数不限，参与者可以是团队中的主要成员，他们对项目各方面都有比较全面的认识

游戏时间

取决于分析的深度，30分钟~1小时

游戏规则

分析相关利益方的时候可以采取多种变量，团队也可以根据情况改变某些变量或增加一些变量。

最常见的方法是从权力和利益上划分。

权力（power）：描述相关利益方在系统中的影响程度，其对项目和其他相关利益方的指挥力度，或者说威慑力。

利益（interest）：描述相关利益方受项目影响的程度。

通过设定这两个轴形成一个矩阵，以此为基础展开分析。

步骤 1：创建相关利益方群体名单

如果你手里没有相关利益方名单，那就在开始的时候先列一份名单。使用点子上墙（Post~Up）或类似的方法来回答下面这些问题，从而创建相关利益方名录：

- 谁会受到这个项目的影响？
- 谁对这个项目最终负责？
- 谁可以对这个项目做决策？
- 谁会支持这个项目？
- 谁会阻碍这个项目？
- 谁在过去参与过同类项目？

相关利益方
（个体或群体）

一个典型的相关利益方名单可能包括以下这些群体：

- 客户、用户或项目的受益人
- 执行本项工作的团队或组织
- 该项目的经理
- 资助该项目的赞助商
- 对项目有影响力的团体或组织

步骤 2：生成矩阵

在生成相关利益方名单之后，就可以基于他们的相对权力和利益，把他们一一划分在矩阵中。如果相关利益方名称已经写在即时贴上，就可以直接把即时贴贴到矩阵中相应的位置。

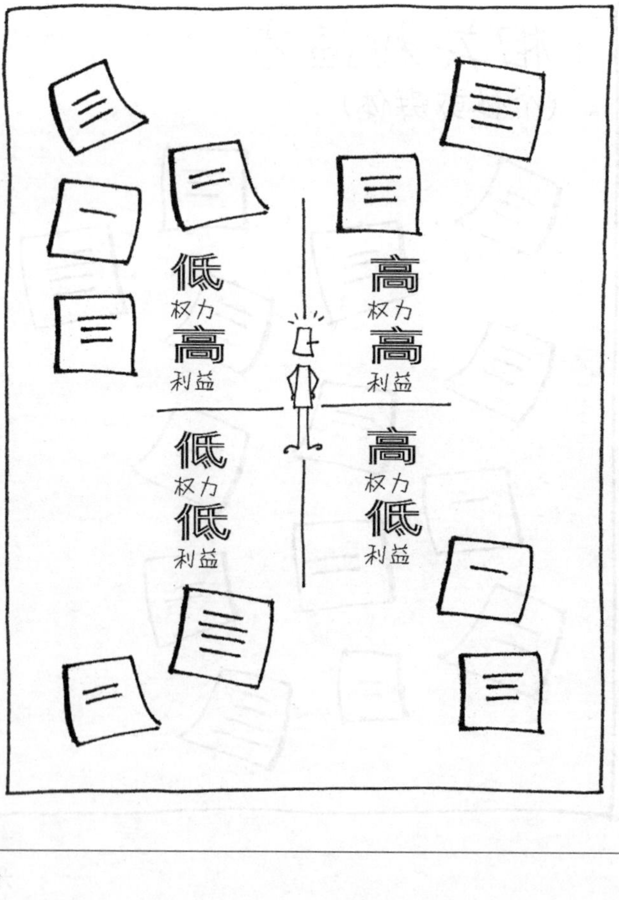

低
权力
高
利益
高
权力
高
利益
低
权力
低
利益
高
权力
低
利益

步骤 3：制定策略，广泛地宣传并执行

把每个相关利益方都放置到矩阵里之后，团队要讨论让相关利益方积极参与项目的具体策略。可以从讨论下面这些问题开始。

- 需要告知谁？告知什么？何时告知？
- 需要咨询谁？咨询什么？何时咨询？
- 谁负责获取相关利益方的支持？他们什么时候做这件事？如何做？

做好这一步很关键。如果项目的范围很大或相关利益方数目众多，最好是广泛而公开地与所有人相关人分享这些信息。这样大家可以帮忙完善，也可以知道能在哪里提供帮助。

游戏策略

相关利益方分析是一个最基本的项目工具，适用性很广，通常会再加上 RACI 矩阵和其他“人 + 项目”的活动组合应用。对于领导者和管理者来讲，它清楚地展现了相关利益方对项目的投入和关心程度，能够帮助正确地做决策。

虽然“相关利益方分析”有着悠久的历史，但其来源不明。

光谱映射图

英文名称：Spectrum Mapping

游戏目的

“光谱映射图”游戏用来表示对任何指定题目存在的不同观点和选项，并把它们归入有意义的光谱图中。此游戏为参与者提供了表达观点的机会，同时无需把自己的态度暴露在大众面前，也无需为其承担责任。这一点非常重要，因为它能揭示出人们的态度和行为背后的信息，否则这些信息不易被察觉。

游戏人数

5~15 人

游戏时间

30 分钟 ~1 小时

游戏规则

1. 游戏开始前，让大家就问题展开头脑风暴，形成要探讨的主题，让大家把不同的主题写在即时贴上
2. 介绍“光谱映射图”怎么玩，指出该游戏的目的是展现小组中不同角度的观点，然后把这些观点组织到一个连续光谱上，使观点的差异一目了然。
3. 把写有主题的即时贴在墙上中间位置贴成纵列。要求每一位参与者自己思考，围绕某一主题想出个人倾向的观点，写在即时贴上。欢迎提供多个观点。
4. 邀请参与者走到墙边，把他们各自的即时贴沿着墙上的主题横着贴开来，左边右边都可以。跟他们强调，先暂时不管即时贴之间的关系。此时墙上的视觉呈现可能看起来如下图所示。

5. 一旦所有的即时贴都张贴完毕，与小组一起把它们进行水平排序。观点类似的选项并排放。看似是孤立的即时贴单独放；很有可能最终会用它们来定义范围。
6. 继续整理，直至全组人员同意所有即时贴都已经按类别横向排好了。
7. 如果有更多的议题要评价，重复此过程限可。

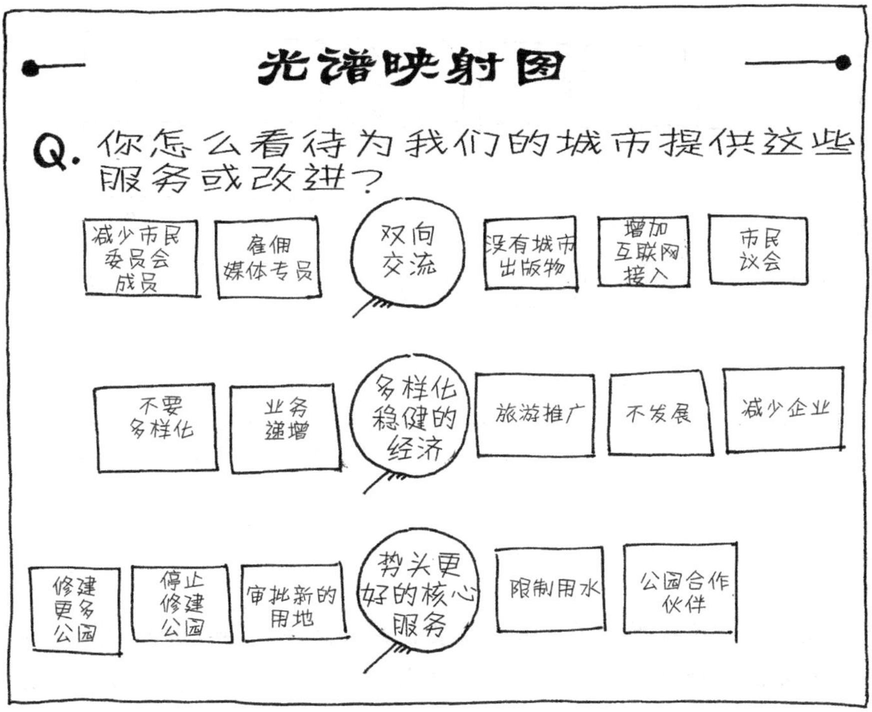

光谱映射图
Q. 你怎么看待为我们的城市提供这些服务或改进？
减少市民委员会成员
雇佣媒体专员
双向交流
没有城市出版物
增加互联网接入
市民议会
不要多样化
业务递增
多样化稳健的经济
旅游推广
不发展
减少企业
修建更多公园
停止修建公园
审批新的用地
势头更好的核心服务
限制用水
公园合作伙伴

一旦每个主题的光谱沿着主题水平划分好了，询问大家的发现和洞察。大家一起讨论各自的见解，询问是否遗漏了某些观点或视角。如果是，邀请大家添加并重新排序。

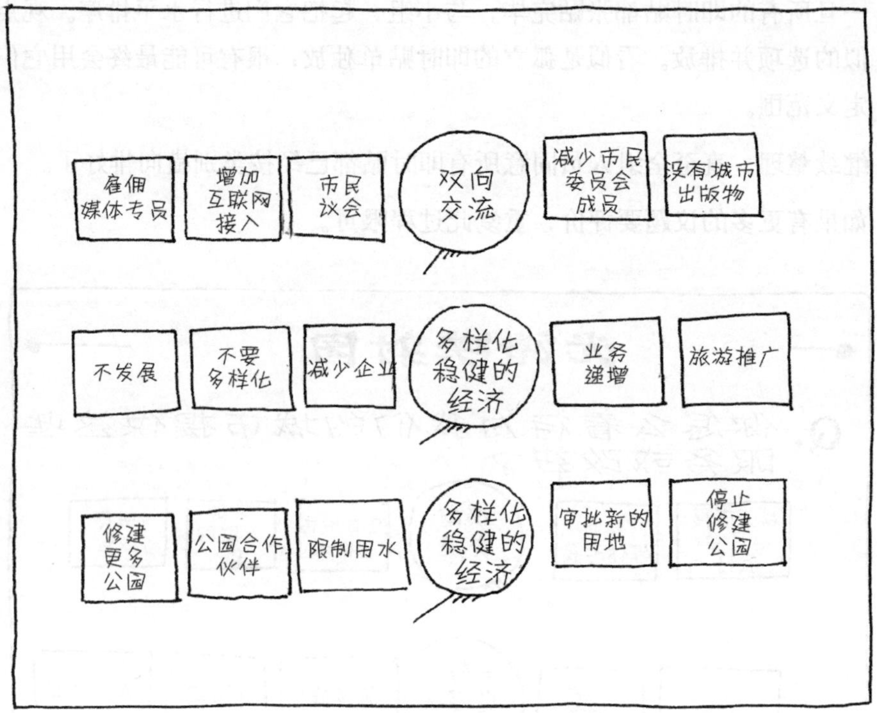
雇佣媒体专员
增加互联网接入
市民议会
双向交流
减少市民委员会成员
没有城市出版物
不发展
不要多样化
减少企业
多样化稳健的经济
业务递增
旅游推广
修建更多公园
公园合作伙伴
限制用水
多样化稳健的经济
审批新的用地
停止修建公园

（分类整理，得出光谱映射图）

游戏策略

“光谱映射图”不仅揭示了各人对重要议题的想法，还告诉你团队内有多少人有其它不同的观点以及这些观点的分布。光谱划分后，参与者更容易从整体角度看待各自的立场。换言之，光谱映射图展现了整个团队的倾向，也许在业务增长过程中财务上偏保守、或者对于变动比较谨慎。不管怎样，作为团队领导，这个活动能非常好地让你了解自己团队的自然倾向，并且让大家也都能看到，这对未来更好地建设团队、解决问题、规划未来都有很大帮助。

向参与者再三说明，他们可以毫无顾虑地写出自己关于主题最诚实的观点和偏好，即使这些想法与其他参与者所持观点相去甚远。告诉他们孤立的想法仍然在光谱中有其位置。这个游戏的目的只是规划并显示想法的分布宽度，而不是要评价想法的合理性、创新性或受欢迎的程度。这个游戏能够让各小组了解到他们的想法和行为分布，当需要大家采取合适的行动计划时，敏锐地察觉是否太偏向于某一极端。或者当某一行动确实需要更加激进一些时，他们采取的行动是否合适。

“光谱映射图”游戏来源不明。

交换名片

英文名称：Trading Cards

游戏目的

人们有时会抱怨破冰活动浪费工夫。但人跟汽车很像：热身之后的性能更好。会议的破题很重要，其原因有四点：（1）它帮助人们自我定义；（2）它赋予大家工作环境之外的“个性”；（3）它能让参与者快速了解到其他人（因为在过程中他们会交换很多次名片）；（4）在会议进行时，这些名片能够帮助人们对话，进而创建视觉记忆。

游戏人数

不限

游戏时间

10~15 分钟

游戏规则

1. 给参与者大量的空白卡片和马克笔。
2. 要求他们用 5~10 分钟来制作出一张个人“名片”，名片中的信息包括一幅自画像、一个让参与者称呼的绰号和一件自己鲜为人知的私事。
3. 让在房间里走动随机交换名卡。告诉大家阅读传到他们手中的每一张卡片，如果对其中一张非常有兴趣提问，就自己留下来拿在手里。如果没找到，就接着传，直到找到一张为止。
4. 请志愿者读出他们手中名片的名字和绰号，然后就卡片上鲜为人知的事情提问题。
5. 让那位卡片的制作者回答刚才的问题，然后他可以就自己手里拿的名片向制作者提问，他也可以选择不提问，那你就随机找下一位志愿者就行了。

6. 就这样一直轮流，直到参与者看上去已经充分热身了。建议不要超过 15 分钟。

全明星
乔治·皮埃尔
人称“虚无男”
冲啊，鲁本·斯塔德！
惭愧的是，我痴迷于追剧《美国偶像》。

游戏策略

所以，在“交换名片”游戏中，真的是随心所欲，不见不怪。它能帮助参与者在正式会议开始前融合起来。

“交换名片”游戏来源不明。

视觉议程

英文名称：Visual Agenda

游戏目的

在一个传统意义的会议中，与会者走进会议室，会接到一张打印出来的会议议程。前面通常包含日期、议题和每个议题的时间，有时也会写明谁会主持哪个议题。大多数与会者花两秒钟看上两眼就完事了。如果参会的人相互都认识，而且是常规的小会，弄这么个标准的议程也还行。但如果是重要的会议，要花大家很多时间和精力，又包括了不同学科或部门的人，那使用视觉议程就好得多了。

如果有一个视觉议程，人们会花更长的时间阅读。他们会仔细查看预期的产出，研究会议目的和达成目的的步骤。与会者走进会议室，看到一幅巨大 的手工制作的彩图时，积极性会瞬间被调动起来。他们会相互谈论这幅画。视觉议程暗示这天的会议会很有趣，它同时发出了一个信号，告诉大家这次的会议很重要。视觉议程还能帮助与会者将来回顾本次会议的内容。

游戏规则

1. 先设定一个或多个要达成的会议成果，然后精心构思要达成该成果的步骤。选择一个可视化的框架，突出会议的基调或主题。
2. 在一张大纸上用新颖而有创意的方法画出会议的议程，也可以用演示软件在大屏幕上投出来。

HITS
大剧院
战略展望
静修会
构建愿景：
澄清
使命
制定愿景
创建
计划
PLAYBILL
Day One
Day Two
历史&情景地图
SPOT分析
构建愿景
亲和活动
行动步骤
改变路线图
HINDSIGHT
INSIGHT
ACTION
FORESIGHT

AGENDA
NOV.
1
CARITAS 静修会
使命/愿景
历史
团队提问
图示&情景图
愿景
十年后...
工作餐
优先级
行动步骤
承诺认领任务

游戏策略

视觉议程首先表明了一个鲜明的姿态：我在花费你们的时间之前先花费了自己的时间。提前精心规划一个通往成果的路径图很有意义。在绘制视觉议程时，想一想能用一个什么隐喻来彰显会议主题。可以绘制图画代表公司的使命或行业。如果你在度假用品租赁公司工作，绘制一幅海滩场景，以一个个海滩脚印来代表一个个议程。如果你在环保组织工作，画出一幅森林图景；如果是高科技公司，可以画一块电路板。

要用创意方法宣传议程。如果你有文案功底，想一些有趣的词汇来描述会议的每一段议程。如果你既没有文案功底，也没什么艺术细胞，就请一个要参会的人帮帮忙。创建视觉议程可能会需要一小笔预算，但它的投资回报率超高。

“视觉议程”游戏的灵感来自格鲁夫国际咨询公司的会前视觉议程创作实践。

欢迎来到我的世界

英文名称：Welcome to My World

游戏目的

许多人都会错误地假设别人能见我所见，知我所知。但世界上没有任何人跟你对现实世界有共同的认知。所以，最好的办法是把你对这个世界的内在看法绘制出来。“欢迎来到我的世界”能让参与者有机会更好地了解其他人的角色和责任，有助于消除隔阂，让大家看到一个唯一真实的世界：我们的世界。这个方法能很有效地帮助我们向他人展现自己的所见，让我们看到共同的现实，进而共同解决问题。

游戏人数

8~20 人

游戏时间

30 分钟 ~1 小时

游戏规则

1. 为参与者提供白板纸、马克笔和即时贴。给他们 30 秒时间在即时贴上写下他们的某一项工作职责，例如，创建公司新闻刊物或制定 X 产品的营销战略，然后将其贴在衬衫上。
2. 让参与者在房间里随意走动，找到一位工作职责与自己最不相干，或者工作内容最让你好奇的人，组成搭档。如果参与人数是单数，那你自己也加入，避免有人落单。
3. 请求参与者一对一对地把他们所认为的对方的工作职责描画出来。他们可以用简单的圆圈、矩形和箭头来描绘流程图，可以自由创意发挥，但在绘制时不能采访对方或提出任何要澄清的问题。给他们 5~15 分钟的时间安静地绘画。

4. 时间到了之后，给每人 5 分钟时间跟对方分享并解释自己的绘图。
5. 然后再给每一小组 5~10 分钟时间，相互确认或澄清对方的描绘。这过程中他们需要花些时间来讨论，流程中哪些是比较容易的，哪些是有些阻滞的，哪些是与其他人有互动关系的。这时他们可以详细解释并在对方的图画上作修改，或者由原作者根据对方意见在自己的画作上添加内容。
6. 邀请志愿者上台，向全组展示他们的视觉呈现，分享在这个过程中他们的见解和观察。

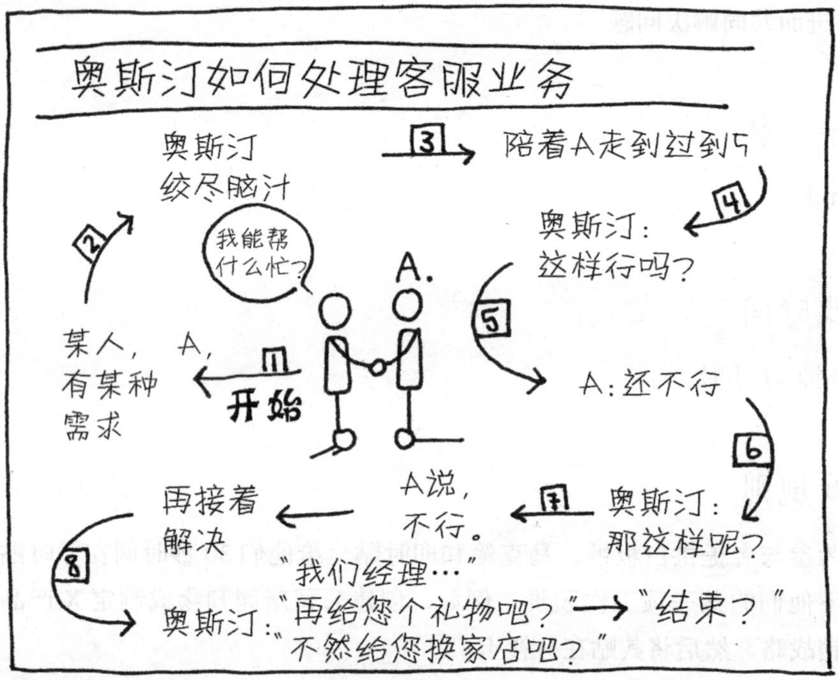
奥斯汀如何处理客服业务
奥斯汀
绞尽脑汁
3
陪着A走到过到5
4
奥斯汀:
这样行吗?
2
我能帮
什么忙?
A.
5
某人, A,
有某种
需求
1
开始
A:还不行
6
再接着
解决
A说,
不行。
7
奥斯汀:
那这样呢?
8
"我们经理…"
奥斯汀:"再给您个礼物吧?"
"不然给您换家店吧?"
"结束?"

游戏策略

这个游戏要想发挥最大效果，必须有一个前提：参与者应来自组织中不同的岗位，承担不同的工作职责。如果所有的参与者都有着相同的工作流程，而且大家都知道，游戏就失去了应有的价值，比如，大家都处理程式化的保险索赔。活动的目的是要相互学习对方的实际工作职责，并帮助打破跨部门间的隔阂。一旦活动中参与者之间有了这样的接触和交流，就能显著增进对彼此工作的理解和感谢。如果有些参与者彼此虽然是一起工作的同事，但实际上对相互间的工作知之甚少甚至毫无了解，这个游戏的效果会更好。

多数人都会习惯于绘制基本图形和工作流程样的图表，因为这些流程图在工作中非常普遍。但是，万一有参与者就是不敢画，你可以跟他们说，用文字表达也完全没问题，只不过他们会错过用简单图画来描绘别人的职业世界的机会。

"欢迎来到我的世界"游戏来源不明。

第 6 章

探索游戏

很多时候我们急破了头也找不到自己要找的东西。它往往在最后一刻以令人意想不到的方式浮现在我们面前的。探索性游戏就是在现有想法中探求、归纳、诠释或者整合现有的一些想法以寻找新的思路。

探索性游戏的目的是建立模式、打破常规。有时候，它要求参与者创建一些模式，有时候，它又要求参与者打破某些模式。通常情况下，探索性游戏最适合在解决目标问题的“中期”使用，即在问题提出并被确定下来之后，在开发并实施方案之前。

如果我们只是收集了一些初步的想法，然后在其中挑几个喜欢的就草草了事，那就很难创造出新想法。探索性游戏为我们在原始想法和最终决策之间开辟一片广阔天空。

4C

英文名称：4Cs

游戏目的

简单的“信息采集”（information~splicing）游戏，很容易上手，它会有意打乱我们常规的破题方法。4C 游戏利用四个通用的关键性概念快速收集与议题相关的信息并加以组织。

游戏人数

5~20 人

游戏时间

30 分钟 ~1 个小时

游戏规则

1. 在会议开始前，确定好你想让参与者探索的主题，并在会议室的白板上画一个大大的 2 × 2 矩阵。
2. 在矩阵的四个象限中分别写下这些主题：“组件”“特性”“人物”和“挑战”。给每个主题配些简笔画。
3. 告诉大家这个游戏的目的是根据 4C 来探索他们知道的与议题相关信息，然后进行分享。每一个“C”的定义如下。
   - **组件**（Component）是议题的各个组成部分。例如，推特（Twitter）回复是社交商业战略的一个组件。重型载货车可以是分销渠道的一个组件。

- **特性**（Characteristic）是议题具备的各项性能特征。例如，响应速度是社交商业战略的性能指标之一。燃油低效是重型载货拖车的固有特征之一。
- **挑战**（Challenge）是指与议题相关的障碍。
- **人物**（Character）是指与议题相关的人员。

你不一定非要用四个“C”来开展这个游戏，也可以创造性地使用与公司或者团队有关的其他字母。比如使用四个“D”来代表矩阵并将其命名为“发现”（Discover）“设计”（Design）“损害”（Damnage）和“交付”（Deliver）。只要确保创建的主题类别能提供一种逻辑，方便大家据此收集信息。

---

4. 将大家分为四个小组，人数大致相同。每组大概 5~7 人。为大家提供即时贴和马克笔。
5. 将不同的 C 分配给各个团队，让他们收集该议题中有关这个 C 的信息。告诉大家他们有三分钟时确定信息收集策略，五分钟时间收集信息，然后再用三分钟时间分析和组织这些信息。要求他们向房间里尽可能多的人采集信息。
6. 向大家宣布准备阶段正式开始，让团队之间彼此交流。三分钟后，告诉大家时间到。
7. 告诉大家他们可以使用即时贴和马克笔，五分钟的信息收集阶段开始，然后主持人就可以待在一边。在这一阶段，房间里会有大量的人员互访和走动。五分钟后宣布时间到。
8. 开始三分钟的信息分析阶段。在这一阶段，参与者分析他们获得的数据，以合理的方式组织信息，并将内容贴到墙上的矩阵中。

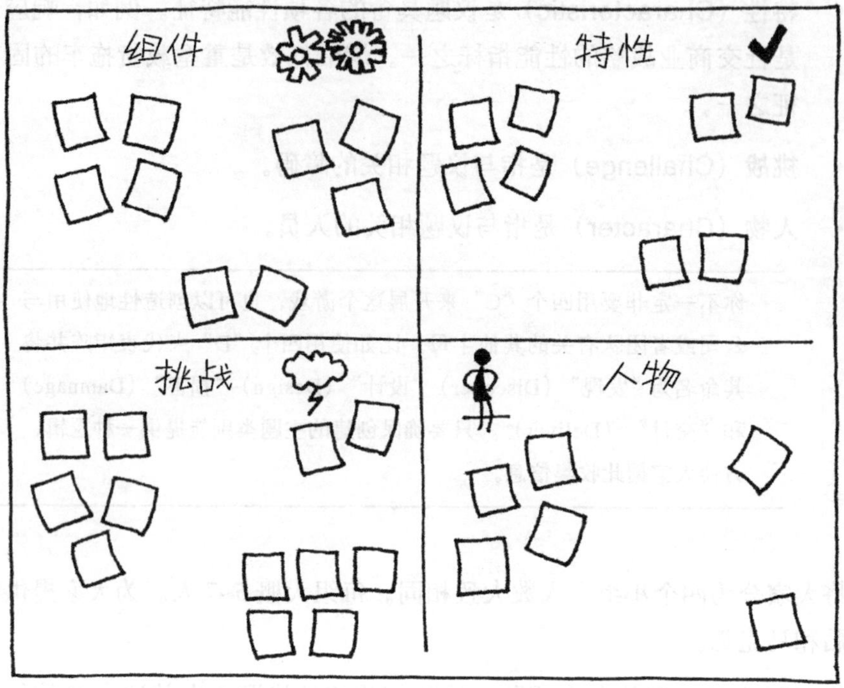
组件
特性
挑战
人物

9. 在游戏结尾部分，邀请大家自愿上前代表小组陈述他们的发现。各个小组都讲完后，开始提问澄清问题，有什么地方漏掉了？这几项说的是同一回事吗？，鼓励大家思考并添加更多的信息。也可以问大家是否愿意分享各自团队的信息收集过程，讨论哪些地方做得好，哪些地方可以做得更好。

游戏策略

4C 游戏的时间安排得要紧凑些，烘托一点热闹的氛围，尽量不要让大家中规中矩地罗列他们对于主题惯有的认知。在这个游戏中，收集信息的人可能已经知道该议题的很多细节，但是在他们访谈别人的过程中，必然会了解到新的东西。访谈会给大家提供更多互动的机会，而原本他们可能没有太多机会交流。由于时间短，他们不会深入实质；然而在访谈中，人们很有可能会了解到一些新的内容，或者发现新的视角。

在收集信息和分析信息的阶段，通常你都忍不住想多给大家一些时间，而且有时候参与者也会提出这样的要求，但是，千万别因此而挤掉结尾部分的时间，因为游戏的最后阶段非常重要，这是大家以团队的心态共同反思内容的时候。如果会议基于熟悉的议题，许多人会认为他们对这个话题比别人明白，所以作为一个整体共同讨论 4C 很重要。它让更多的人了解信息，邀请大家一起参与讨论，从而从旧有的内容中获得新的洞见。

“4C”游戏基于马修·瑞奇特（Matthew Richter）发表于 2004 年 3 月《Thiagi 游戏通讯》中的同名游戏。

5 个为什么

英文名称：The 5 Whys

游戏目的

本书中许多游戏的目的是帮助大家看到大局，或者把一个问题与其发生的背景联系起来。

“5 个为什么”游戏正是由此而来，它从问题的表面开始，不断地深入，找出它的起源。当问题的解决从源头入手时，解决起来就会更加彻底。

游戏人数

5~10 人

游戏规则

1. 在会议开始前，确定需要团队评估的问题。将问题写在所有团队成员都能看见的地 方。还可以为这个问题配个图。
2. 给每人发五张即时贴，让他们按从 1 到 5 给每张纸标上号。
3. 让大家开始阅读问题陈述，想一想为什么这会是一个问题。然后让他们将自己的回答写在标记为 1 的即时贴上。
4. 让大家想一想为什么 1 号即时贴上的问题提得对，然后在 2 号即时贴上写下回答。
5. 再次要求大家想一想为什么他们认为 2 号即时贴上的答案是对的，然后在 3 号即时贴上记下答案。
6. 重复这一过程，直到每张即时贴上都写好答案。

7. 在问题陈述的下方，画一列，依次写出五个“为什么”，在这一列旁边再画出数列，每一列对应一个人的观点。让参与者在墙上贴出他们的答案，从上到下贴上 1~5 号即时贴。
8. 和大家一起回顾这些“为什么”，并标出它们的共性和差异。允许大家进行讨论。

在一张白板纸上重新写下该问题。然后给一个志愿者提供五张空白的即时贴，让他和其他人一起识别，看其中哪五个答案最深刻地体现了问题的本质。一旦获得大家的同意，请志愿者重新写下这五个答案，每张即时贴一个。写下来以后，在问题描述下面的最后一列贴上这五张卡片。如果还有时间，引导大家讨论“下一步该怎么做”。

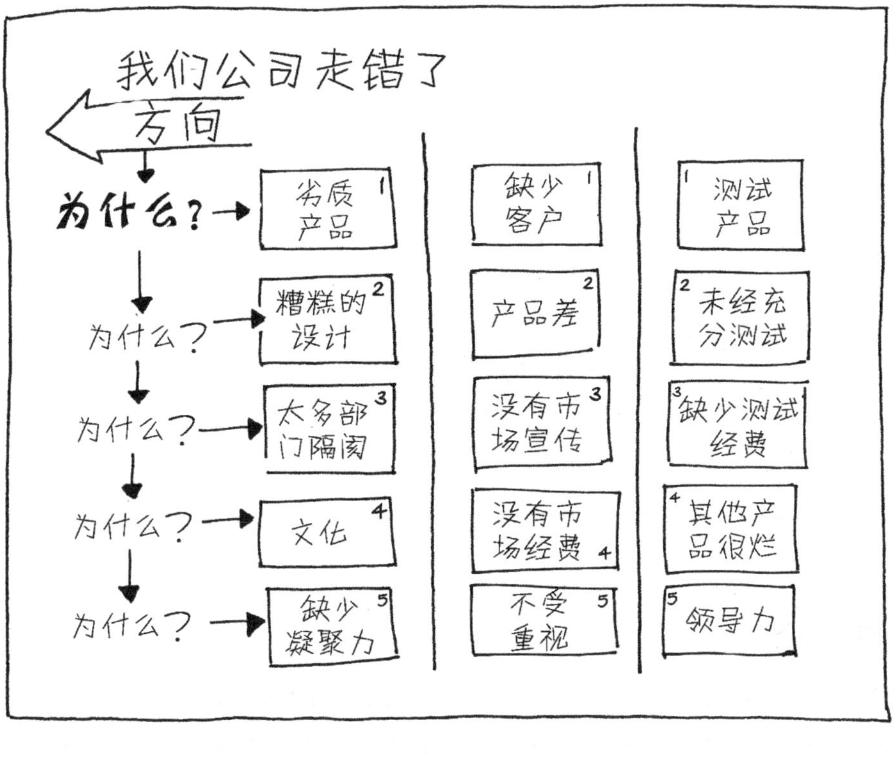
我们公司走错了方向
为什么？
劣质产品
为什么？
糟糕的设计
为什么？
太多部门隔阂
为什么？
文化
为什么？
缺少凝聚力
缺少客户
产品差
没有市场宣传
没有市场经费
不受重视
测试产品
未经充分测试
缺少测试经费
其他产品很烂
领导力

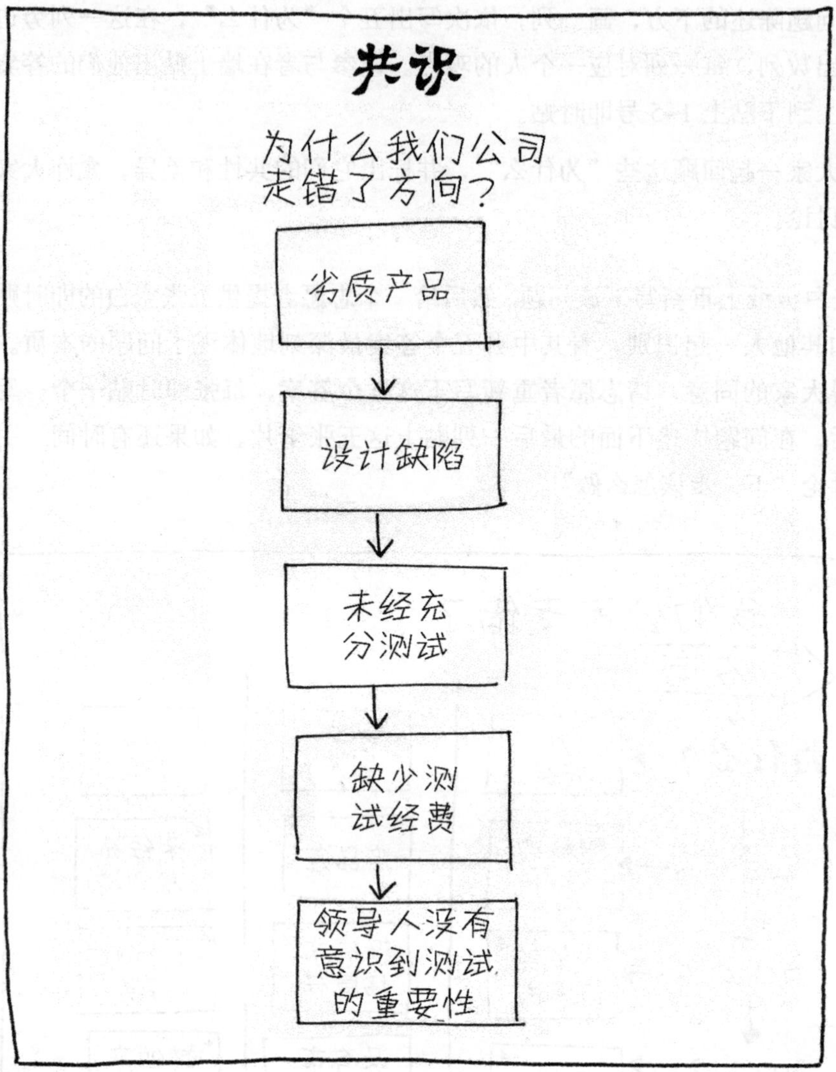
共识
为什么我们公司走错了方向？
劣质产品
设计缺陷
未经充分测试
缺少测试经费
领导人没有意识到测试的重要性

游戏策略

这个游戏的目的是带领大家从现象看到本质，了解问题的根本原因，以便人们能够寻找最佳解决问题的方案。主持这个游戏时，要鼓励大家坦诚，这是最为重要的策略。如果大家回避问题，那游戏基本上就不会有什么成效。甚至情况会更糟糕，人们费劲去解决的反而是错误的问题。因此，作为会议的主持人，一旦要追寻某些困难问题的根本原因，务必要留意参与者之间的关系，创建开放的氛围，鼓励大家坦诚对话。

另一个要点是要求大家在每次问自己“为什么”的时候，写下他们脑子里跳出来的第一个答案。如果参与者立即跳转到对问题根源的固有想法，就无法看到思考的步骤，而对这些步骤的了解，有助于我们从不同层次解决问题。

最后，很多问题需要不断努力才能找出根源。你应该刨根问底，直到你觉得大家的确找到了真相。从 5 个为什么开始是个不错的起点，但这里的 5 不是个固定数值。如有必要，可以列出更多的为什么，持续追溯，直到参与者得出有意义的见解。

“5 个为什么”游戏基于丰田佐吉（Sakichi Toyoda）发明的一个游戏。

亲和图

英文名称：Affinity Map

游戏目的

我们大多数人都熟悉头脑风暴，它让大家在有限的时间内，围绕着一个主题尽可能多地收集想法。头脑风暴对当场获取大量信息非常有效。但它带来了一个后续问题，即如何从这些信息中综合归纳出它们所蕴含的意义。运用简单的亲和图技术，通过排序和聚类，将脱口而出的信息归纳为具体的关联，有助于我们发现隐藏其中的思维模式，有时也会打破旧有的模式，带给我们意想不到的答案。它也能帮助我们看到哪里是人们最关注的点。当你想从许多想法中找出类别，提炼出纲领时，当你想从一堆想法中发现那些最共性的想法时，可以使用亲和图。

游戏人数

20 人以下

游戏时间

取决于参与者的人数，最长不要超过 1.5 小时

游戏规则

1. 在白板纸上写下一个你想让参与者回答的问题，画一些图画作装点。做这个活动的前提是，你必须确保你的问题至少会得到 20 个答案。

我们如何
才能实现
愿景
愿景?
一个新的
活动中心

2. 针对以上问题让每个参与者在 10 分钟内用即时贴写下自己的回答。如果小组中只有四个人或更少，就在桌上使用小卡片。这一步骤让每个人独立完成。

3. 收集各小组的想法并将它们贴在墙上，使所有人都能够看到。结束时，墙面上看起 来像下图一样。

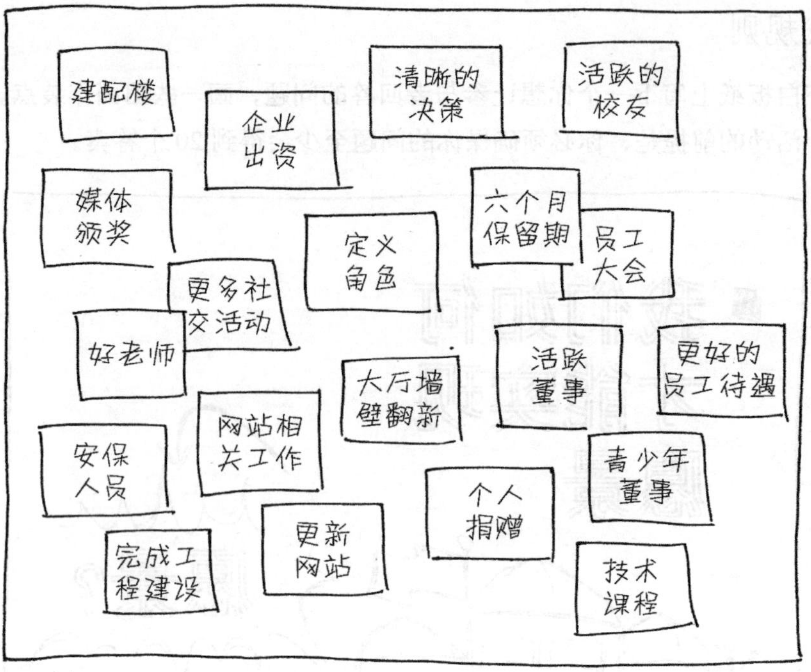
建配楼
清晰的决策
活跃的校友
企业出资
媒体颁奖
六个月保留期
定义角色
员工大会
更多社交活动
好老师
活跃董事
更好的员工待遇
大厅墙壁翻新
网站相关工作
安保人员
青少年董事
个人捐赠
更新网站
完成工程建设
技术课程

4. 根据大家的意见，把这些想法按照它们之间的关系排成不同的列（或摞）。尽量让大家参与这个过程。邀请大家走到墙边张贴自己的答案，这样可以节省时间，让他们自己动手完成初步的排列或分组。

5. 在主墙面附件张贴一个“停车场”，把那些不能适当归类的想法存放于此。想法有重复的没关系，不要因为重复了就把其它相同内容的卡片扔掉。张贴重复出现的想法有助于了解在参与者中有多少人的想法一样。在这一步要求参与者尽量先不要给类别命名，重点关注信息的相似度，并按此归类就好。

6. 内容归纳完毕，邀请参与者为刚创建的每个类别命名，并在每一列的开头写下大家都赞同的名称，如果你张贴的方式是集群而不是列，就在每一集群的旁边写下来。不要让参与者花过多的时间在类别命名的共识上。例如，如果大家就“设施”还是“基础设施”争论不休，那就把两个都写下来。如果参与者提出的命名差异很大，关注一下哪个命名同意的人更多，就把它写下来。完成以后，墙面上应该是像这个样子的。

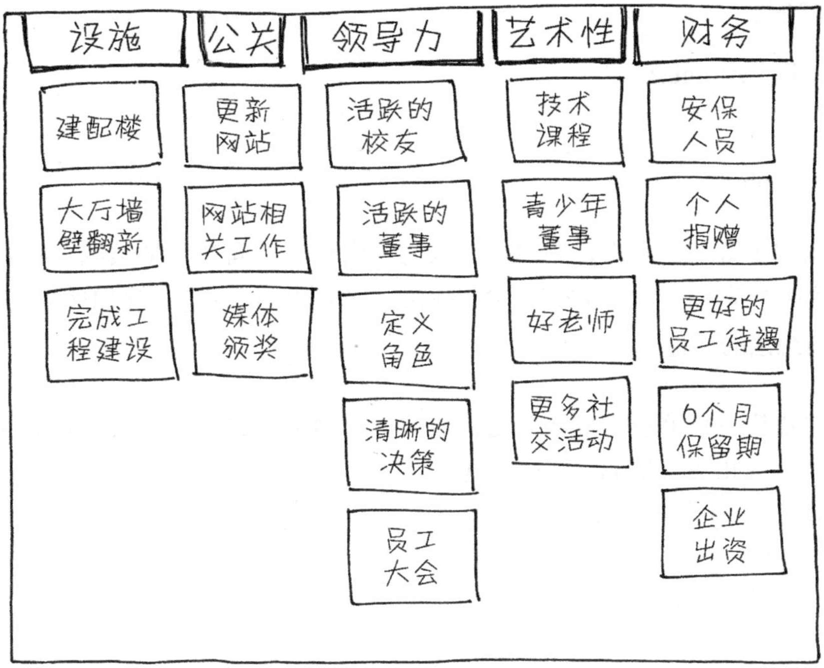
设施
公关
领导力
艺术性
财务
建配楼
更新网站
活跃的校友
技术课程
安保人员
大厅墙壁翻新
网站相关工作
活跃的董事
青少年董事
个人捐赠
完成工程建设
媒体颁奖
定义角色
好老师
更好的员工待遇
清晰的决策
更多社交活动
6个月保留期
员工大会
企业出资

游戏策略

要想亲和图游戏产生更多的价值，必须要满足两个条件。第一，参与者会贡献出很多点子，这些点子里最好有高质量的信息。第二点与排列的质量有关。参与者在排列卡片时，对内容的理解越朴实、简单，分类就会越准确。

有时内容中的亲和关系非常清楚，排序过程就没那么重要。但是，当内容之间的关系比较微妙时，排序的过程就非常重要，一定要把控好。如果同时出现多种分类方法，就需要引导师强势介入了。针对某些列或集群提出一些启发性的问题，帮助大家澄清想法，厘清思路，将信息收拢到适当数量的类别。如果类别太多，数据的价值就不好挖掘；如果类别太少，后续分析又会很困难。你要帮助参与者找到最佳平衡点。

可选活动：先做一场亲和图活动，完成分类。然后让大家打乱即时贴，邀请大家按照与第一轮不同的想法分组归类。

“亲和图”是20世纪60年代由川喜田二郎（Jiro Kawakita）提出的，也称KJ法。

原子化

英文名称：Atomize

游戏目的

有时我们了解一件事物，必须得深入它的内部。如同在科学领域，我们将大型结构拆分为基本的组成部件，作为知识工作的基础。这也是我们理解新事物，形成新想法的过程。

这种游戏从一个单独的事物开始，最后得出的是对该事物的层层分解的组成部件。它适用于解析那些我们不甚了解的大型结构。该活动的应用场景很多，应用最适合的结构包括以下几种：

- 公司的报价单
- 技术平台
- 企业范围内的倡议
- 供应链或需求链
- 组织文化或其他“无形资产”

通过将大型系统拆解成小的组成部分，能帮助人们更好地解决问题，或者进行头脑风暴。因为这些组成部件更朴实，更具体，它们更容易被理解，被处理。同样，一个完整的构造图也将有助于充分说明整个系统。

游戏人数

小型团队

游戏时间

1 小时以上

游戏规则

1. 游戏开始时，首先将系统的名称写在即时贴上，贴在一块白板的顶部。向大家介绍本游戏是要分解这个系统的“原子”部件，目的是了解该系统由哪些具体的组成部分。
2. 开始的时候做一个头脑风暴，要求大家将系统“拆分”为各样的组成部分。在这一步，你可以使用即时贴，让大家把想出的东西记录下来，排列在主题下方。通常找出三到五个大的组件就好。
3. 对每个组件重复上面的拆解过程，可以继续问“那么这个组件是由哪些东西组成的呢？”以此类推，最后就能得到一个从上到下金字塔状的组件构成图。

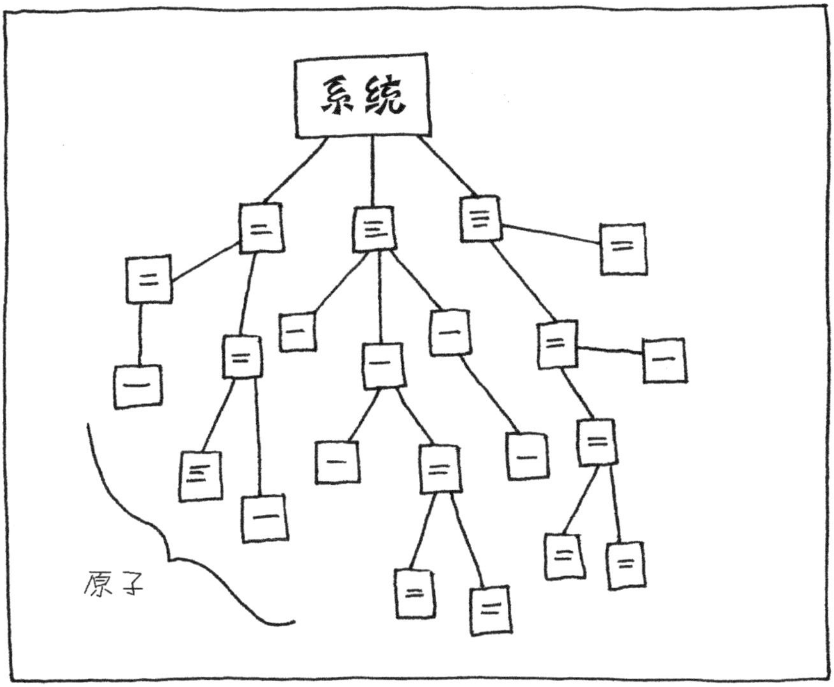
系统
原子

这个构成图及各个组件可以作为其它游戏活动的输入，或是以文档形式保存下来，作为该系统各个部件的说明。

游戏策略

当分解至某个阶段时，通常是在第四到五层时，就会出现一个自然的转折点。此时分析出来的结果不会更加多样化，而是更加基本。这就是原子层，我们通常在这里会发现一些极为有趣的结果。当探索一个团队的组织文化时，这个原子层会展示出该群体所独有的态度或行为。在细化服务或产品时，原子层会揭示出产品的最基本特征和最独特的属性。

“原子化”游戏由詹姆斯·马卡拉佛（James Macanufo）发明。

盲区

英文名称：The Blind Side

游戏目的

每个人都有盲点，每个公司也不例外。知识开放可以促进业务发展，增进业务联系，而知识盲区会带来不必要的困难。换句话说，未知的东西会对我们造成伤害。军队中将这些盲区称为“战争迷雾”。盲点游戏的目的就是暴露并发现影响组织或团队成功的未知信息，这些信息会影响到公司各个方面的成功，包括管理、规划、团队绩效等等。

游戏人数

5~15 人

游戏时间

30~45 分钟

游戏规则

1. 在会议开始前，确定要讨论的主题。画出一大幅人像，并在头部旁边再画出四个箭头指向外面。给这些箭头标上“知道 / 知道”“知道 / 不知道”“不知道 / 知道”和“不知道 / 不知道”。
2. 给大家准备即时贴和马克笔，告诉他们这个游戏的目的是区分出哪些知识是他们已经有的，哪些是他们没有但是需要的。
3. 从“知道 / 知道”类别开始，启发大家想出所有同该主题有关的、他们已知的信息。这一步的讨论应该进行得很快，并且会得出很多内容。让大家在每个即时贴上写一条已知信息，并把它们贴在该类别箭头的附近。（每一个类别都照此进行）。

4. 下一步轮到“知道 / 不知道”。这个类别的讨论比上一个步要慢一些，但仍旧会产出很多内容。再次请大家将即时贴贴在相关箭头的附近。
5. 转到类别“不知道 / 知道”。这类信息大致是人们拥有但目前没有使用的解决问题 的技能，或者是被遗忘的尚未开发的资源。
6. 最后，移到类别“不知道 / 不知道”。大家有可能会停在这里，甚至可能会卡很久。这是大家要一起发现、共同探索的领域。向参与者询问一些启发性的问题：有一些东西是我们这个团队不知道自己不知道的，这些东西可能是什么呢？如何才能找出这些不知道自己不知道的知识？
7. 询问大家他们能够做这些什么来应对蕴含在每个类别中的挑战。引导大家讨论其中的洞见，思考那些令自己“茅塞顿开”的发现。即使大家只是知晓了他们有盲区，但尚不知道盲区是什么，这本身也算是一个富有成果的发现了。

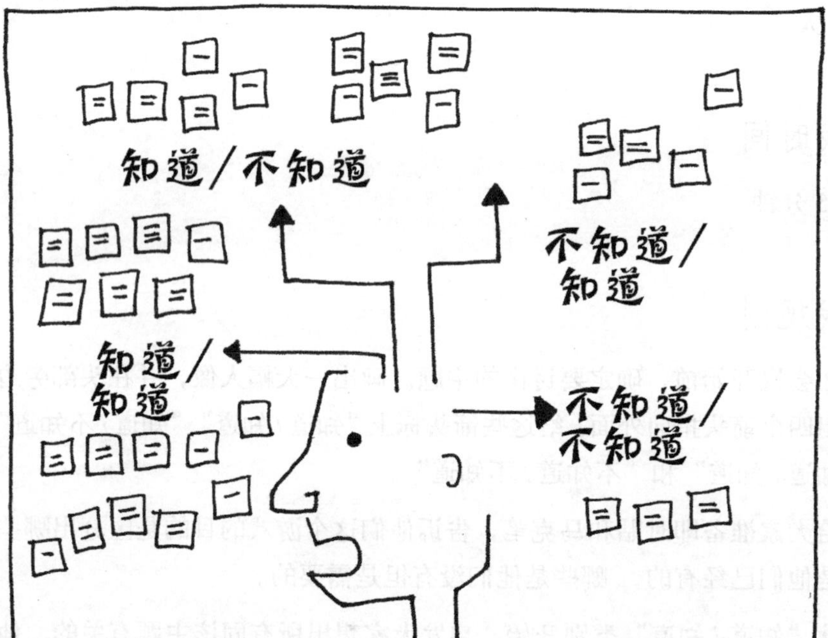
知道/不知道
不知道/知道
知道/知道
不知道/不知道

游戏策略

要想取得更好的游戏效果，参与者最好是互相熟悉但又来自不同的部门、担负着不同职责的人。团队的多样性增强了“不知道”类别的反馈量，这个地方大家容易卡壳。他们对自己知道的东西会很有把握，甚至也能顺利地说出知道自己不懂哪些东西。但是，如果缺少了外部视角，就几乎不可能找出不知道自己不知道的东西。这个问题本身就会引发大家的讨论，而且需要其他人从不同的视角给予输入。

因为这个游戏本身也有一部分功能是帮助大家建立信任，所以进行的时候可以先从交流简单的信息开始，然后根据参与者的适应程度做更深入的交流。讨论的话题最好是关于商业或项目的，尽量不要用于个人评估。当然盲区游戏可以用于心理评估，但如果应用于个人，最好脱离开公司环境，除非你打交道的团队极其特殊，他们自己非常认可这个方法。

“盲区”游戏是受“乔哈里之窗”启发而引申出来的，是鲁夫特和英格汉姆（Joseph Luft & Harry Ingham）共同开发的沟通模型。

任务清单

英文名称：Build the Checklist

游戏目的

任何工作都具备一定的复杂性，而每时每刻我们都会面对一堆重要工作，这时脑子里就会混乱一片。在知识工作中尤其如此，很多任务中都有着说不清的 “模糊性”。如果团队想在这片混乱中厘出头绪，最实际、最有用的方法是列一份任务清单。

尽管列出任务清单表面上看起来像一个简单的“开关”游戏，但是它通常会暴露出一大堆问题。因为大家都会关注这么一份清单，那么参与者就必然会共同讨论任务的重要性以及优先排序。通常团队成员对于事物的优先级都会有自己的观点，那么，罗列清单的时候就会要求大家把各自的想法都摆上桌面，共同探讨。

游戏人数

小型团队，成员对目前的任务都有深入了解。

游戏时间

1 小时或以上，取决于有待分析的任务

游戏规则

最有效的列表方法是按照操作顺序，从前到后地列出要完成的任务清单，但有些情况更适合根据某种排名或优先级列出清单。选择一种能使参与者在创建清单的过程中受益的方式。

1. 在游戏开始时，向大家介绍手头的问题“你们要为完成【空格】列出一份清单”，在括号内填上问题名称。可以先让大家定义出问题的特定场景，或者给出问题的限定时间，比如“从 A 到 B”或“应对一名愤怒的客户”。
2. 让大家对问题进行头脑风暴，将得出的任务写在即时贴上。引导大家创建可以衡量的具体任务，描述要清晰明了。例如，“评估到达前的准备”就不如“放下起落架”有用。
3. 一旦大家产生很多想法，就可以使用点子上墙和亲和图去掉重复的任务。在讨论添加任务清单时，可以有两种做法。
    - 让大家将需要完成的任务进行流程排序。使用即时贴，这样就可以把任务挪来挪去。给大家定一个起点，一个终点，中间留出空白区域，参与者可以一边探讨、争论，一边贴出任务的顺序。
    - 让大家对列出的任务实施强制排名。在这种情况下，参与者必须根据任务的重要性来决定次序。这样大家也能把排在末尾不重要的任务从清单中去除，最后的任务清单会更简短、更直接。

无论用哪种方法，对于最初头脑风暴环节的讨论和反思都是最重要的，能够带来最大成果。在讨论过程中，新的想法很有可能浮现出来，并被加入正在讨论的清单里。作为讨论的结束环节，下一步就是将任务清单记录下来，与大家分享，找人对它进行检验和改进。

“任务清单”游戏归功于詹姆斯·马卡拉佛（James Macanufo）。

商业模式画布

英文名称：Business Model Canvas

游戏目的

新的商业模式能够迅速颠覆整个行业，就看一下苹果公司的 iTune 战略给音乐行业带来的影响吧！亚历克斯·奥斯瓦尔德（Alex Osterawalder）开发的“商业模式画布”，可以用来对商业模式进行检验和反思。

游戏人数

1~6 人。单个人的话，可以用来迅速勾勒出自己的某个想法以促进思考。如果是团队，就可以用来绘制组织现有的商业模式，或者未来的商业模式。参与者的背景差异越大，描述出来的商业模式越精确。

游戏时间

一个人做此活动，建议 15 分钟；如果是团队共同绘制组织现有的商业模式，需要 2~4 小时；如果要开发未来的商业模式，或者初创公司开发新的商业模式，会需要多达两天的 时间。

游戏规则

绘制商业模式最好的方式是把画布贴在墙上，大家围在旁边。所以需要提前打印一幅放大的画布，或是在墙上画一个画布，把要讨论的条目列在上面。商业画布可以从 *businessmodelhub.com* 网站下载。如果自己手绘，可以按照下面这个样子来画。

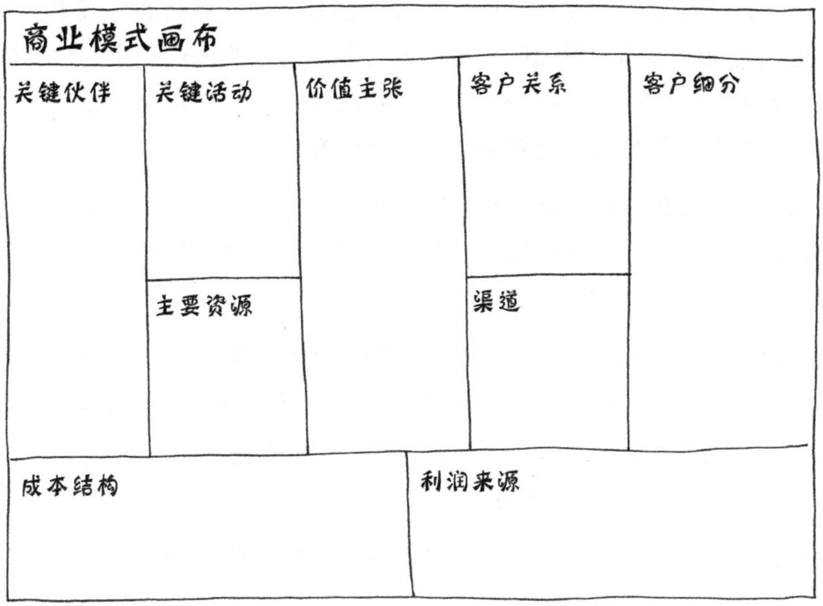
商业模式画布
关键伙伴
关键活动
价值主张
客户关系
客户细分
主要资源
渠道
成本结构
利润来源

确保大家都有马克笔，有不同颜色、不同尺寸的即时贴。还需要有相机，拍下讨论结果。

商业模式画布的使用可以有多种方法和变化。我们在这里介绍最基本的游戏，用它来绘制企业现有的商业模式，对模式进行评估，找出改进点，进而思考潜在的新商业模式。参与者可以根据不同的方案和目标轻松加以调整。

1. 开始构建商业模式时，先让大家描述企业所服务的细分客户群。参与者针对不同的客户群使用不同颜色的即时贴，贴在画布上。所谓不同的客户群是指有特定需求的客户群体，你们要向他们提供特定的价值主张，例如，报纸服务的客户群就分为读者和广告商，或他们需要不同的渠道、不同的客户关系、或者提供不同的收入来源。

2. 接下来，参与者需要描述企业针对每个细分客户群提供的价值主张。参与者应当使用与该客户群相同颜色的即时贴，书写为他们提供的独特价值主张。如果一个价值主张涉及两个差别很大的细分客户群，那么应当分？使用两种颜色的即时贴，分别对应于不同的客户群体。

3. 然后参与者使用即时贴将该企业商业模式中所有的剩余模块书写出来。记住，针对某一个细分客户群，信息的书写要始终坚持使用同一种颜色的即时贴。

4. 绘制出整个商业模式后，就可以开始评估该模式的优缺点。可以使用绿色贴点（代表强项）和红色贴点（代表弱项）对商业模式中的各个元素进行评估，分别贴在强项或弱项旁边。 除了使用彩色贴点，你也可以使用标有 “+” 和 “~” 号的即时贴。

5. 参与者通过步骤 1~4，就可以把组织的商业模式清晰地呈现出来。这时，小组可以选择对现有商业模式进行改进，或创建出另外一个全新的模式。理想情况下，参与者会使用一张或多张新的画布，重现绘制改进版的商业模式，或者干脆开发新的商业模型。

游戏策略

对组织现有商业模式的绘制，包括评估它的优缺点，是一个重要的起点，可以在它的基础上进行模式改进，或着开发出新兴的商业模式。该游戏能够达成的最小成果，是帮助大家进一步理解和分享企业的商业运作模式。该游戏能够达成的最大成果，是通过描绘新的或是改进后的模式，帮助参与者共同开发未来的发展策略和方向。

“商业模式画布” 游戏由奥斯瓦尔德和皮格纽尔（Alexander Osterwalder & Yves Pigneur）设计。画布由 Creative Commons 授权许可使用，可在 *http://www.businessmodelhub.com* 免费下载。该游戏也在其代表作《商业模式新生代》（*Bussiness Model Generation*）中有详细描述。

钮扣

英文名称：Button

游戏目的

头脑风暴或团队活动的共同特点之一是“让大家轮流发表意见，听听大家是怎么说的。”其中有一条游戏规则很重要：首先要保证每一个人都有发表意见的机会，然后才允许有些人讲第二次。

但是这种方式存在两个问题。第一，以循环的方式轮流从一个人移到下一个，会让场上能量降低，哪怕就是很少一些人。大家都按顺序等着，排在最后的人就会很不自在。第二点可能会对活动造成更大的破坏，当轮到某个参与者要整理思路准备发言时，他的注意力会迅速下降，基本上不会去倾听？人的发言，这与我们的初衷是相悖的。

“钮扣”游戏是一种简单的方法，既达到了原有的目的，同时又避免了轮流发言的弊端。

游戏规则

要求大家就一个问题发言时，准备好一个小小的标记物，可以是用于打扑克牌的筹码或类似钮扣的东西，将它交给第一个响应的志愿者。等他回答完毕，他有权选择一个还没有发过言的人，把这个纽扣交给对方，邀请其发言。如此这般，直到每个人发言完毕。

> 也可以使用卡片代替钮扣。参与者先想好自己对问题的答案，在卡片上写下一个主题词，标上自己的名字。紧接着将这个卡片迅速向左传递，给一点时间，让大家尽快不停地传，这个过程能确保卡片被随机打乱。接着大家可以先后读出自己手里卡片上的词，邀请写下该词的人进行解释，通过这种方式展开互动。

游戏策略

随机性能让参与者集中注意力。当你不知道自己是否是下一个人时，你就会集中注意力，随时准备着。“钮扣”游戏还将控制权交给每个参与者，使他们有权选择下一位发言人。

“钮扣”游戏的灵感来自美国土著居民的“发言棒”传统。发言棒是一个象征性的物品，比如棍子或羽毛，它代表着发言权，从一个人传给另外一个人，既尊重发言者又可以避免谈话中断。

篝火

英文名称：Campfire

游戏目的

员工在教室里接受培训，一坐数小时，翻看新员工手册，玩企业提供的电子培训游戏，学习新的技能，应对新的工作需求。但事实上，员工对于企业的了解，大部分都是通过口口相传得来的。员工通过分享自己的个人故事和专业经验相互培训。篝火游戏利用了人们喜欢讲故事的天性，通过向员工提供架构和场地，让他们能够相互分享工作中的故事，包括体验、错误、失败、成功、竞争、交际和团队合作等。篝火游戏非常有效，不仅仅因为它实际上提供了非正式培训的机会，还因为它能展现员工在工作中共同的体验和感受。

游戏人数

8~20 人

游戏时间

30 ~ 45 分钟

游戏规则

1. 在会议开始前，集思广益，收集 10 到 20 个左右的词汇或短语，作为大家讲故事的线索。将这些词语写在即时贴上。使用积极或中性的词：合作伙伴关系，冒险、第一天上班，出公差，有意思的项目，机会，等等。
2. 将即时贴贴在房间里，让大家都能看到。发给他们马克笔和即时贴。告诉他们这是一个工作场所的“篝火”晚会，他们受邀前来只有一件事，讲故事，把这当作一个非正式的公司培训。把大家带到“短语墙”前面，给大家 1 到 3 分钟的时间看一看，同时想出同某个词语有关联的故事。为了帮助大家进入状态，引导者可以自己带头揭下某个词条贴在一边，然后讲个与之相关的故事。

3. 然后邀请一名志愿者，把墙上的另一个词揭下来，贴到你刚才那个词的旁边。这就是故事线的开端。
4. 在第一个参与者开始讲述故事之前，请他大声读出他选中的词语，然后让大家仔细 聆听，邀请他们在听的过程中记下某个让他们产生联想的单词或短语，写在即时贴上，这个词或短语让自己联想起与工作相关的另外一个故事。如果从别人的故事中联想不到什么词，可以让他们从字墙上再拿下一张即时贴作故事主线。
5. 第一个人讲完故事后，邀请另一个志愿者来到墙边，要么让他把自己的即时贴粘在墙上，要么从“短语墙”上摘下一张，大声读出该词语并分享自己的故事。
6. 重复此过程，直到大家贴出了一个蛇形的“故事线”，成为“篝火”晚会的汇谈文档。凭你自己的经验决定结束故事会的最佳时机。在“熄灭篝火”之前，询问大家是否从中学到了什么，或者谁还想分享更多想法。

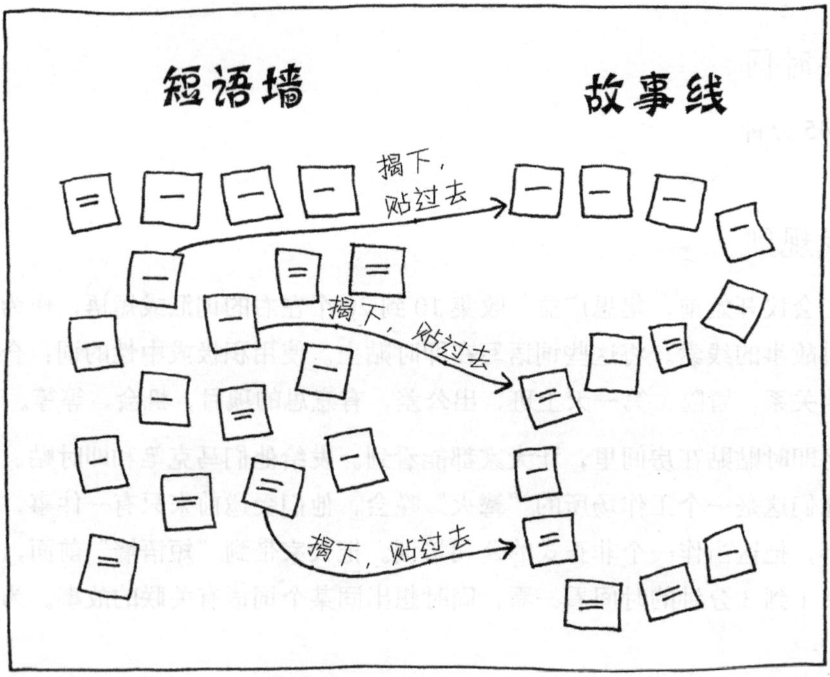
短语墙
故事线
揭下，贴过去
揭下，贴过去
揭下，贴过去

游戏策略

作为会议的引导者，你的角色是鼓励大家分享与工作有关的故事。如果发现大家讲故事冷场了，可以请大家参阅“短语墙”上的内容作为启发，或是让大家随便抛出个“野词”调动一下情绪。你自己也可以根据个人的启发，讲述自己同工作有关的故事。如果你觉得大家确实需要点宣泄，也可以接受故事不那么励志，允许大家换换话风吐吐槽，但一定要准备好处理随之而来的可能情景，千万别让会议以尖刻的语气结束。

“篝火”游戏的操作简单，效果强大。它鼓励分享，可以展示员工的许多共性，通过非正式的对话方式，间接达到员工培训的效果。人们都有讲故事的欲望，你会发现参与者甚至在会议结束后，仍然沉浸在自己的经验分享中。

“篝火”游戏源自施安可和莫森（Roger Schank & Gary Saul Morson）合著的《讲故事：叙事与智力（反思理论）》。

挑战卡

英文名称：Challenge Cards

游戏目的

用于识别并思考产品、服务、策略中可能出现的挑战、问题、及潜在陷阱。

游戏人数

5 ~ 10 人的小团队效果最佳

游戏时间

不限

游戏规则

首先将大家分成两个小组，一个小组为“方案小组”，针对产品或方案的功能和优势安静地展开头脑风暴。另一个小组为“挑战小组”，也针对同一产品或方案的潜在问题或挑战进行头脑风暴。所有人将自己的思考写在卡片上，每张卡写一个问题或是一个挑战。

游戏开始后，将这两个小组合在一起，共同讲述故事。挑战小组从卡片堆里抽出一张，放在桌上，描述该问题在实际中可能出现的一个场景或事件。方案小组也必须从自己的卡片堆里抽出一张，用以应对这个场景或事件。如果方案小组选到一个好的解决方案，就得 1 分；如果没有，那么挑战小组就得 1 分。接下来大家共同协作，设计一张卡片来应对该挑战。以这种方式持续进行：先是挑战，然后是方案，然后接着又是挑战，一个接一个，直到最后对故事或场景的讨论得出相应的结论。

游戏策略

这个游戏的目的是通过讨论不同场景和相应的备选方案，提高产品和策略的质量。 把游戏设计成比赛或者讲故事，能大大提高参与度，人们会更加积极活跃地将自己融入场景当中。让过程轻松好玩，调动大家的积极性。不要搞得像是在完成任务一样。

“挑战卡”游戏是 2010 年在伦敦举办的“游戏风暴”工作坊里出现的。

客户，员工，股东

英文名称：Customer, Employee，Shareholders

游戏目的

该游戏的目的是从不同的角度构想可能的未来。

游戏人数

1~10 人

游戏时间

1~3 小时

游戏规则

1. 将参与者划分为三个角色：客户、员工和股东。
2. 让大家进入各自分配的角色，想象五年以后他们的行业会变成什么样。他们各自最关注什么？他们会有什么体验？有可能会发生什么事件？有可能会出现什么趋势？哪些特定的、具体的东西会与当下大不相同？
3. 让大家将他们对未来的展望描绘出来，共同分享。
4. 让大家找出这些描述中蕴含的主题以及新的可能性。把这些东西记下来，征询大家的意见，探讨下一步行动计划。

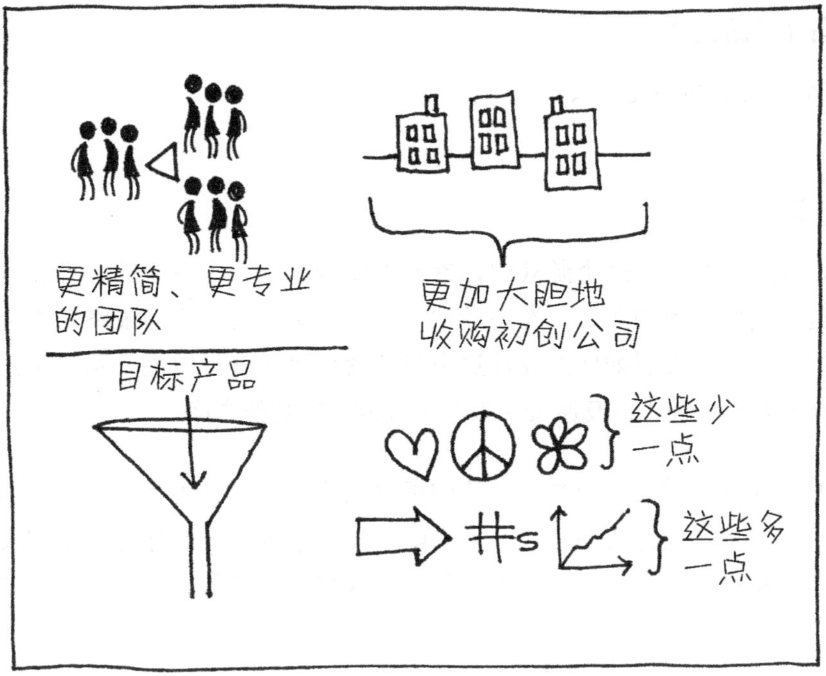
更精简、更专业
的团队
目标产品
更加大胆地
收购初创公司
这些少
一点
这些多
一点

（来自员工视角的例子）

游戏策略

这个游戏提供了一个机会，让大家用各自的灵感思考当下的行业前景，帮助大家看到日常工作中看不到的内容。如果条件允许，让大家轮换不同的角色，重复这个游戏。

“客户、员工、股东”游戏基于麦克斯·克拉克逊（Max Clarkson）提出的“利益相关者框架”（Stakeholder Framework），它出自《管理学会评论》（1995）中的文章“企业社会绩效分析和评价涉众框架”。

设计产品盒

英文名称：Design the Box

游戏目的

记住，以终为始。在这个游戏中，参与者要制作出一个真正的“产品盒”，用来包装他们当前的想法，准备后期销售，先不管这个想法最终是否会成为具体的产品。要设想如何去设计这个包装盒，团队就得做出一系列决定，比如产品的重要特征，以及愿景中很难加以描述的其他方面。

软件开发人员很喜欢这个游戏，他们用它在开始阶段收集客户对新应用程序的看法。但是这款游戏的用处并不局限于此。它有助于引导与愿景相关的各类话题，从描述“我们未来的方法”到“理想的招聘”之类的议题，各类话题都用过。

无论应用于哪个场景，盒子都会是一个聚焦话题的工具：它将许多无形的信息收纳于一个好看的实物中，而这个收纳的过程则引发了种种决策。团队成员彼此之间展示或“销售”自己的盒子时，很多东西会变得鲜活起来，比如会把功能自然而然地转为收益（优势）。而且这个过程也很有趣。最终成果可以是一个简单的图画或是一个真实的盒子，它能帮助大家随时重温当日的画面。

游戏人数

尽管该游戏可以由小规模团队完成，但是如果以并行的方式制作不同的盒子，能在“销售”阶段进行更全面透彻的讨论。

游戏时间

1 小时或更长时间，取决于参加小组的数量，以及讨论的深度

游戏设置

你当然可以用纸和马克笔画一个盒子，但最好还是用做手工的专门材料和工具实际制作一个盒子。建议到办公用品商店或邮局购买一些空白纸箱、马克笔、工艺纸、贴纸、胶带、剪刀等，这些投资都很值得。

为了帮助团队成员保持创造力，最好能摆出些样品盒供大家随时参考。麦片盒就很不错，它上面有免费抽奖信息，有醒目的图片，还有营养清单等等。同样，那些日常的有“商店标签”的盒子、礼品盒、玩具盒也能增添很多提示。团队越是在正常商业环境中绞尽脑汁，越是能从这个活动中获得灵感。

游戏规则

该游戏分为三个阶段：游戏介绍、制作盒子和“推销”盒子。

第一阶段：填充盒子

不要急于开始制作盒子，先要认真地想一下盒子里面应该装些什么东西。为了帮助大家打开思路，可以考虑先摆出以下一些内容：

- 可能的想法名称
- 可能的客户、终端用户和买家
- 可能的特征、功能或是其他重要的独特的细节

对团队成员而言，这些要点可能是熟悉的，也可能是全新的。关键是要在开始的时候向大家提供“刚好足够”的信息，让大家有所了解，知道如何入手。

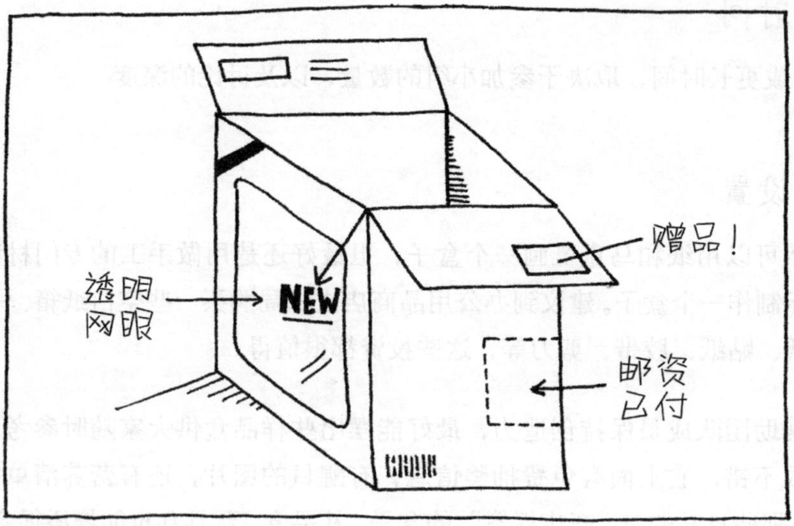
赠品！
透明
网眼
NEW
邮资
已付

第二阶段：制作盒子

给每个小组大概 30 分钟或更多的时间，让他们为自己的想法制作一个盒子。邀请大家想象，在他们面前有一个零售货架，上面摆着一个盒子，包装精美，里面装着待售商品。在设计这个盒子的时候，各个小组可以通过下列提示来获得灵感：

- 这个东西叫什么名字？
- 它是干嘛用的？
- 盒子上的宣传语或口号是什么？
- 盒子里的东西最具吸引力的功能是什么？价值是什么？
- 这是个什么样子的盒子，它如何能让你眼前一亮？

大家可以自由组合成不同的小组。不过，无论怎样安排，大多数参与者都想自己动手参与制作。请确保给他们充足的材料，一定要告诉大家可以自由发挥，盒子没有对错之分。

第三阶段：推销盒子

几个小组或者个人都有机会站出来向别人推销自己的盒子。准备一个计时器，为兜售盒子的推销演讲计时，可以设立一个奖项，奖励销售表现最佳的小组。

在大家介绍各自的盒子时，仔细寻找那些自然流露的突破点。人们起初会在盒子上写上各种功能，但在兜售的时候，会自动将功能转为价值点。注意那些“这样就能”或“由于”之类的词语，一旦这样的词语出现，就会把呆板的机械功能转变为鲜活的产品优势。

这个活动通常是一个开放式的、思维发散的过程，游戏效果很好。但也可以进行收敛，让各个小组达成一致的想法，共同创建一个盒子。如果游戏的目的是让大家达成共识，那么请留意每个团队在表述自己盒子时的相似点和差别点。用彼此最相似的想法作为基础进行构建，并将明显差异的部分提出来供大家讨论。也可以进行第二轮游戏，将这些共性纳入一个盒子，作为大家共同的产出。

如果要奖励最佳“盒子推销员”，一定要让大家投票选出。确保有足够的奖品，因为如果盒子是团队完成的，那么每一位团队成员都要有一份奖品。

游戏策略

找一个显眼的地方，将所有盒子都展示出来。这些盒子比游戏中其他的文档更有价值（从视觉感官上也更强烈）。如果拍摄视频不会造成干扰，那用视频记录各小组推销盒子的过程会很有帮助。

“设计产品盒”这个游戏可以随不同的要求或不同的参与者做出适当的修改。

“设计产品盒”游戏有过许多名字，在很多地方都能找到不同的版本。此版本是基于“产品盒”游戏，该游戏出自《创新游戏：一起玩，协同共创突破性产品》一书，作者卢克·霍曼（Luke Hohmann）。其他来源包括吉姆·海史密斯（Jim Highsmith）的“卡特联盟”以及比尔·沙克福特（Bill Shackelford）的 Shackelford 协会，此概念最初来自于这个协会。

做，重做，撤消

英文名称：Do, Redo & Undo

游戏目的

我们在创新的时候，一般很容易用肯定的方式思考。我们思考能够做些什么事情、构建些什么东西，但是忘记了还有另一种可能：随着时间的推移，我们可能需要想想该撤消哪些既有决定。“做，重做，撤消”游戏关注的就是这一点，同时引导大家思考撤销某一行动或者替换某一行动可能带来的影响。

这个游戏有利于我们开发“人与机”或者“人与人”之间的交互系统。软件系统提供了无数的撤销案例，例如，用户需要更改配置、修复错误、或删除整个软件。而与之对应的业务处理流程也有相应的情形，例如，需要修改或拆分组件。如果提前不清楚该如何撤销，那么这种灵活性就无从谈起。

游戏人数

小型团队

游戏时间

1 小时或者更长时间，取决于“理想情况”的复杂程度

游戏规则

理想情况

通常，玩这个游戏最好的时机是在大家对问题有了大致概念或者已经做出样机之后。如果是软件开发，那就在有了用户故事或者功能列表之后开始。如果是有关流程，那就在有了第一版流程图之后。

要给参与者足够的时间熟悉这个样本，让他们充分消化理解。在游戏开始时，

让大家通过头脑风暴回答这样一个简单的问题："有可能会出什么差错？有可能会犯什么错误？"

使用点子上墙的做法，先让大家头脑风暴，把回答写在即时贴上，然后将这些即时贴编辑在一起，形成最初的场景池，让大家基于这些场景探讨如何"撤消和重做"。你完全可以在里面掺杂一些搞怪的例子。要是想让大家放松一下，换换脑子，可以考虑提出下面几个问题。

- "要是猴子们也想使用它，怎么办？"
- "要是我们把插头拔了，会怎么样？关键是插头在哪？"

最坏情况

在贴出"可能的问题"时，大家已经至少确定出了一个最坏场景，他们现在的任务就是如何利用三种可能的解决办法处理这些糟糕的情况。

做：通过改变设计或修改计划来避免该问题。这将彻底解决整个问题。

重做：对正在实施的行动提供一种纠偏手段，可以是对行为展开修正，或者缓解对后果的影响。

撤消：完全撤消行动计划，使问题本身回复到原先已知的状态。这意味着完全放弃既定方案。

如果一个小组想出了许多非常糟糕的情况，那他们需要按照优先级对这些情况进行排序，然后聚焦于"热点"问题。"做，重做，撤消"游戏是有一个内在顺序的。如果某个问题可以通过更改设计就能彻底解决，那就别"重做"或"撤消"。例如，如果一个用户的联系信息可以从别的地方抓取，就干脆不要要求人家再输入一遍。

大家熟悉"做，重做，撤消"游戏后，应该记下所有的解决方案，并重新审视原先提出的"理想情况"。在设计方案趋于成熟的过程中，他们应当一直参照这些解决方案，并最终在用户测试和现实世界中得到印证。

"做，重做，撤消"游戏归功于詹姆斯·马拉卡佛（James Macanufo）。

电梯演讲

英文名称：Elevator Pitch

游戏目标

产品开发中有一个很好的练习，一直以来广受认可，那就是电梯演讲。它也同样适用于开拓新思路。所以无论是开发并沟通一个愿景、一项新服务、一个新的全公司的举措，或者是推广一个好主意，都可以让大家练习电梯演讲，这个游戏会为他们提供很大帮助。

电梯演讲通常是创意过程中最困难的一步。电梯演讲不但需要相当精简，足以在假想的电梯上升的短短几十秒内表达清楚，还要生动地描述正在解决的问题，为谁解决这个问题，你的想法中最与众不同的亮点。

游戏人数

单人或小型工作小组

游戏时间

整个游戏至少需要 90 分钟的时间，有了最初的想法后，给大家留出点时间休息，然后再确定演讲内容的先后次序，提炼演讲词。如果是小组的话，构思演讲词相对用时会比较少。有时候你可能需要指定一个负责人，在大家确定了演讲的主要内容后，负责把语言做最后的提炼和修饰。

游戏规则

整个游戏分为两个阶段：构思和定稿。为了方便构思，将以下标题按顺序写在挂图板上：

- 目标客户是谁？
- 客户需求是什么？

- 产品名称是什么？
- 市场类别是什么？
- 关键收益是什么？
- 竞争对手（产品）是谁（什么）？
- 产品的独特亮点是什么？

这些是电梯演讲词的要素。它们按照如下公式顺序排列。

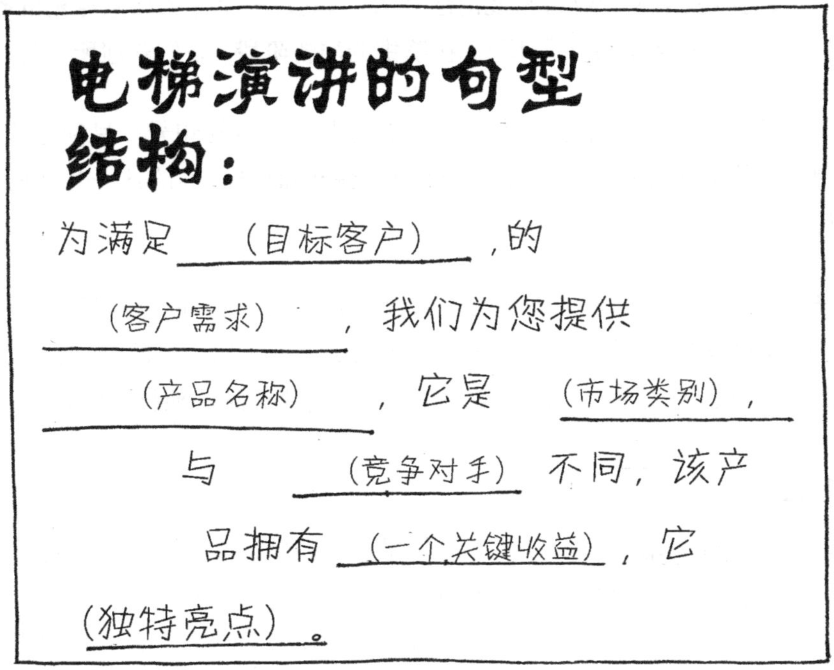
电梯演讲的句型结构：
为满足（目标客户），的
（客户需求），我们为您提供
（产品名称），它是（市场类别），
与（竞争对手）不同，该产
品拥有（一个关键收益），它
（独特亮点）。

在游戏准备的最后阶段，向大家解释这些要素以及它们之间的相互关系。

“目标客户”和“客户需求”之间的关系简单明了：任何好一点的想法或产品都会吸引许多潜在客户，能满足他们的大量需求。在构思演讲词的阶段，一定要多多贡献这部分的想法。

事先确定产品名称会很有帮助，它有助于限定谈话范围，把参与者的注意力集中到演讲关键点上。当然，也不能排除另一种可能，很多好的点子会在游戏过程中涌现出来，而这些点子能帮助我们定义产品名称，所以产品名称不一定非要确定不变，可以允许后期修改。

“市场类别”是对想法或产品类别的描述，要简明易懂。就好像是“员工之家首页”“培训计划”或是“同级社区”之类的。市场类别为目标客户提供了一个重要的参考框架，他们会基于此进行比较，在心里衡量它的价值。

“关键收益”是演讲词定稿时团队最难搞定的地方。这也是唯一最吸引目标客户的地方， 他们会根据这一点来决定是否接受我们的产品或想法。在电梯演讲时，没有时间用N种收益来混淆注意力，只能说一个令人印象深刻的收益，说明“为什么你一定要买？”不过，在演讲的准备阶段，我们欢迎所有的想法。

“竞争对手”和“独特亮点”为电梯演讲划上了最后的句号。目标客户会拿这个想法与谁家或是什么产品进行比较？比较的时候，你的这一想法的独特性是什么？

有时候，“竞争对手”可能就是另一家公司或产品。另外一些时候，它可能是指“现有的培训计划”或“我们上次提出的那个规模宏大的改革倡议”。“独特亮点”应该是这样的：本想法或方式相较于其他竞品的独特之处。

产生阶段

一旦理解了这些要素，参与者就可以集思广益，针对每一个主题贡献自己的想法，并将其写在即时贴上。开始的时候先别讨论或者分析，自己针对各个类别独自写出想法。然后用“点子上墙”的方法，将各自的即时贴贴到白板上共享。

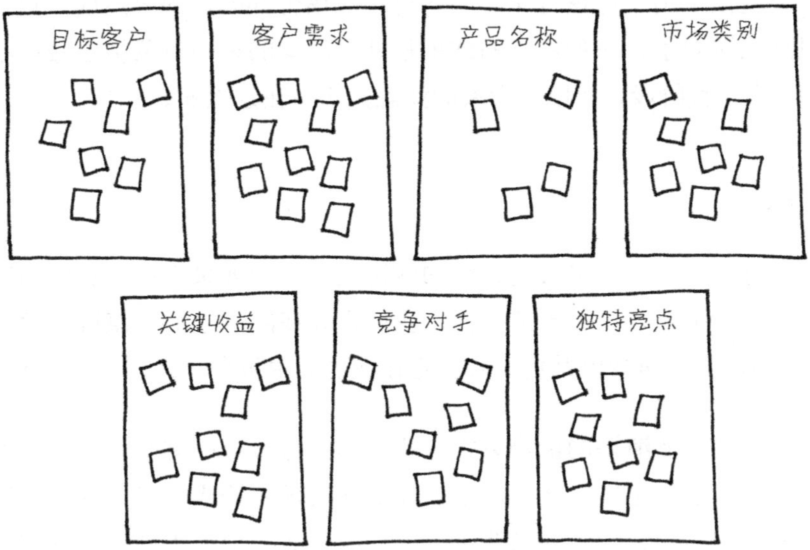
目标客户
客户需求
产品名称
市场类别
关键收益
竞争对手
独特亮点
(摆七个白板)

接下来，团队可以讨论现有的演讲词中最难的是哪些，我们是否充分了解竞争对手，找到了独特的亮点？我们是否就目标客户达成共识？我们的市场类？是已确定了，还是要定义一个新类别？我们需要将重点放在哪里？

在进入正式的定稿阶段之前，大家可以使用“投票数点”“亲和图”或其他方法来确定优先顺序，在每个主题中选出精彩的点子。

定稿阶段

在对演讲要素进行充分的讨论和思考之后，团队就要“尝试”各种可能性了。

根据参与者人数，可以将大家分为小组，也可以两人组，或者干脆一人一组。给每个组布置任务，根据白板上总结的各项要素草拟一篇电梯演讲稿。

经过一段时间（15 分钟可能就足够），大家再次集合并开始陈述他们起草的电梯演讲稿。可以找一个人扮作目标客户，倾听演讲并加以评论，或向演讲者提出不同的问题。

团队成员要就演讲词中应该包含哪些内容，应该舍弃哪些内容达成一致，之后就可以结束游戏了。一种可能的结果是针对不同的客户对象精心雕琢不同的演讲词；在定稿阶段，可以将大家的注意力集中在这上面。

游戏策略

不要期望能够在一大群人里敲定最终的演讲词。当然如果你们能够做到这一步，那是相当了不起，但这不是关键，我们可以在游戏之后对演讲词做进一步修饰。在游戏中最重要的是让大家决定在演讲词中包含什么，不包含什么。

角色扮演是测试电梯演讲的最快方式。找一个人扮做目标客户，或者干脆邀请真正客户参与游戏之中，这有助于去掉那些技术术语或浮华的辞藻，这些可都是电梯演讲中的大忌。如果演讲真的令人信服，引人入胜，那参与者肯定也能自如地在客户面前真实展现。

“电梯演讲”或“电梯演说”是风险资本中传统的基本活动，它的基本出发点是，如果你要阐述一个商业想法，一定要精简到能够在电梯上升的短短 20 秒时间内表达清楚。

五指共识

英文名称：Five~Fingered Consensus

游戏目的

和“红卡绿卡”（Red/Green）游戏一样（本章后面会谈到），该游戏用于帮助引导师获取大型团体参与者的反馈。在分组活动或者大型集体活动中，引导师有必要定时评估一下大家共识的程度，但又没必要专门花时间对此展开深入讨论。在这种情况下，引导师就可以用“五指共识”来快速得到答案。

游戏人数

不限

游戏时间

不限

游戏规则

游戏组织者让大家从0到5就主题共识度打分，伸开五个手指意思是“绝对地、完全地同意”，而握住拳头意味着“彻底地不同意”。这个方法对于管理多个小组同时讨论不同话题尤其有效。如果团队伸出一、二或三个手指的人多，意味着他们还得继续努力以便达成共识。

游戏策略

这个技术的“窍门”是评估每个人对于当前共识程度的认知。如果一个小组里对共识的认知存在较大分歧，比如有人伸出五个手指，有人伸出两个手指，这就意味着他们可能需要外部力量的支持，协调他们之间的讨论。

手势是常见的元素，用于基于共识的决策制订和争端解决。与之类似的是大拇指游戏：竖起大拇指表示支持，大拇指向下表示反对，大拇指指向侧面表示中立。

翻转！

英文名称：Flip It!

游戏目的

很多时候，我们针对某个问题或在某个情景中改变自己的态度，仅仅是由于我们改变了视角而已。“翻转！”是个小游戏，其设计目的是向参与者揭示视角不是天生的，是后天养成的。我们可以选择把装了半杯水的杯子看成是半满还是半空，如果我们感觉它已经满了一半，通常我们会更加乐观，最后得到更好的结果。一旦参与者开始把挑战看成机遇，并围绕着待解决的问题提出可行性建议，而不仅仅是吐槽，这个游戏就达成最佳目的了。

游戏人数

5~20 人

游戏时间

30 分钟 ~1 小时

游戏规则

1. 开会前，在墙上贴四到八张白板纸，在每张纸的上端都写下该游戏名称。
2. 最左下方的白板纸上写下“恐惧”。也可以事先花点儿时间在纸上画个图代表恐惧，或者从杂志上剪个图片贴上。告诉团队这个游戏是关于未来的，有关他们所在的部门、组织、产品或服务，这个题目是之前大家确定好的。
3. 让参与者花 5 ~ 10 分钟在即时贴上各自写出他们对这个主题的担忧、顾虑、和恐惧。 提醒大家一定要如实写出自己真实的想法，因为这个游戏会让大家有机会换一种方式看待这些问题。收集即时贴并把它们贴在底部的白板纸上，下面的这些白板纸都是用来收集担忧和恐惧的。组织大家就这些内容展开讨论，邀请志愿者和大家进一步分享他们写的内容。

4. 在左上方的白板纸上写下“希望”。让参与者？看那些在“恐惧”白板纸上列出的问题，试着“翻转”视角，从“希望”的角度重新组织语言，描述该内容。给大家 10~15 分钟的时间，把各样“恐惧”重新描述，写在即时贴上。
5. 向大家收集第二轮即时贴，贴在“希望”白板纸上。
6. 组织大家就这些内容展开讨论，请志愿者讲解他们提供的内容。让参与者使用“投票数点”的方式决定，针对哪些“希望”他们能切实采取些行动。和团队一起找出得票最多的“希望”。

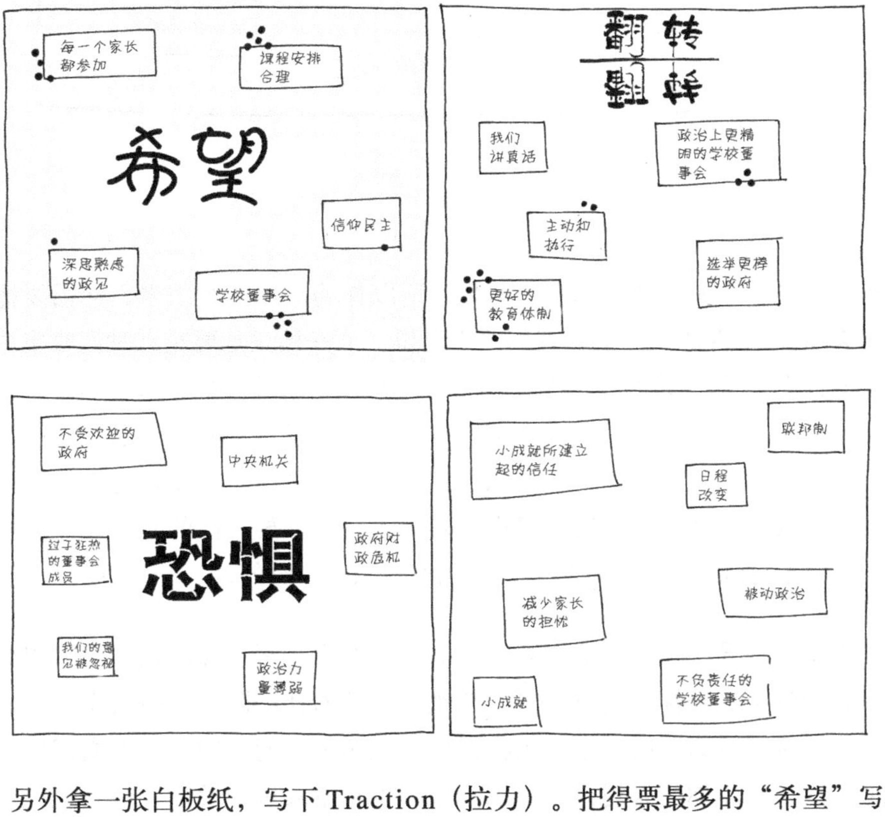

每一个家长都参加
课程安排合理
希望
信仰民主
深思熟虑的政见
学校董事会
翻转
我们讲真话
政治上更精明的学校董事会
主动和执行
选举更棒的政府
更好的教育体制
不受欢迎的政府
中央机关
恐惧
过于狂热的董事会成员
政府财政危机
我们的意见被忽视
政治力量薄弱
小成就所建立起的信任
联邦制
日程改变
减少家长的担忧
被动政治
小成就
不负责任的学校董事会

7. 另外拿一张白板纸，写下 Traction（拉力）。把得票最多的“希望”写在这张纸上，或者直接拿过来贴在上面也行。让参与者针对上面每一个希望展开头脑风暴，大声说出可能采取的行动，记录下来加以讨论。

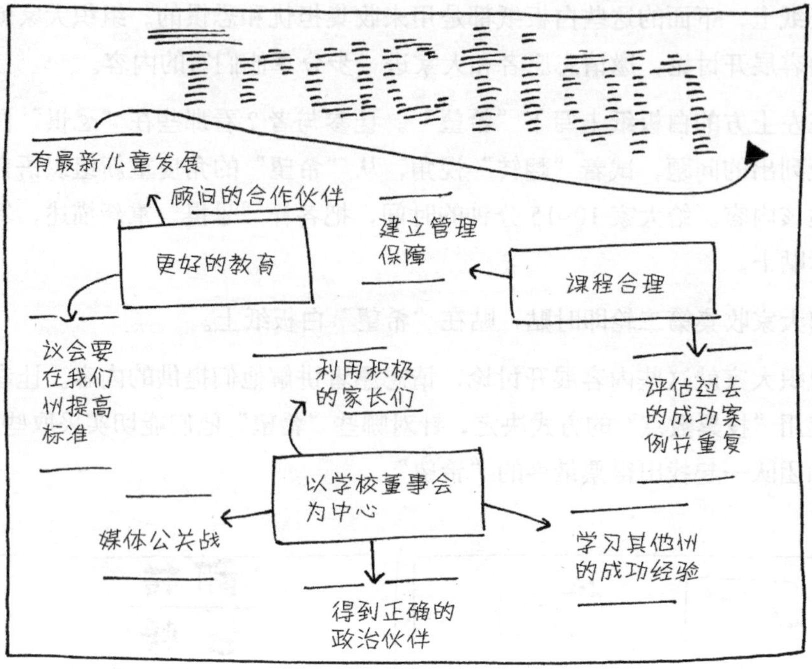

Traction
有最新儿童发展
顾问的合作伙伴
建立管理
保障
更好的教育
课程合理
议会要
在我们
州提高
标准
利用积极
的家长们
评估过去
的成功案
例并重复
以学校董事会
为中心
媒体公关战
学习其他州
的成功经验
得到正确的
政治伙伴

游戏策略

由于“翻转！”游戏从“恐惧”开始，所以作为游戏的组织者，你需要提前宽慰大 家，告诉他们不会一直纠结于恐惧。最开始只是要花点时间收集令人不安的信息， 为的是给下一步做铺垫。你可以在游戏开始时举个例子，为大家演示什么是“翻转”。等大家把所有的担忧和顾虑都写好了贴在墙上，给他们一点点时间说一说感受和想法，然后就迅速进入下一步，把时间更多地放在积极成果上，引导大家把恐惧翻转为希望。你要关注的是让大家将担忧转换成一个可以激发行动的机会，哪怕顾虑只是一时的。

如果你是在引导一个很大的团队，或者团队写出了很多即时贴，可以用分类技术，为每个代表性的集群命名一个类别。接着让团队对这些类别投票，将其用于后续“拉力”活动中。团队提供的问题很可能会同时涵盖内部因素和外部因素，除非你另有规定。所以如果你不想游戏过于发散，最好提前设定好范围。

可选活动：让志愿者在他们支持的行动旁边写上自己的名字缩写。告诉他们这并不代表他们必须要兑现承诺，只是表明各自的兴趣。

“翻转！”游戏出处不明。

力场分析

英文名称：Force Field Analysis

游戏目的

希腊哲学家赫拉克利特（Heraclitus）断言，唯有变化是不变的。在当今全球化市场环境中，这句话尤其正确。作为员工，我们有责任了解甚至预测企业的变化，从而保持自己在竞争中的领先地位。“力场分析”游戏是一个经过多年实践检验的方法，用来评估最终影响企业发展的各种势力。主动深入地观察周围系统的变化，可以帮助我们引导变化朝着我们期望的方向发展。

游戏人数

5~30 人

游戏时间

30 分钟 ~ 1.5 小时

游戏规则

1. 会议开始前，在白板上或一张大纸中间画一张图，代表可能发生的变革。你可以画比较具体的图形来表示变化，例如，一个工厂；也可以用比较抽象的方法，比如用一个隐喻。给图片加上注解，确保参加游戏的每个人都了解要讨论的主题。
2. 在纸的左上角写下“促成变革的力量”。在右上角写下“阻碍变革的力量”。
3. 从两边各画一些箭头指向中间的图。箭头内部的区域让大家写出各种类别的力量，因此箭头要宽一些，能够写下 1~2 英寸高的字（1 英寸等于 2.54 厘米，译注）。如果你喜欢现场绘画，让大家眼前一亮，可又怕临时发挥不好，那你可以用铅笔或黄色马克笔提前打个底稿，在开会的时候照着描出来就行。

4. 团队成员聚在一起后，介绍题目，告诉大家“力场分析”游戏的目的是评估变革的可行性。
5. 让参与者花 5~10 分钟时间安静地思考，哪些元素能够驱动这个变革。要求他们在每张即时贴上写一个想法。
6. 让参与者花 5~10 分钟安静地思考哪些元素会阻碍变革的发生。
7. 在中间的白板纸上画个刻度尺，从 1 分到 5 分。1 表示力量最弱，5 表示力量最强。让他们对驱动变革的每个因素进行评估，在即时贴加上标出代表力量强弱的数字。然后再让他们评估所有阻碍变化的因素，同样在即时贴上标出数字。
8. 收集驱动变革的所有卡片，铺开来贴在大家都能看到的地方。
9. 大家一起根据想法之间的亲和程度对卡片加以整理。例如，如果有三张卡片，分别是“以当下成本难以持续生产”“材料费太高”“生产花销过多”，就把这些想法放在一摞里。通过分类形成多个摞，直到绝大多数即时贴都归拢到不同的摞里。把不合群的想法单放，但是仍置于游戏范围内。
10. 分类完成后，组织团队展开讨论，为每一摞命名。例如，第 9 步里提到的摞就可以命名为“不可持续的成本”。
11. 让大家各自对类别名称给出建议，最后达成一致，确定出一个命名，把它写在箭头区域内。
12. 对各个摞进行分类时，引导大家关注当前这一摞的力量评分。算出每一摞的平均得分，将得分标在该类别箭头的旁边。
13. 针对阻碍变革的元素用即时贴重复步骤 8~12。
14. 把变革的助力和阻力得分各自加总，写在纸的下端相应的区域里。
15. 和团队一起总结所有的发现，包括最后的得分，讨论这是否给大家提供了充足的信息，确定发起还是不发起这次变革。

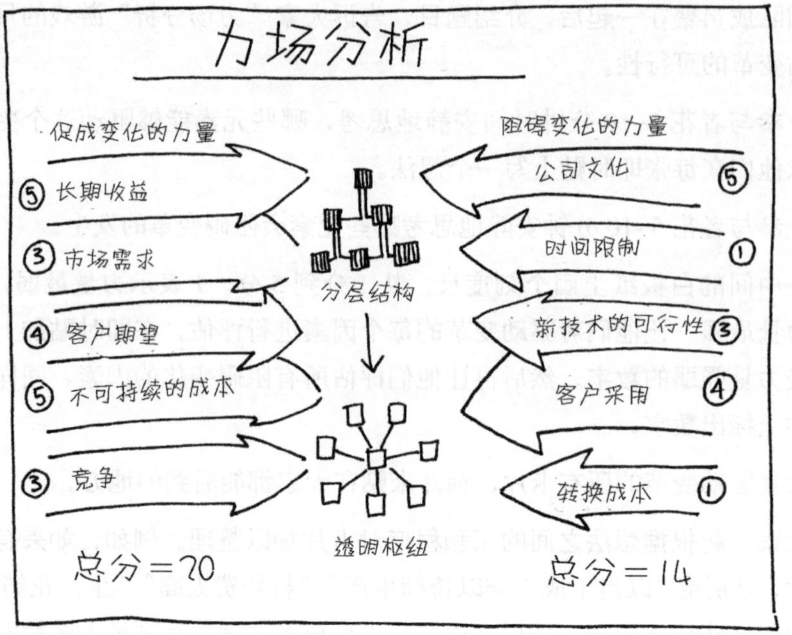
力场分析
促成变化的力量
阻碍变化的力量
⑤ 长期收益
③ 市场需求
④ 客户期望
⑤ 不可持续的成本
③ 竞争
公司文化 ⑤
时间限制 ①
新技术的可行性 ③
客户采用 ④
转换成本 ①
分层结构
透明枢纽
总分＝20
总分＝14

游戏策略

通常在进行力场分析的时候，参与者很有可能不是第一次思考这个变革了。许多人对是否该发起本次变革已经有了自己的想法。因此要密切注意团队的动态，他们是热切盼望变革还是坚决抵制变革。如果你感受到大家都期待变革的发生，就鼓励他们多考虑一下阻力。如果他们看起来不愿意接受变革，就鼓励他们尽量大胆地对它展开创想，描述现有的各项支持性要素。不要让对某一方面已经持有固定观点的员工主导大家的谈话。

这个游戏的目的是以开放的态度探索变革的可行性。因此，一定要关注到那些未被归入集群中的想法，并对它们加以讨论，这些想法通常会提出一些意想不到的见解。同样的思路，不要假设总分一定能够确切地回答变革是否发生这个问题，它还可以揭示出团队的立场。分数可以作为进一步谈话和评价的素材。如果想展开更进一步的评估，可以让团队对箭头中用头脑风暴得出的考量之外，再去探询一些更高级别的元类别，包含“政治”“经济”“公司文化”“中层管理”等。研究元类别也有助于小组决定评估的重点可能在哪里。

“力场分析”游戏基于库特·勒温（Kurt Lewin）开发的“力场分析框架”。

互惠矩阵

英文名称：Give~and~Take Matrix

游戏目的

这个游戏的目的是找出系统中各个行为者之间的动机和交互。这里的行为者可以是需要 合作完成任务的一小群个体，或者是为了长期目标而聚在一起的大型组织。“互惠矩阵”是一个有用的分析工具，它可以帮助行为者探索价值在群体中的流动。

游戏人数

小型团队

游戏时间

1 小时或以上

游戏规则

游戏开始时，需要列出系统中的所有角色。角色清单可以事先准备，也可以在活动开始时现场列出。

用角色列表创建一个矩阵，横轴和纵轴都是不同角色的行为者。

矩阵中的各个单元的内容只能是一个方向流动的价值。例如，供应商可以为生产商提供特定的价值， 而生产商也会给供应商提供另外的价值。为了保持一致，可以把纵轴看成“得到的”，横轴看成“给予的”。

主要动机：对于矩阵中的每个角色，填上他们从系统中“想得到的东西”。这些信息沿着角色与自己交互的对角线分布。这些其实是角色参与系统的原因或目标，用简单的短语描述即可。

利益交互：下一步是寻找交错点，要获知不同角色之间流动着哪些价值。从单独一个角色开始，沿着每个单元格提出这样一个问题："我能给你提供什么？"

某些交错点容易描述。但有时矩阵会暴露出先前没有关联的角色，还有一些彼此不合的角色。完成这个矩阵的目的是全面了解每个角色如何从其他角色那里获得收益。

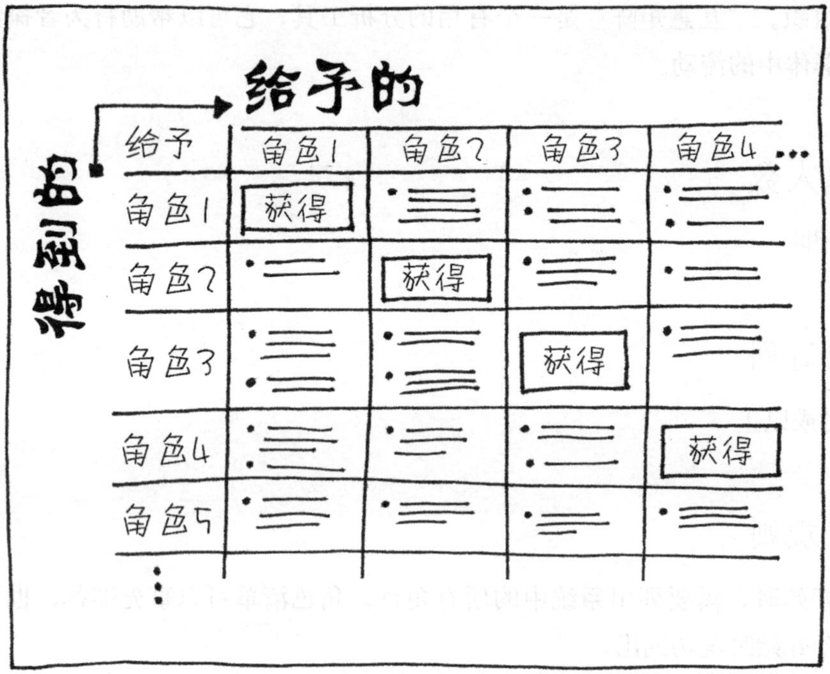

给予的
得到的
给予
角色1
角色2
角色3
角色4
角色5
获得
获得
获得
获得

游戏策略

完成这个矩阵可能需要事先、事后做调研。通过调研或访谈，参与者可以探索主要动机及利益交互点，并针对性地去验证。

把"互惠矩阵"游戏和"相关利益方分析"以及"边界映射"游戏结合使用，有助于参与者探索和定义系统中不同的角色及其交互行为。

"互惠矩阵"游戏的灵感起源于工程、化学和设计中应用的很多技术。

心，手，脑

英文名称：Heart, Hand，Mind

游戏目的

这个游戏的目的是从另一个角度来观察问题，找到事物的意义。

游戏人数

1~10 人

游戏时间

10 分钟 ~1 小时

游戏规则

1. 通过三个“镜头”来观察某个问题、某个产品或某个行动。
   - 心：它如何具备感情上的吸引力？
   - 手：它如何具体可行？
   - 脑：它如何合理而又明智？
2. 列出每个镜头下展现的特征或者特性。
3. 从 1~ 10 给这些特征打分。评估它们的优缺点。

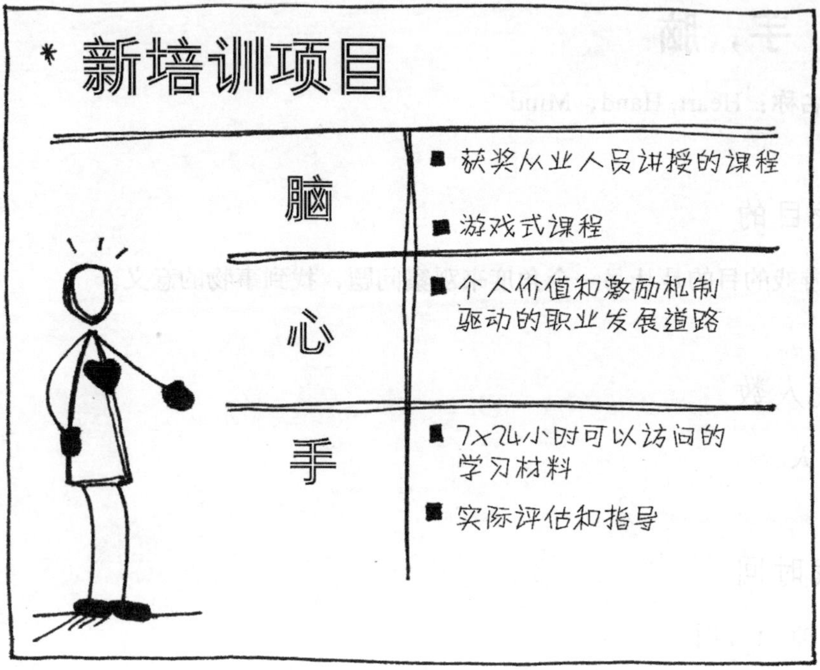

* 新培训项目
脑
获奖从业人员讲授的课程
游戏式课程
心
个人价值和激励机制驱动的职业发展道路
手
7×24小时可以访问的学习材料
实际评估和指导

游戏策略

了不起的产品、活动和体验对一个人有着全方位的吸引力，它们“满足人们的心、手、脑的多种需求”。可以利用这三个镜头寻找新生事物的意义和价值，并进行充分的梳理和分析。

“心，手，脑”游戏的灵感来源于瑞士教育改革家亨恩里奇·佩斯特洛兹（Heinrich Pestalozzi）。

帮我理解

英文名称：Help Me Understand

游戏目的

“帮我理解”游戏基于一个基本的（而且准确的）假设：参加会议的员工对于一个题目或一个变化有着千差万别的问题。领导者只能够预见到其中的一些问题，但不可能预测到全部。没有人比员工自己更了解这些问题。这个游戏能让员工有机会说出脑海里的想法，让领导者更及时地了解并解答员工的问题，不必非得等到一年一度的领导大会。这个游戏也能帮助参与者了解他们有哪些问题是共通的，注意到这些问题出现的频率，而这些信息很有可能在他们参会之前并不知道。这个游戏能够对项目、新方案、甚至变革中的问题加以厘清，减少变革执行者的种种疑惑。

游戏人数

5~25 人

游戏时间

30 分钟 ~ 1.5 小时

游戏规则

1. 在所有参与者都可以看得到的大片空白区域上部，写下议题和这些词语：“谁？”“什么？”“何时？”“哪里？”和“如何？”让所有参与者都拿上即时贴和白板笔。
2. 告诉参与者，游戏的目的是让领导者理解与议题相关的所有问题并给予相应的答案，任何问题都可以。
3. 先从“谁？”开始，给参与者五分钟时间，让他们每个人写出心目中所有以“谁”开头的问题，多多益善。

4. 让参与者把他们的问题全部贴在“谁？” 下面。找几位志愿者，根据亲和程度把这些问题分组。

5. 带领大家关注问题最多的那几大类，你不妨用笔把每一大类都圈起来，邀请领导就每一大类中最常见的问题给予答复，同时也要答复那些不能归到大类里、但看起来很有趣的另类问题。

6. 对其他四类问题“什么？”“何时？”“哪里？”和“如何？”重复类似步骤，每次都让领导针对团队最关注的问题给出答复。

7. 会议结束时，把所有的问题收集上来，以便领导将来有机会回顾这些问题，并对会上没有涉及的重要问题进行答复。

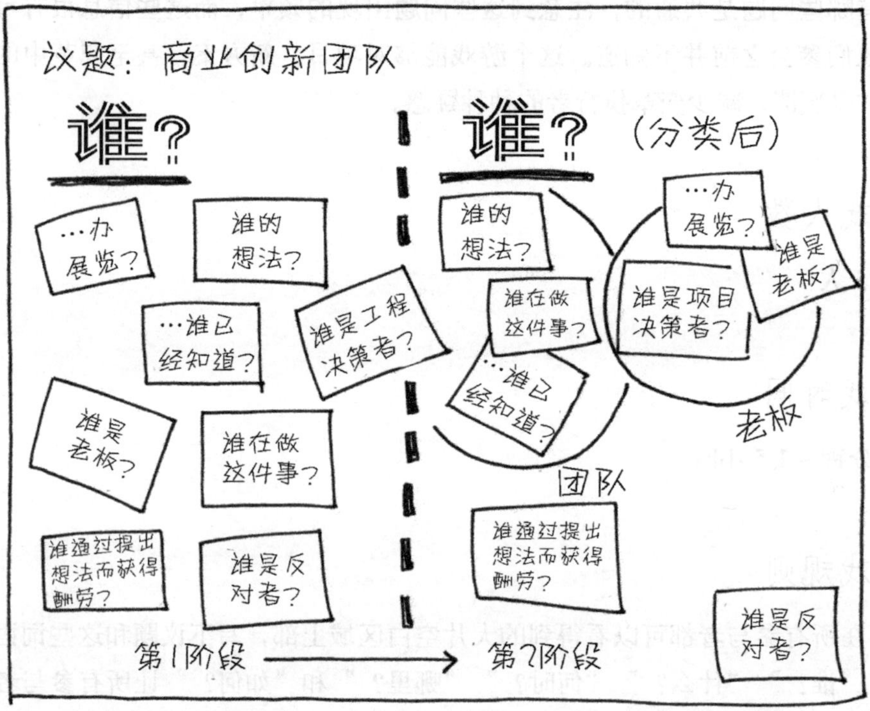
议题：商业创新团队
谁？
谁？（分类后）
…办展览？
谁的想法？
…谁已经知道？
谁是工程决策者？
谁是老板？
谁在做这件事？
谁通过提出想法而获得酬劳？
谁是反对者？
谁是项目决策者？
老板
团队
第1阶段
第2阶段

游戏策略

作为游戏团队的组织者，你可以使用不同的方法主持这个游戏。一个方法是连续问这五个问题，让参与者将所有五个问题的答案写在即时贴上：谁？什么？何时？哪里？如何？在会议上半场完成张贴和分类。在会议下半场邀请领导就各主要类别中的问题发言。另一个方法是参与者完成一个主题的提问，领导回答一个主题的问题，依次进行。这两种方法各有好处。

第一种方法使参与者在写问题时不受干扰，领导的答复和反应不会影响到他们的提问。同时也为领导节约了时间，因为理论上讲他们只需要参加后半部分会议就行了。第二种方法会让流程不那么连贯，但是不可避免地，参与者的问题会在过程中有所调整，因为随着过程的进行，他们会从领导那里不断获得更多的信息。你可以根据对团队的了解选择合适的方法。

把问题分类的时候，可以在每个类别附近写出新命名的主题词，把员工关注的点做个总结，方便领导了解。这种方法也有助于员工更加了解他们共同关心的话题。主题词应该是一到三个词的短句，总结每个类？中的共同内容。作为会议的组织者，你应该鼓励员工尽量充分利用这个游戏，因为该游戏给他们提供了一个宝贵的机会，能够直接向公司领导反映真实的、本质的问题。

“帮我理解”游戏根据山姆·卡勒（Sam Kaner）《参与式决策引导指南》中“谁、什么、何时、 哪里、如何”改编而来。在他的书中，卡勒说他使用这个方法的灵感来源于 A.B. 凡·戈地（Van Gundy）所著《结构化问题求解技术》（第 2 版）第 46 页的“五个 W 和一个 H”练习。

创造新世界

英文名称：Make a World

游戏目的

“创造新世界”游戏因其多层次的交互效果，对视觉、听觉和动觉的学习者充满吸引力。它能让参与者畅想未来，并有机会参亲手创造出它的雏形，实用的同时又充满乐趣。 所有成功的冒险都源于一个愿景，以及对它一点点、一步步不断的塑造。亚历山大·格雷厄姆·贝尔对电话的愿景就始于一个非常粗糙的草图。创造新世界的目的是为未来的理想状态搭建一个立体模型。

游戏人数

8~20 人

游戏时间

45 分钟 ~ 1.5 小时

游戏规则

1. 在会议开始前确定一个议题，任何能够让团队通过展望未来理想状态而受益的主题都可以。比如，“我们位于奥斯汀的新分公司”或者“我们未来的市场策略”。
2. 告诉参与者议题，给他们准备好白板纸、白板笔、即时贴、扭扭棒、橡皮泥、杂志、卡片和胶带，任何做手工的办公用品都可以帮助他们“创造新世界”。
3. 把团队分成三到四人的小组，给大家 10~15 分钟的时间对共同的愿景达成共识，然后制作成三维世界。向大家解释说，该世界可以包括人、场景、建筑、产品、功能以及他们认为有必要展示主题理想状态的任何东西。
4. 给参与者 20~30 分钟时间畅想世界的各种特征，并用工具手工创造出这个世界。

5. 时间到，给参与者 5 分钟时间让他们为自己的世界写一个总结性的标语。
6. 让每个小组展示自己的“伊甸园”，给其他人解释里面包含了什么。记下这些“仙境” 中重复出现的主题或者共有的属性。

游戏策略

任何理想状态都可以以视觉方式表达出来。这个游戏并不局限于创造个小玩意、搭建个公园、设计个产品或者建个什么地产的 3D 模型。参与者创造的“世界”可以是视频游戏的一个新场景、一个更快乐、更团结的团队以及一个全球分布的供应链，等等。小组的挑战在于如何在构想并创建世界的过程中保持思如泉涌。鼓励团队拓展思路。在这个游戏中，参与者所受的限制只在于自身的想象力，还有物资的供应。

“创造新世界”游戏得名于埃德·恩伯利（Ed Emberley）的《创造新世界》（*Make a World*）。

情绪板

英文名称：Mood Board

游戏目的

这个游戏的目的是通过创建一张海报或者拼贴画来获得对某个想法的整体“感觉”。情绪板游戏可以在整个开发过程中作为参考或者启发性框架。它可以是视觉的，也可以是文字，比如一组从杂志上剪下来的图片、一些实际的物品、色卡或者任何可以传递想法的流畅性和感觉的物品。

游戏人数

1~10 人

游戏时间

30 分钟 ~ 2 小时

游戏规则

虽然情绪板常常用在设计领域，但做情绪板不需要专业经验。任何团队在项目初始阶段都能使用这个过程，并从中受益。你只要给他们准备好材料和有待演绎的主题就好。

从杂志、网络、甚至公司的演示文档中收集各种可视化的元素。准备好剪刀、胶带、打印纸和白板纸等物资，这些大多可以在办公用品柜里找到。把大家召集到一起，给他们介绍提供的物资，解释要研究的主题，比如：

- “我们的文化”
- “明年”
- “下一个产品”

小的团队可以共同创建一个情绪板；大的团队可以分小组制作各自的情绪板，然后再交流分享。最重要的是要让每个参与者都有机会为情绪板贡献一些元素，并解释他们的内在思考。

游戏策略

参与者为情绪板选择元素时，建议他们最好“凭直觉”来选择，而不要过多地用理性思考。情绪板用来展示大家对某一个方案的“感觉”，而不是一份详细说明，更不是需求文档！

情绪板完成时，游戏也结束了，但是情绪板在过程结束后应该依然保存。在方案开发过程中经常看看棋盘，其价值不可估量。

“情绪板”游戏是一个传统的设计实践，通常是建筑实践中的一个特色活动，称为“赶图”（Charette），指的是一场围绕共同目标展开的热火朝天但高产的团队协作设计活动。

开放空间

英文名称：Open Space

游戏目的

“开放空间”用来主持无既定议程的大型活动，例如一些公司层面的休闲式年会和大型研讨会。参与者围绕一个基本目标聚集到一起，以公告板的方式当场设定话题和议程。这些话题将被设定为不同的分组讨论的主题，参与者可以根据自己的意愿，自由地选择要参与的议题，或者在议题之间切换。

开放空间由哈里森·欧文（Harrison Owen）在1980年创立，为的是营造一个空间，让大家围绕着某个目标进行自组织。在openspaceworld.org网站上有许多开放空间会议和案例的录像。主持一个小型的开放空间会议非常简单，但需要组织者在一定程度上“放手”。组织者一定要坚信，参与者会针对他们面临的挑战开发出更加丰富的解决方案和解决步骤。

游戏人数

5~2000人

游戏时间

一天或以上

游戏规则

准备：开放邀请

组织者最重要的工作要算是设计一个吸引人的邀请函。理想的邀请信会勾画出一个紧急、 重要并且足够复杂的挑战，它要求与会者用多种不同的视角参与，才可能得以解决。

挑战要尽可能简洁，比如“如何使我们城市的学校更有生机？”或者“我们的战略方向是什么？”

创立市场

游戏开始时，参与者围坐一圈或坐成同心圆，会议组织者先给大家讲解规则，然后就邀请大家自发创建自己的议题。会议组织者会先陈述会议的基本目的，邀请参与者走到场地中心，写出他们针对这一目标迫切关心的问题，然后加上他们想要主持讨论的时间和地点，贴在“市场”墙上。

每一个在场的人都被邀请到“市场”中贡献一个议题，但是这并不是强迫性的，全凭自愿。采用这种方式创建议程大约需要花 60 ~ 90 分钟。

“双脚”法则

接着分组讨论开始，每个议题讨论通常持续 90 分钟。参与者可以用他们觉得合适的任何方式组织分组议题讨论。主持人要记录讨论的结果，方便其他人能在任何时候加入讨论。参与者要注意开放空间的一个法则“两脚法则”，如果你发现自己在一个组里既没学到东西，也不能贡献内容，不妨迈开双脚到其他小组去看看。通过这一原则，参与者会对他们自己的学习和贡献全权负责。

汇集结果

分组议题讨论也许要持续一天或者更长时间，取决于会议的规模。结束会议也可以有很多形式，最差的方式是团队回来做正式汇报。好的方式则与之相反，不妨回到会议开始时的场地和圆圈坐席， 同样用开放的空间，邀请大家自愿上台分享，展示讨论中的发现和对未来规划。

游戏策略

时刻牢记开放空间的四个原则，可以帮助保持会议的特色。

1. 来的人都是对的。他们对挑战的激情比在组织结构图中的职位更重要。

2. 不管何时开始都是最恰当的时间。精力和创造力并不按时钟运行。

3. 不管发生什么，都是当时只能发生的。沉湎于过去或者抱怨失误都等于浪费时间，抓住时机，继续前进！

4. 结束的时候就结束了。讨论结束后，就不再耽误时间。关注工作的完成，而不是非要讨论到什么时候。

“开放空间”游戏规则非常流行，被许多自组织的大会以不同名称推广和吸收，其中最著名的有“酒吧露营”（BarCamps）和“颠覆会议”（Unconferences）。

“开放空间”的概念在哈里森·欧文《开放空间技术：用户手册》一书中首次提出。

得失图

英文名称：Pain~Gain Map

游戏目的

这个游戏的目的是增进对动机和决策的理解。

游戏人数

3~10 人

游戏时间

10~15 分钟

游戏规则

许多决策的制定归根结底是对利害得失的选择。通过分析某关键人物对于得失的思考，团队能够找到关键的撬动点，更有效地说服决策人并影响他的决定。

这个决策人物可以是产品的最终用户，或者是企业中负责最终审批的领导。

游戏开始时，在墙上写下这个关键人的名字或者画一个他的速写。先来分析一下这个人的苦恼，提示团队一定要从这个人的角度思考，感同身受地帮助他设想。在画像的一边记下这些问题的答案。

- 对他来说，什么样的日子最不好过？
- 他害怕什么？
- 什么会使他晚上睡不着觉？
- 他要为哪些事承担责任？
- 他前面有哪些障碍？

人物收益可能是跟上述相反的场景，也许还会更多。通过问下面的问题来获得相对应的信息。

- 这个人特别想要什么？
- 他怎么衡量成功？
- 针对目前的议题，这个人可能会获得哪些好处？
- 我们能给这个人提供什么？

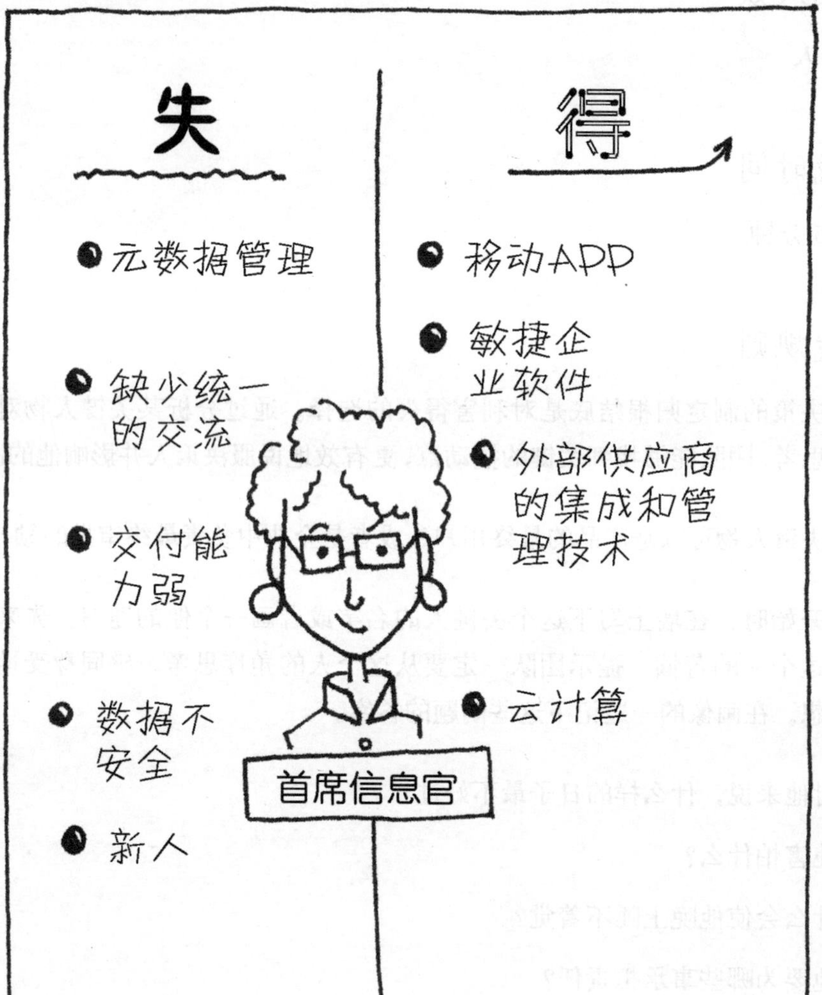

失
得
元数据管理
缺少统一的交流
交付能力弱
数据不安全
新人
移动APP
敏捷企业软件
外部供应商的集成和管理技术
云计算
首席信息官

游戏策略

总结活动中得出的得与失，然后排列出优先级顺序。在准备演讲稿、价值陈述、或者其他需要对方做出决策的场合，参考这些信息，更有效地去影响该决策人。

“得失图”游戏由戴夫·格雷（Dave Gray）创建。

推销

英文名称：The Pitch

游戏目的

在想象空间里提出新的概念并不难，你不用受金钱、时间和技术能力限制，也有很多理论上不错的新主意，可是一旦回到现实中，就很有可能行不通。“推销”是个角色扮演游戏，其设计目的是把注意力带回到现实世界，侧重于概念的可行性，比如什么是最大的卖点？这个想法怎么挣钱？人们为什么买它？参与者需要假想他们是企业家，需要把想法展示给很多富裕的风险投资机构（风投）并获得支持。

游戏人数

4~12 人

游戏时间

30 分钟 ~1.5 小时

游戏规则

1. 把人们分成小组，最好是两人或三人一组。一个小组扮演风投的角色，其他小组是“创业家”。
2. 团队共同确定一个产品或者一项服务。
3. 每个组单独花 10 分钟做出他们要展示给风投的推销方案。他们可以写、画、或者演出：各组自己决定如何做。最理想的情况是让他们有各自分开的场地，准备自己小组的推销方案。
4. 告诉大家，每个小组需要一两个代表给风投演示推销方案，但是所有人都要一起回答风投提出的问题。限定小组准备时间也很重要（大约 10 分钟），因为时间过长的话，他们可能会对想法做过多的修饰，反而扭曲了本来真实的想法。

5. 准备时间快结束时，风投给大家提醒时间：“还剩 2 分钟的准备时间。”
6. 然后每个小组展示他们的推销方案，每组有时间限制（3 分钟），风投针对每个方案可以最多提两个问题。
7. 为了增加竞争的感觉，风投可以在最后决定哪个推销方案胜出，当然不是必需的。

游戏策略

这个游戏背后的目的是获得不同小组对产品、模型、服务或概念的不同视角。为风投准备推销方案可以迫使参与者把注意力集中在真正重要的事项上，时间限制有助于他们集中精力于提案的核心。因为不同小组会强调不同的方面，这也给被讨论的主题提供了不同的视角。风投提的问题通常暴露了薄弱的环节，有利于澄清想法，帮助大家在后续继续讨论。

这个游戏也可以用来获得人们描述概念、产品、服务或者某一场景的语言类型，因此你应该鼓励参与者不要过多地修饰他们在方案中使用的词汇。如果参与者之间互不熟悉， 在他们之间制造竞争机制，甚至给获胜的人颁发奖品，这样做提升了活动的趣味性：“一定要赢”的共同目标通常会让团队很快地凝聚在一起。

“推销”游戏由莎拉·瑞茵克（Sarah Rink）创建。

匹诺曹产品

英文名称：Product Pinocchio

游戏目的

通常在我们眼里，产品或者服务都是没有生命，没有人格特征的。但是，如果我们把产品想象成朋友而不是工具，就会带来很多发现。通过假想产品拥有生命，为它赋予个性，我们就可以用全新的视角进行客户化设计，改善产品功能。这些是产品拟人化思考带来的独到之处。“匹诺曹产品”游戏的设计目的是构建、完善、改进、发展产品或服务的功能，使其对最终用户更具价值。拟人化思考帮助我们更好地把它塑造成一个消费者愿意带回家的知心“朋友”。

游戏人数

5~20 人

游戏时间

1 小时

游戏规则

1. 这个游戏需要一个场景，某个角色（产品或服务）需要在这个简单的场景中做出决定或者采取行动，比如“有人想偷大妈的钱包”或者“司机去参加聚会的路上遇到想搭车的人”。请在会议开始前想出四个场景，把它们一一写在卡片上，每张卡片写一个。
2. 会议开始前，把下面五个问题分别写在白板纸最上端，每张白板纸写一个问题：
   - 我长什么样？
   - 我的价值观是什么？

- 我的社区是什么？
- 我因什么而独特？
- 我为什么而奋斗？

3. 从“我长什么样？”开始，在白板纸中央画上某产品或者服务，然后给它添上胳膊、腿、脑袋。（这个形象要贯穿整个游戏各环节的讨论，姿势可以换。）
4. 让团队想象，现在这个产品或者服务活了！TA 有自己完善的人格，跟他们很熟。邀请大家使用形容词和短语来描述一下这个人物，把这些词和短语写在图片周围。在这一步你还可以问问大家，如果用一个卡通人物或者一个名人来代表 TA，会是谁呢？把得到的答案也写下来。
5. 一旦你觉得拿到的信息能够充分描述该角色了，就可以邀请参与者通过投票数点的方式选出三到五个最到位的形容词。当着大家的面，把那些得票最多的圈出来。

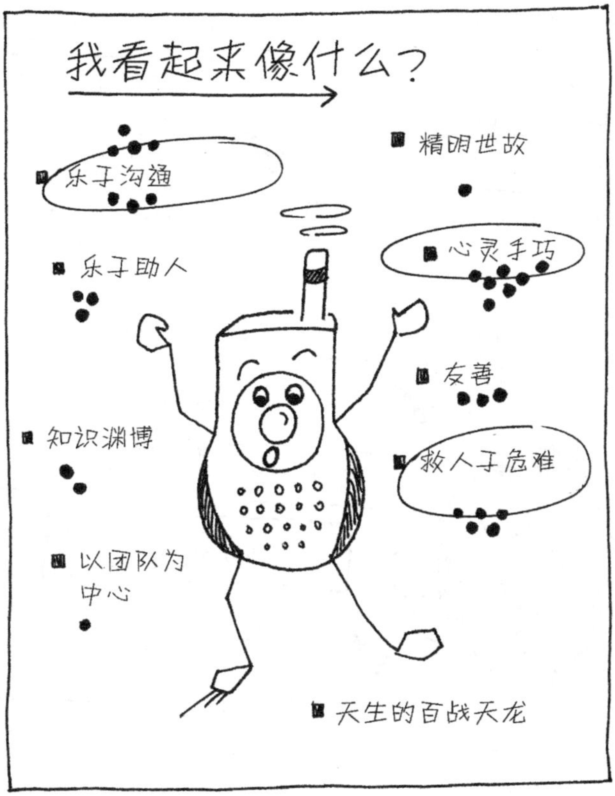
我看起来像什么？
精明世故
乐于沟通
心灵手巧
乐于助人
友善
知识渊博
救人于危难
以团队为中心
天生的百战天龙

6. 下一步讨论“我的价值观是什么？”，在这个主题的白纸上也画下这个产品的代表形象。把团队分成四个小组，给每个组一张写有场景的卡片（如果少于七个参与者，可以让大家作为一组共同完成四个场景）。让参与者默读他们分到的场景，在组内讨论这个角色在这样场景中会说什么，做什么。

7. 将团队再次召集在一起，邀请每个小组分享一下他们小组共识出来的产出。把每一个反馈都记录下来，然后询问大家，这些行为表明该角色具有哪些底层价值观。把收到的回答写到白板纸上。

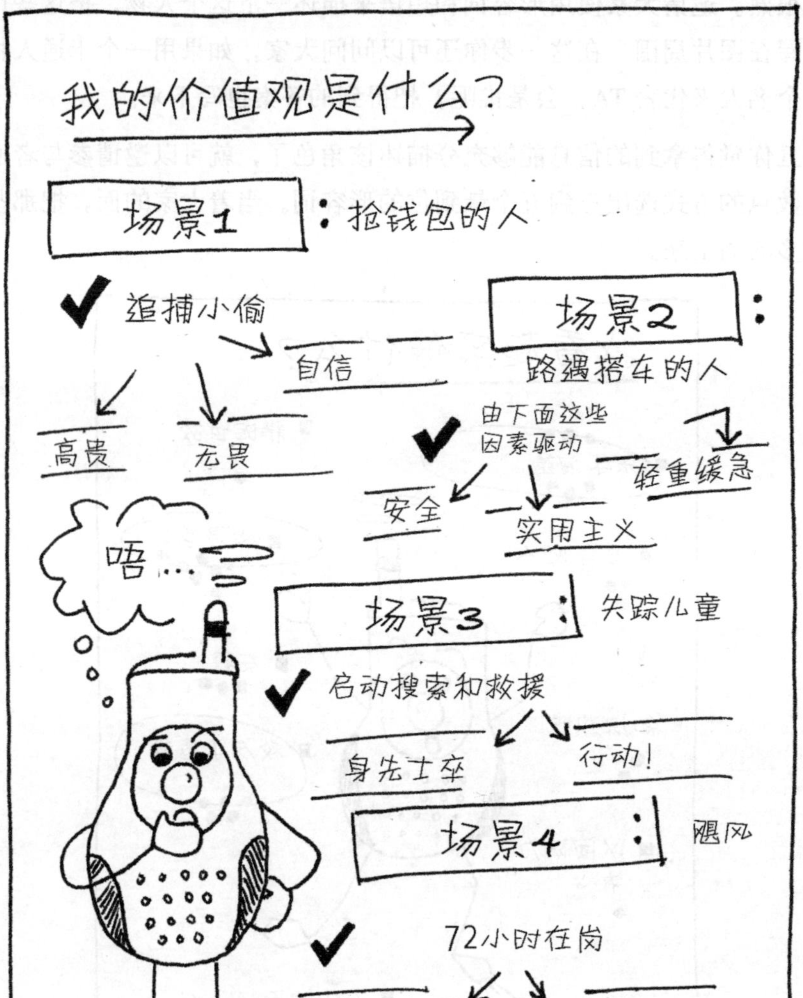

我的价值观是什么？
场景1：捡钱包的人
追捕小偷
自信
高贵
无畏
场景2：
路遇搭车的人
由下面这些
因素驱动
轻重缓急
安全
实用主义
唔……
场景3：失踪儿童
启动搜索和救援
身先士卒
行动！
场景4：飓风
72小时在岗
可靠
不知疲劳

8. 下面就“我的社区是什么？”展开讨论。在这张白板纸的中央画上角色形象。询问团队该角色经常跟谁在一起。她属于哪个团队？她会为什么事而自愿付出？谁最需要她？她的朋友有什么共同点？她所在社区的品质如何？把大家的回答记下来。

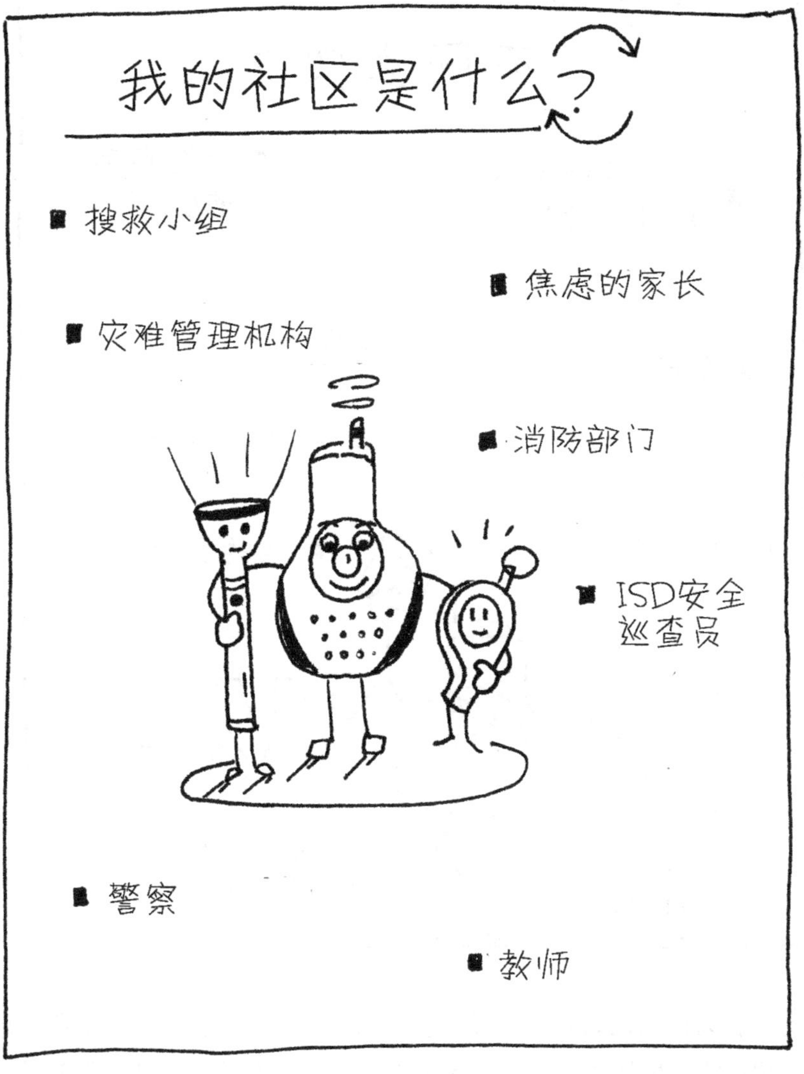

我的社区是什么？
搜救小组
焦虑的家长
灾难管理机构
消防部门
ISD安全巡查员
警察
教师

9. 然后再到“我有何不同之处？”的白板前，在纸的中央画上角色形象。问大家这个角色与社区中其他角色有什么区别。她有哪些突出的地方？她有哪些强项？她还有哪些地方能做得更好？为什么有人想要和她一个团队？把大家的回答记下来。

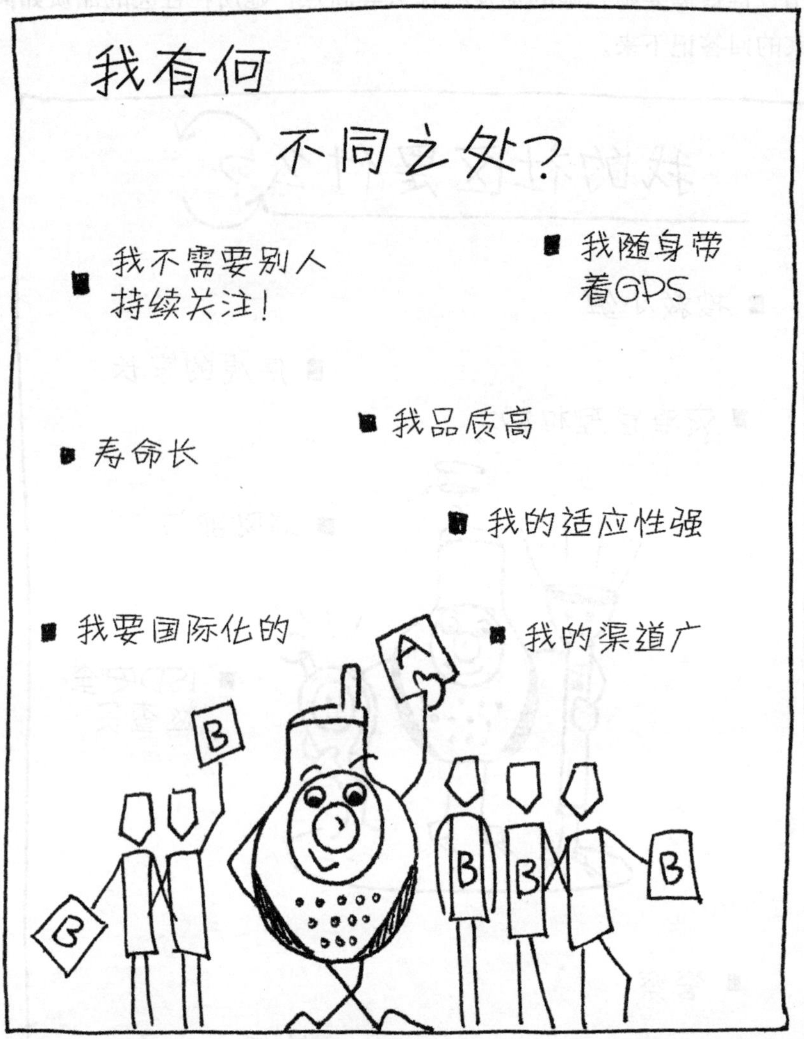

我有何
不同之处？
我不需要别人持续关注！
我随身带着GPS
我品质高
寿命长
我的适应性强
我要国际化的
我的渠道广
A
B
B
B
B
B

10. 移到“我为什么而奋斗？ ”的白板纸前，在纸的中央画上角色形象。找出此角色的人生使命。是什么激励着她？是什么让她不休不眠？她为人们贡献什么？她想证明什么？她的路上有什么障碍？把这些回答都记下来。

我为什么而奋斗？
致力于沟通
寻到失踪者
随时待命
随叫随到
保持嘹亮
去败竞争对手

可选活动：让人们想象是在参加她的婚礼，给她祝福。或者，让他们想象是参加竞争产品或者服务的葬礼，要给它致悼词。或者邀请参与者分享该人物在生活中的一个真实故事，那些使她显得与众不同的故事。

11. 和团队一起总结所有的发现，思考关于这个角色的个性和身份。讨论她所有的这些性格特点、价值观、行为特质，对应着哪些产品或服务已有的或潜在的特征。

游戏策略

如果参与者能够足够开放心态，认真把产品作为一个有生命的角色来对待，坚信它有个性、有自己的价值观体系，游戏就会大有成果。 这对某些参与者来说难度较大，所以你画的图非常重要，你提出的问题也非常重要：一定要把“它”描述为“他”或者“她”， 这样就能激发出参与者的答案。甚至都可以让人们给这个角色取个名字，比如“卡梅伦”。一个名字更容易帮助大家把产品或者服务拟人化，而不是个物品或流程。

在这个游戏中，我们鼓励大家根据场景来编造故事，丰富人物的身份。例如，“卡梅伦会怎么？ ”别拦着人们塑造古怪的人物或者个性特征，因为一个搞笑的角色所采取的行动很可能会导致人们对产品或服务的使用方式的创新。让参与者随意发挥，如果有必要，可以在游戏结束时， 引导大家共同确定出一个更加可信的人物形象。你所要确保的是让大家讨论，他们创造的这些人物特点，如何能够在下一版产品或服务的价值提升中体现出来。

“匹诺曹产品”游戏来源不明。

张贴路径

英文名称：Post the Path

游戏目的

该游戏的目的是迅速判断团队对工作流程各个步骤的理解程度。

工作中经常出现这样一种状况：大家并不清楚在工作流程中谁在什么时候应该做什么。团队中的人对流程有着不同的描述，说法不一，也找不到正规的工作流程文档。工作的展开没有条理、没有章法、全凭随性发挥。

通过这个游戏，参与者将从全局的高度描述现有的工作流程，从中找出混乱的或者大家不清晰的地方。通常这样一个活动会自然而然地引发大家讨论如何处理那些不清晰的地方。这个游戏不会帮助大家设计一个新的或者更好的流程，但是它会帮助大家更好地理解现有的流程。

游戏人数

2~10 人

游戏时间

30 分钟 ~1 小时

游戏规则

在游戏开始时，宣布游戏的目的："这是一个团队活动，我们要创作一幅图，描述我们如何取得（X）。" X 在这里代表着工作流程的输出。它可以是一份文档，一个产品，一项协议等诸如此类的东西。在墙上写下或画出流程的输出。

大家一起确定流程的起点。起点可以是“一天的开始”“一个季度的开始”或是“我们完成上一次任务之后”之类的描述。这是流程的启动点，也就是说，是什么事件启动了工作流程。如果你觉得团队确定启动点可能会遇到困难，就替他们预先想好一个，并且告诉大家，这只是你自己当前的想法。在即时贴上写下这个起点，贴到墙上，然后继续进行游戏。

1. 邀请参与者思考从起点到终点的整个工作流程。然后让大家将工作流程的每个步骤写在即时贴上。即时贴的使用数量没有限制，但是每个步骤必须使用一张单独的即时贴。
2. 当大家对流程的每个步骤独自进行头脑风暴后，让他们来到墙边把自己的即时贴贴在墙上，进行比较。参与者应当将自己的每个步骤贴在别人即时贴的上方或下方，以便能够按照步骤对比各自的版本。
3. 鼓励大家找出流程中的共同点和混乱点。首先关注用词问题，是不是参与者描述的是同一个步骤，只不过使用了不同的语言。一旦有的步骤看上去“很不可思议”，或者没人能真正说明白，那就是流程中比较混乱的部分了。

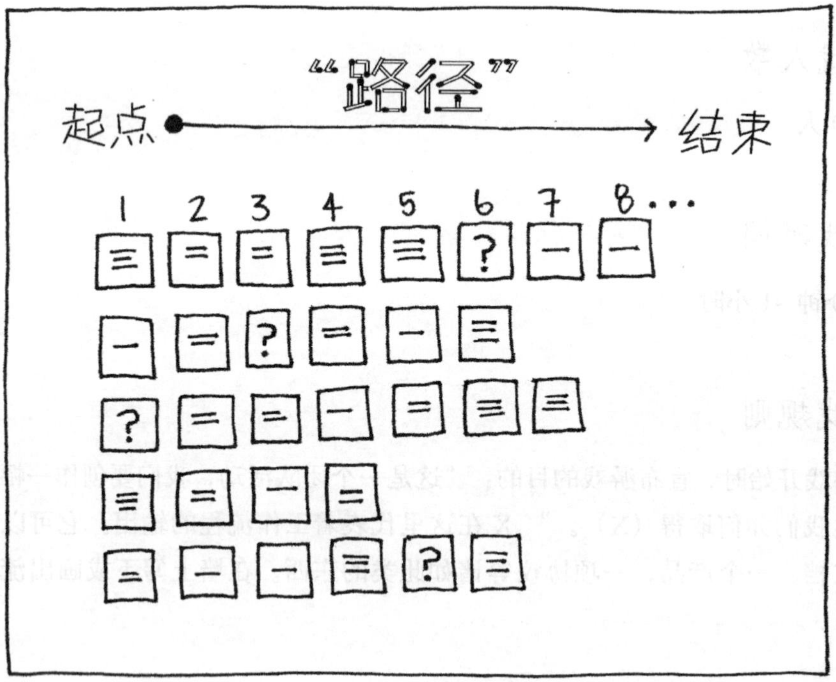
“路径”
起点
结束
1 2 3 4 5 6 7 8...

游戏策略

让参与者自行决定，现在出现了这么多不同版本的流程，怎么办。他们可以做些什么，接下来的行动是什么。

如果游戏的参与人数较多，尽量避免让每个人讲自己的观点，而是让大家同时贴出自己的即时贴。

如果预感到团队会陷入对细节的讨论，就提前限定好流程的步骤数，比如，不得超过 10 个步骤。

“张贴路径”游戏归功于詹姆斯·马卡拉佛（James Macanufo）。

RACI 矩阵

英文名称：RACI Matrix

游戏目的

工作中有时会出现职责不清的情形。如果团队出现了一个棘手的问题，说起来人人都有责，做起来大家都袖手旁观，那整体的士气和工作绩效都会大大降低。出现这样的情形，就有必要召集大家开会，讨论各自的分工了。通过创建一个 RACI（责任人、审批人、支持者、知情人）矩阵，帮助大家直接了当地解决这些分工问题。

游戏人数

2~6 人

游戏时间

1.5 小时

游戏规则

首先，你要准备两个列表来设置矩阵。

分解工作列表：包括大家共同创建、管理并且承担责任的任务或活动。这个表格应当非常细致，能够回答团队成员提出的这一类问题："谁负责（X）？"

角色列表：与其列出每个人的名字，不如创建一系列的角色来代表一组人，他们负责关联的任务。例如，"项目经理""业务分析师"和"架构师"，最好不要直接列出"蒂姆""鲍伯"和"玛丽"这样的人名，因为一个人可能在项目中会扮演多重角色，同时某个角色也有可能由多人承担。

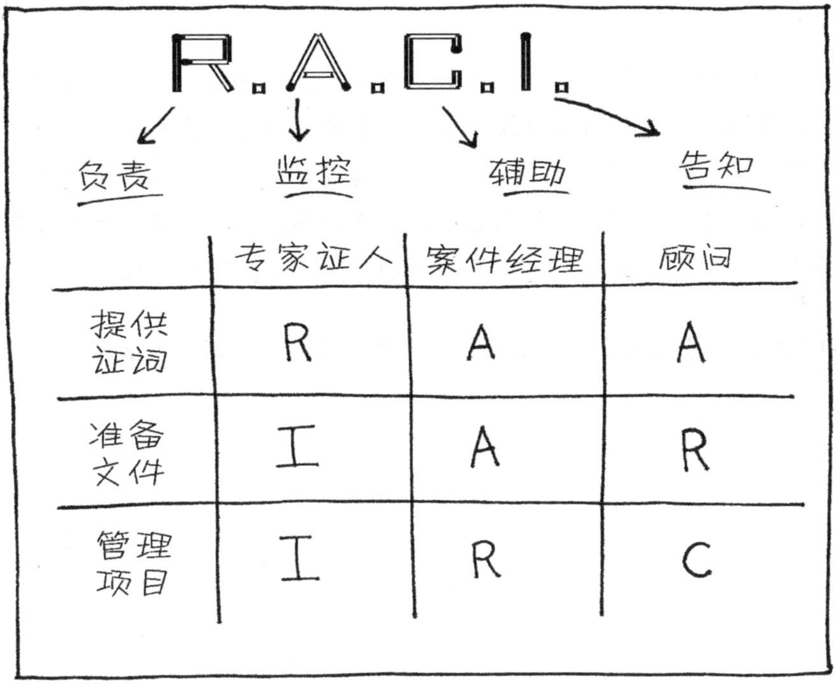
R.A.C.I.
负责
监控
辅助
告知
专家证人
案件经理
顾问
提供证词
R
A
A
准备文件
I
A
R
管理项目
I
R
C

创建二维矩阵时，在横轴列出工作角色，在纵轴列出细化后的工作条目或活动。参与者通过确定 R、A、C、I 来决定工作中各项职责的参与程度。

负责（Responsible）：这是干活的人。这个人可以分配一部分工作给别人，或者寻求他人的支持，但最终此人要保证整个工作的顺利进行。

监控（Accountable）：这个人要对负责人完成的工作承担全部责任，并判断任务是否完成。RACI 的黄金法则是每项任务只能有一个监控人。

辅助（Consulted）：这些人通过双向交流，对工作提出自己的看法、观点和建议。

告知（Informed）：尽管他们不会对工作做出直接的贡献，但是他们要及时收到工作进展更新或是任务完毕的报告，这种交流是单向的。

与大家一起完成这个矩阵，最好沿着工作流程从头到尾自然进行工作分解。每项任务的各项职责都清楚后，该矩阵就算完成了。

游戏策略

建立这个矩阵需要提前细化工作任务，但是大家在进行讨论的过程中，这些任务也可以随时调整。有些时候你会发现有的任务拆分没有必要，很多余，或者工作定义不清。例如，有时我们很难对某个任务分派单独一位“负责”人，这时就可以尝试把这个任务分为更小的、更容易定义的两个小任务。如果某些任务根本没有“责任人”，大家可以商议是否删除这些任务。

“RACI 矩阵”游戏基于同名图表，过去常用于跨职能团队的管理。

红卡绿卡

英文名称：Red:Green Cards

游戏目的

大型会议中收集和整理反馈意见很不容易。为了让演讲者和听众随时沟通他们对会议的反响，我们需要提供一种工具和方法使听众能够及时表达他们的意见，例如赞同、反对或是不清楚。“红卡绿卡”游戏提供了一种简单的方法建立会议反馈机制。

游戏人数

任何规模的会议都可用，20 人以上的大型会议效果更佳。

游戏时间

简单的红卡绿卡交流只需要一点儿时间，即问一个问题的时间。如果对该问题有不同的意见或有不清楚的地方，还需要加上额外的讨论时间。

游戏规则

每个参与者有两张卡：一张红色卡和一张绿卡。在会议中举绿卡表示同意，举红卡表示不同意。简单说来，绿卡意味着“是”，而红卡意味着“否”。

参与者可以通过举卡来回答问题，也可以随时用卡片来表达对正在讨论的议题的态度。例如，讲演者可以通过直接询问“我们对该议题的讨论是否充分，可以进入下一个议题了吗？”以此快速了解听众的理解程度。同样的，听众们也可以通过自行举卡随时表达态度：通过点头、举绿卡，表达对当下议题的赞同，或是举起红卡表示反对。

游戏策略

运用红卡绿卡能够帮助我们解决大规模会议中的两大难题：它避免了“大家一致同意”这类稀里糊涂的态度，也让持有反对态度的参与者有机会当场表达自己的意见，不会因为“被一致同意”而愤怒。总而言之，这是一种在大型会议中与听众建立反馈渠道的简单方法。

“红卡绿卡”游戏由杰瑞·米切哈尔斯基(Jerry Michalski)发明。在他的设计中，黄卡和灰卡代表“中立”和“不明白”的意思。

快艇

英文名称：Speedboat

游戏目的

“快艇”游戏是一种简洁明了的方法，用来辨别员工和客户对你的产品或服务不满意的地方，也能知道哪些方面妨碍我们达到预期目标。当人们充满热情地大力推出某个产品或项目时，有时就会出现盲点，无法看见影响我们前进的障碍。这个游戏帮助我们获得利益相关方的洞察，了解他们发现的前进中的障碍。

游戏人数

5~10 人

游戏时间

30 分钟

游戏规则

1. 在大家都能够看到的白板上，画一艘带锚的小艇，用正在讨论的产品、服务、或要达成的目标给小艇命名。这幅图本身就是一个隐喻，小艇代表着正在讨论的产品、服务或目标，锚代表着阻碍我们实现目标的障碍。
2. 在小艇旁边写下要讨论的问题。例如“你不喜欢我们产品的哪些功能？”或“什么会妨碍我们达成这个目标？”
3. 给大家讲解快艇游戏的目的，是为了展示哪些东西影响了产品、服务或者目标的达成。让参与者仔细读一下要讨论的问题，然后花几分钟思考产品、服务中现有的功能或者快艇当下所处的环境。
4. 接下来给大家 5~10 分钟的时间，在即时贴上写下产品或服务中他们不喜欢的功能，阻碍前进的因素等。你也可以让大家估计，如果没有这些“锚”，小艇的速度会快多少（用每小时多少英里或者公里计算），并把这些数字也写到相应的即时贴上。

5. 写完之后，让他们将即时贴放在图画中的锚上或者旁边。讨论各张即时贴上的内容，记录大家的观察、见解以及意想不到的发现。注意重复出现的观点，表明大家普遍认为这些地方有问题。

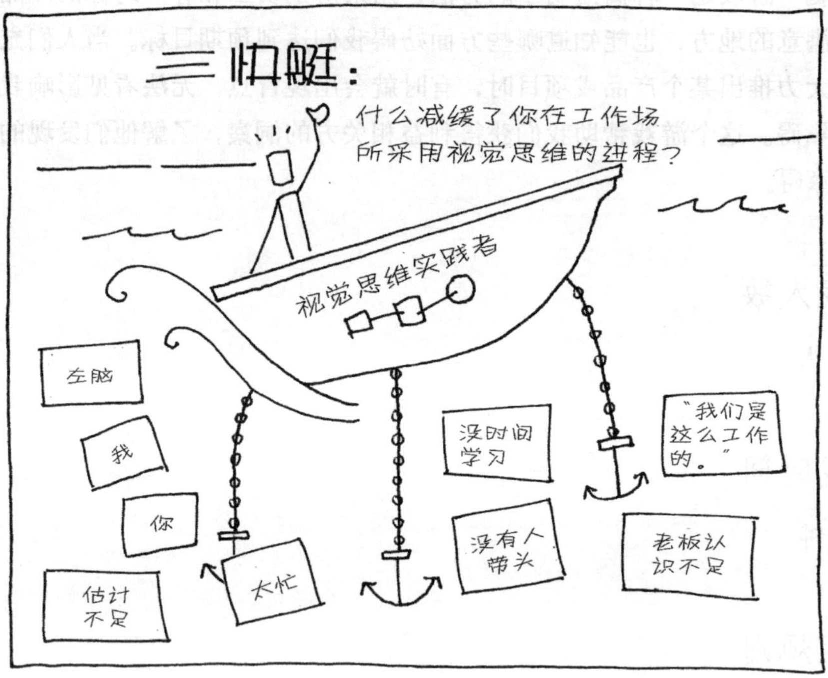

快艇：
什么减缓了你在工作场所采用视觉思维的进程？
视觉思维实践者
左脑
我
你
估计不足
太忙
没时间学习
没有人带头
“我们是这么工作的。”
老板认识不足

游戏策略

这个游戏的目的不是开批判大会，而是充分采集信息来提高产品和服务的质量，或实现一个宏伟的目标，所以引导的时候要朝着这个方向组织语言。告诉大家该游戏的本意是让大家看到那些不尽如人意的地方，这样就能通过合理的措施使产品、服务得以改进或是驱动目标的达成。

尽管我们意愿如此，可是一旦活动开始，你很可能会发现大家会立即行动起来，分析怎样才能改进现状，就意味着他们转到了解决问题的模式。请注意，这其实违背了该游戏的目的，因为这样一来，你在游戏结束时很有可能无法收集到所有的信息，也没有全面地听完所有相关利益方对此事的看法。因此，当你听到参与者在批评或分析即时贴上的内容时，请委婉地告诉他们，我们会组织另外的时间探讨如何解决问题——尽量使他们的注意力只集中于问题描述，而不是问题解决。

“快艇”游戏基于卢克·霍曼（Luke Hohmann）所著的《创新游戏：一起玩，协同共创突破性产品》一书中的同名活动。

乌贼图谱

英文名称：SQUID

游戏目的

团队在探索信息空间时，最重要的是随时知道自身所处的位置。哪些是我们已知的？哪些是我们忽略掉的？通过“乌贼图谱”游戏，参与者可以标出他们所处的领域，并且利用这些标注进行相应的导航。

SQUID 是英文 Sequencial Question and Insight Diagram 的缩写，意思是“提问与洞察顺序图解”。指的是在会议过程中通过即时贴逐步创建的图谱，记录在会议过程中一路发生的提问和回答。这个图谱是灵活的，会随着讨论而移动和延长，同时它也需要通过在两个关键的模式“问”与“答”之间切换，进行自由“呼吸”。

游戏人数

若干个小组

游戏时间

30 分钟效果最好

游戏规则

1. 利用一大块白板或者多块白板架创建乌贼图表。向参与者提供两种颜色的易事贴，分别用于提问和回答。
2. 开始先将要讨论的核心议题写在一张即时贴上，把它贴到白板中央。

   提问模式：游戏开始时，让每人提出一个问题，这个问题是他们关于如何实现目标的 “最佳猜测”。把问题写在相应颜色的即时贴上，然后紧挨着乌贼图谱的题目贴上，与大家分享。这个问题会立即提供几种不同的探询途径，带动参与者思考，并给出相应的答案。

回答模式：同提问模式类似，参与者在另一种颜色的即时贴上写下他们的“最佳答案”。这些即时贴会被贴在相关问题旁边，并用线连起来，与大家共享。参与者可以回答多个问题，也可以就一个问题提供不同的答案。一般说来，答案应当简洁，不宜超过一张即时贴。

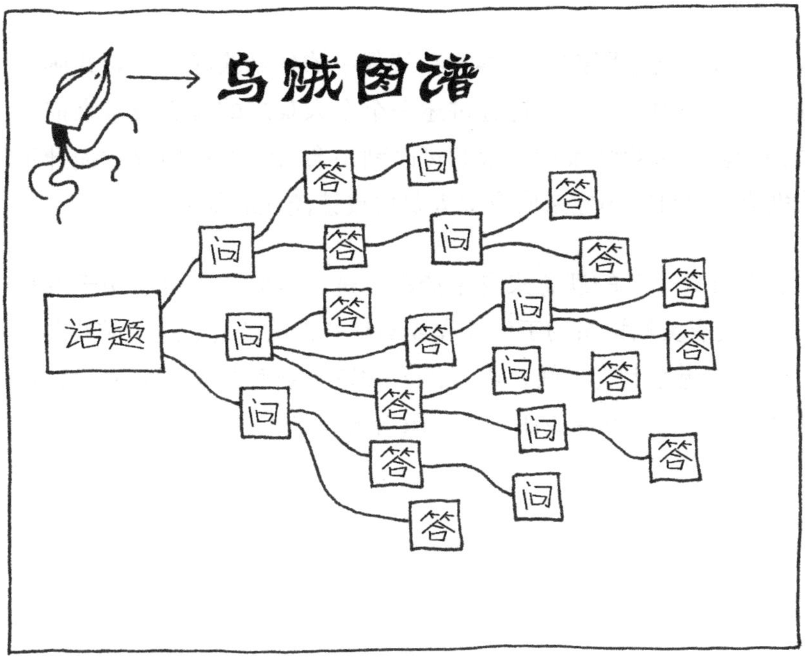

乌贼图谱
话题
问
答

大家结束讨论后就再回到提问阶段，根据上一轮的答案进行提问。参与者也可以将关注点回到乌贼图谱的前期部分。在整个会议讨论中重复该过程。

游戏策略

保持当下的某个模式，不将提问与回答的步骤交叉混淆，做到这一点需要一定的纪律性，这要求团队经过长时间的训练才能达成。通过乌贼图谱的练习，大家可以学习到在未知的信息领域系统地、有节奏地探索，而不是展开嘈杂混乱的小组讨论。 当然，这只“信息乌贼”本身也很灵动，会按照集体的指令生长。

“乌贼图谱”游戏归功于唐姆斯·马卡拉佛（James Macanufo）。

把你钉上

英文名称：Staple Yourself to Something

游戏目的

该游戏的目标是通过跟踪某个事物在流程中的移动路线，探索并确认整个工作流程。在游戏中，参与者通过讲述一个令人难忘的视觉故事来描绘工作流程的关键步骤。游戏结束后，我们可以利用会议中的产出寻找提升工作流程效率的机会，也可以用它来向有关人员讲授该流程的知识。

“把你钉在订单上”的理念来自于流程改进，但它同样也适用于各种不同的场景。对于没有文档记录的工作流程或高度复杂的流程，这个游戏非常有用。如果某个工作流程太费时间，或者没人知道它到底是怎么完成的，那是时候把你自己钉在个什么产品或服务上，跟着流程走一遍了。

游戏人数

2~10 人

游戏时间

1~2 小时

游戏规则

1. 参与者应当清晰地知道他们要全程跟踪的目标对象，这是他们在这个任务中要一直盯住的“弹力球”。在游戏开始前，一定要让大家都明确这一点。比如，目标对象可以是一个产品、一张故障单或是某个想法。而我们熟悉的此类流程的例子可以是“提案是如何变成法律条文的？”
2. 开始的时候先画出目标对象，向大家介绍该游戏的核心目的，是要讲述该对象从 A 点到 B 点运动的过程中所发生的故事。在墙上写出大家公认的运动起点和终点。

3. 让参与者展开头脑风暴，列出流程中应该包含的主要步骤，把得出的结果记录在墙上。如果有必要，让大家对这些步骤进行优先级排序，最终确定出数量合适且可行的步骤。对于一个高层级的流程，通常要抓住7个主要步骤。
4. 在开始跟踪目标对象之前，先同大家一同确认你们期望在故事中找到哪些重要的信息。询问大家：在工作流程的每个步骤中，我们需要知道哪些东西？这可能包括参与的相关人员、这些人的举动、或是完成该步骤所需花费的时间。
5. 接下来就该画图了。参与者将讲述目标对象在移动过程中每个步骤所发生的故事。请尽量将这些信息用图画表达出来，就像你正在把他们所描绘出的一切用相机拍成照片一样。有些工具会非常有帮助，包括卡通人物、箭头、高质量的问题。这些高质量的问题会激发积极的回答，诸如“谁在这一步做什么？”此类问题将使答案变得更具体、更形象。其他不错的问题包括“下一步要做什么事？”以及“其中最重要的是什么？”
6. 记得，故事会分岔，会迂回，会连到其他工作流程，就像一条总想冲破堤岸的河流。你的工作就是和大家一起引导流程向前流动，走向预定的终点。

游戏策略

目标对象是聚集大家注意力的道具。任何与目标对象向前运动没有直接关联的活动，都需要被记录下来，然后移出去。

如有可能，给故事限定时间，让流程更加紧凑。如果被关注的目标对象需要在确定的时间内到达终点，就在活动开始的时候告诉大家。这样，当你在过程中需要大家紧张起来或者需要提升趣味性的时候，就可以提示一下时间。

该游戏中有一个需要注意的陷阱，参与者会在事物的真实状态和期望状态之间混淆。向大家澄清你们描述的到底是当下还是将来。

这个工作流程有人负责吗？如果有人负责，还可以在游戏中利用这个人的经验，但要注意，不能让这个人包揽整个故事。参与者会使用各自的版本描述这个故事，如果她愿意倾听，这对她来说也是一次学习历程。

有各种游戏方式可以实现“把自己钉上”这类视觉化游戏。本书的这个版本归功于詹姆斯·马卡拉佛（James Macanufo）。

SWOT 分析

英文名称：SWOT Analysis

游戏目的

在商业活动中，确定我们想要什么比较容易，但明白什么东西妨碍我们实现目标却比较困难。SWOT 分析是一个被使用了很长时间的技术，它跟进我们要达成的目标，帮助我们评估面临的机遇或是危机，评估影响我们未来的外部条件的严重性。一旦了解了这些因素，我们就可以影响接下来要发生的事情。所以，要评估企业或团队获得成功的可能性时，不妨试试这个游戏。

游戏人数

5~20 人

游戏时间

1~2 小时

游戏规则

1. 会议开始前在一张白板纸上写下词语“最终理想状态”，并用一幅图来描绘它。

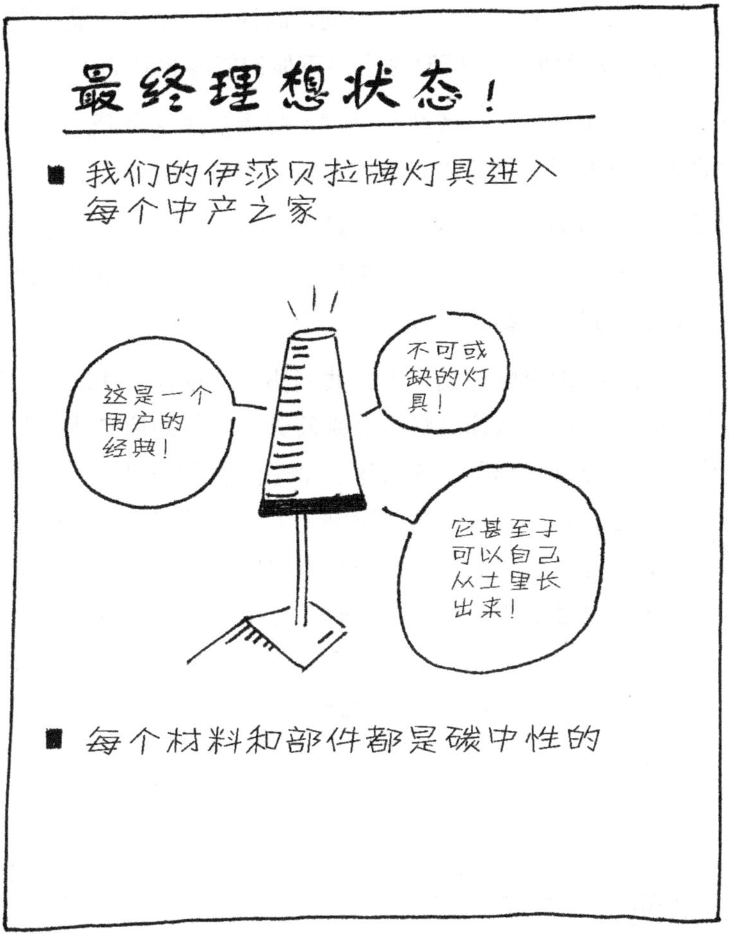
最终理想状态！
我们的伊莎贝拉牌灯具进入每个中产之家
这是一个用户的经典！
不可或缺的灯具！
它甚至于可以自己从土里长出来！
每个材料和部件都是碳中性的

2. 用四张白板纸表示四个不同的方块，按照上下左右的顺序将它们拼起来。如果议题 比较复杂或者参与人数比较多，需要更多的方块，那需要多少就用多少。

3. 在左上方的方块中，写下“强项”一词，并画一幅图来描述这个？念。例如，可以简单地画某个人用一只手举着轿车来代表“强项”，是的，允许夸张。留给参与者 5 ~ 10 分钟的时间，让他们安静地思考他们拥有什么强项去实现理想的结果， 把想法写在即时贴上，每个想法一张即时贴。

4. 在左下方的方块中，写下“弱项”一词，并画一幅图来描述这个概念。让参与者花 5~ 10 分钟的时间安静地思考，对于理想的结果，他们的短板在哪里，并将想法写在即时贴上。

5. 在右上方的方块中，写下“机遇”一词，同样画一幅图来描述它。留给参与者 5~ 10 分钟的时间，在即时贴上写下他们能够想到的机遇。
6. 在右下方的方块中，写下“威胁”一词，配图描述这个概念。让参与者利用最后的 5 ~ 10 分钟时间思考面临的危机，写在即时贴上。
7. 一旦察觉到大家写的动作慢下来了，就可以收集所有的即时贴了，然后把它们贴在相关方块的墙上，让大家都能够看到。一定要确保即时贴是按照主题范围帖的：强项、弱项、机遇、威胁。
8. 从描绘“强项”的即时贴开始，大家共同协作，根据想法的相似程度进行分组。例如，如果在三张即时贴上分别写着“良好的信息共享”“信息透明”“大家愿意分享数据”，就将这三个想法放在一组。不停地将类似的想法汇聚在一起，直到将大多数即时贴上的想法都整理好。把不合群的卡片单独放置到一边，但仍然放在同一个象限内。这一步应当注意，如果参与者只有五个人或是更少，就取消即时贴分组这一步，参与者在叙述每个类别的时候， 将大家的答案直接记在相应的象限里就好。对四个类别依次重复这一步骤，然后直接进行“投票数点”。按照如下顺序对其他类别重复分组的过程：弱项、机遇、威胁。

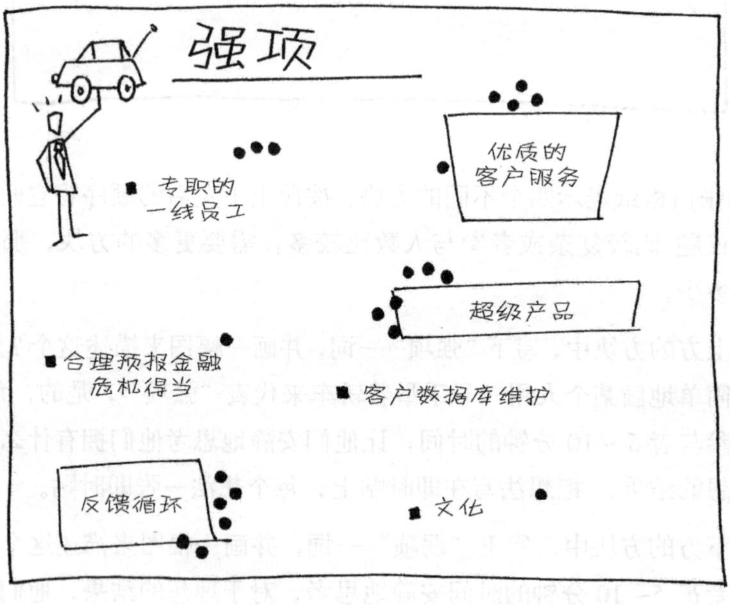
强项
优质的
客户服务
专职的
一线员工
超级产品
合理预报金融
危机得当
客户数据库维护
反馈循环
文化

9. 卡片分类结束后，让大家互相交流，为一组想法创建一个类别命名。例如，步骤 8 提到的那组想法可以归纳为“交流”类别。让大家就分类提出自己的意见并达成共识，然后把这些类别命名写在相应的方块中。

10. 类别总结基本完毕时，邀请参与者来到四象限前面，对这些类别进行“数点投票”，让他们投票选出自己认为在每个方块中最相关的类别，在每个方块中选出两到三个类别。帮大家圈出得票最多的，当着大家的面标注下来。

11. 与参与者一同总结在讨论过程中的发现，了解这些发现对于理想状态有何意义。

带领大家开创性地思考问题，鼓励大家以积极的态度评估弱点和威胁，并将这些不良因素作为促成我们实现目标的一种手段。向参与者提出带动思考的问题，例如“如果竞争对手并不存在，该怎么办？”“在应对这个威胁的过程中，蕴含着哪些机遇能够促使企业变得更加强大？”

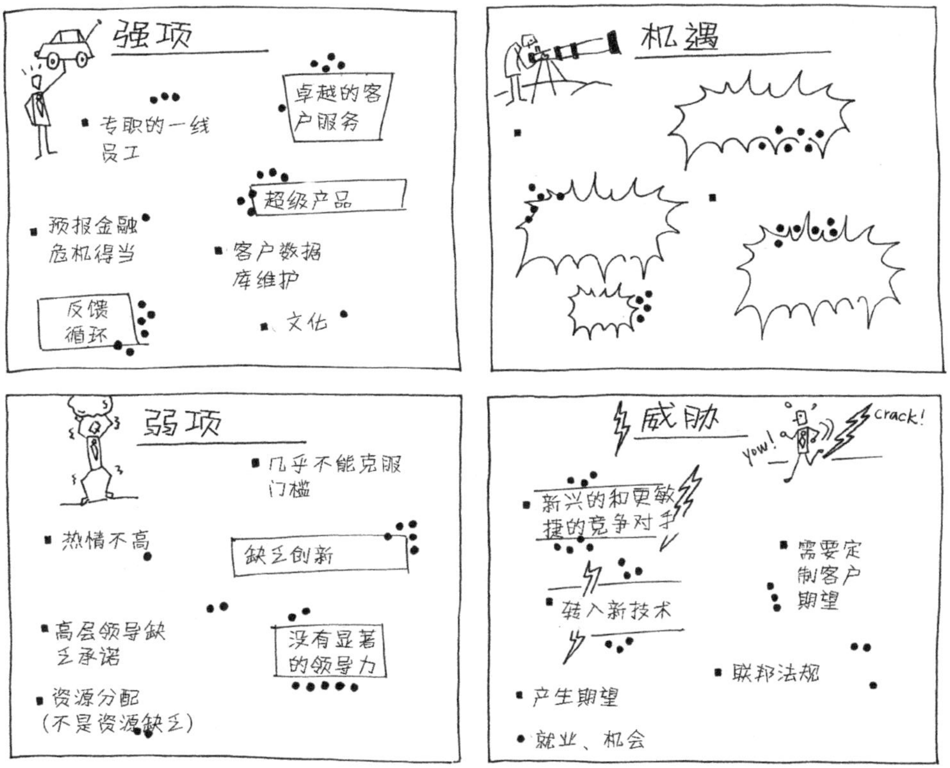
强项
卓越的客户服务
专职的一线员工
超级产品
预报金融危机得当
客户数据库维护
反馈循环
文化
机遇
弱项
几乎不能克服门槛
热情不高
缺乏创新
高层领导缺乏承诺
没有显著的领导力
资源分配（不是资源缺乏）
威胁
Yow!
Crack!
新兴的和更敏捷的竞争对手
需要定制客户期望
转入新技术
联邦法规
产生期望
就业、机会

可选活动：领导团队对预期状态提出个特傻的口号，听上去特别搞笑，比如："我们的灯泡将照亮全世界。"这样做的目的是围绕可能性创造幽默，引爆大家的想法。

游戏策略

当团队成员毫无保留地提供信息并加以分析时，SWOT 分析的效果就会非常理想。参与者 可能会毫不谦虚地展示出优势，但提起弱项时就会有些吞吞吐吐，因为这些弱点可能会影射到在场的某些人员，或者根本就是他们自己的思维盲区。跟大家解释，"弱项"这一概念意味着我们找到了能够改进的地方。同样，"威胁"表明某些事物将成为绩效提升的催化剂。要让大家明白，他们提供的内容质量越高，就越能正确评估当前的局势。如果看见大家在认真仔细地深入讨论各种数据，分享的见解是以前没有的，就表明这个游戏成功了。

"SWOT 分析"游戏的灵感来自于阿尔伯特·汉弗莱（Albert Humphrey）提出的著名的 SWOT 分析。

感统

英文名称：Synesthesia

游戏目的

从本质上讲，知识工作是一种高强度的脑力劳动，它需要大量深入的分析。即便工作的最终成果是感官的，取得成果的过程也往往与之相反：我们需要绞尽脑汁思考解决方法，要努力将感官排除在外，因为感性与思考无关，显得我们很矫情。通过感统角色扮演游戏，参与者能通过感官来探究课题，根据获得的结果来进行决策和设计。

游戏人数

2~5 人

游戏时间

15~45 分钟

游戏规则

参与者可以选择探究现有的议题，也可以探询一个新的想法。可以简单如“新网站的界面”，也可以复杂如“用户体验”之类的话题。

让参与者挑选五个感官中的一个，或者给他们指定一个：视觉、听觉、味觉、嗅觉和触觉。也可以考虑其他的因素，包括温度、位置和运动状态等。

给大家一些时间，让他们从自身代表的感官出发，诠释这个主题。解释得差不多的时候，换一个感官继续进行。然后，向大家描述各自获得的感知。

- “这个界面摸起来觉得温暖。橘子味的。”

- “应用程序运行起来后，我仿佛听到了一支乐队正在调音，准备演出，但我什么都看不到。我其实很希望看到他们。”
- “用户体验的味道很不好，它闻起来就像一摞发霉的纸，堆积在那里一动不动。我想向前走，可它却总是越来越慢。”

游戏策略

感统游戏让参与者利用令人印象深刻的感官词汇来描述对目标的感觉及对它的期望。它能够帮助我们发现想法或产品中被忽略的因素，也能帮助我们找出新的东西。

“感统”游戏来源未知。

发言筹码

英文名称：Talking Chips

游戏目的

在团队工作中经常面临的挑战是如何有效组织大家讨论。要使每个人都有机会发言，还不能让某个人主导整个会议。“发言筹码”简单来说就是发言货币，团队可以通过它自行管理每个人的发言时间，让大家都有机会参与其中。

游戏规则

1. 在会议开始前，每个参与者从桌上取一个筹码（扑克牌筹码、硬币或类似的东西都可以）。
2. 谁想讲话，就把自己的筹码放到桌子中间，然后开始说话。一旦所有的筹码都放回到桌上后，采用同样的方式，要讲话的时候，再领回自己的筹码。如此这般，循环反复。

游戏策略

“说话筹码”游戏可以让大家看到每个人都想为集体出谋划策，并且每个人都有机会表达出自己的想法。它能让那些沉默的参与者有机会发表自己的想法，同时也能让强势健谈的参与者安静下来。

“发言筹码”游戏基于流通货币的概念，由戴夫·格雷（Dave Gray）开发，它的灵感来自于拜伦·里夫斯（Byron Reeves）新颖的电子邮件应用程序Attent。

理解链

英文名称：Understanding Chain

游戏目的

当要为人数众多的听众传递大量信息时，想要清晰并且有条理地表达就不那么容易了，一不小心就变成了“填鸭”模式，而最终的效果并不理想。在理解链游戏中，一个群体可以从内容焦点转向受众焦点，并为交流画出一个易于理解的线性结构。

游戏人数

1~10 人

游戏时间

30 分钟 ~2 小时

游戏规则

在开始游戏前，参与者要做两件事：把听众分成小组，设计问题。

听众：如果听众人数多，按一定的类别给他们分组。可以泛泛地分类，比如“企业领导”之类，也可以分到很具体的小组，比如“IT 部门负责修电脑的同学们”。一般说来，听众划分越细致，理解链就越有效、越专业。每个听众小组都需要有自己的理解链。听众小组列表可以通过“谁来干”游戏（参见第 4 章）创建。

问题：一旦团队对听众有了清楚的认识，就要一起集思广益设计问题了。问题设计的思路要沿着听众展开，他们真正在乎什么，他们想知道什么。按照听众的思路，以听众的语气发问，设计出来的问题会显得更加贴切，比如下面这几个问题。

- 这个东西好在哪里？为什么我应当关注它？”
- “它与 x, y 或 z 有何关系？”
- “为什么要选它而不选别的？”

问题甚至可以细致到像下面这样。

- “什么时候把你们的技术路线图与我们的统一起来？”
- “它对我们的产品组合带来哪些影响？”

这些问题是理解链中的重要环节。为了设计这些问题，大家应该以听众的心态思考，设想他们可能产生的问题，并将问题在即时贴上记下来。每个问题一张卡片（参见第 4 章的“点子上墙”游戏）。

接下来大家要把这些问题横向贴在墙上或是白板上，形成从开始到结束的沟通时间线。大家可以按照如下方式排列卡片。

按照简单的故事架组织问题。在这种理解链中，参与者按照如下三个主题并从左到右对问题进行分类。

- 场景：设定舞台，引入讨论的议题和冲突；
- 复杂事件：持续发生冲突，需要做出决策；
- 解决：选择行动方针，促成最终结局。

通过故事的形式搭建理解链，小组也许会发现“极点”，那个可以得出解决方案的最关键的问题。

按照讲授～辨别～激发的格式排列问题。在这种理解链中，参与者按照以下三个主题、从左到右对问题进行分类。

- 讲授：介绍一个议题、想法及其相关部分。
- 辨别：议题的某些部分有悖于大家的常识。
- 激发：征求或提出行动方案。

按照对话的方式排列问题。在这种理解链中，参与者想象自己正在与听众进行一场对话，按照对话流畅度自然地排列问题。当然，对话过程各不相同，可以参考如下的框架。

- 连接："出什么事了？" "我们有什么共同点？"
- 关注："当前最重要的什么？" "我们对它了解多少？"
- 行动："我们应当做什么？"

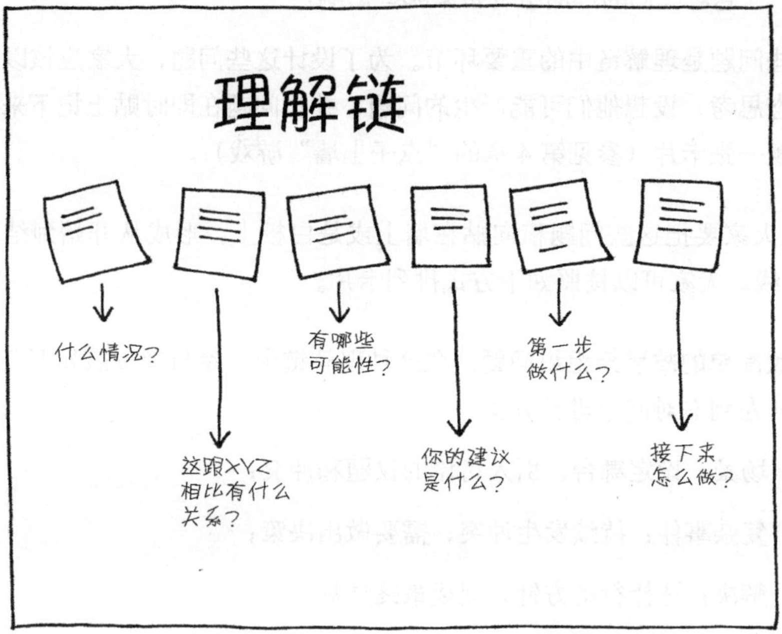
理解链
什么情况？
这跟XYZ
相比有什么
关系？
有哪些
可能性？
你的建议
是什么？
第一步
做什么？
接下来
怎么做？

（按对话框架排列）

游戏策略

理解链跟其他任何链条一样，它的强度取决于最薄弱的一环。通过从全局角度思考问题，可以帮助团队从中找出有待提高的部分，或是发现那些不容易回答的"难题"。如果参与者愿意应对薄弱的环节，有勇气如实地直接回应那些难题，他们最终能获得成功。

"理解链"游戏是 XPLANE 公司提供的咨询方法之一，由戴夫·格雷（Dave Gray）开发。

价值光谱

英文名称：Value Mapping

游戏目的

价值光谱的终极目标是构造一个视觉矩阵，用来明晰并迅速定义对关注事项的兴趣点，这些关注事项可以是某项服务、某个产品、某个计划、某个网站等等。它帮助大家从一大堆选项中挑出自己最中意的几个特征，然后把这些选择组成一个矩阵。最后的产出可以是一个光谱的样子，那些被选择次数最多的选项涂成明亮的颜色，而选择次数越少的，就用越暗淡的颜色。

游戏人数

5~30 人

游戏时间

15 分钟 ~ 2 小时

游戏规则

该游戏分为三部分。

1. 定义候选功能及类别：在卡片上大致画出或写下那些你希望参与者评分的功能或特征。按照你认为合适的分类方式把它们分成组，按照类别将它们摆到桌上。
2. 游戏开始：向大家展示定义好的卡片，让他们从中选出一小部分，然后把其余的留 下来。选中的最佳比例约为 1: 3, 也就是说，如果你有 30 张卡片，就让大家选出 10 张，把其余的 20 张留下来。另一种办法是向参与者提供假想的货币，如 100 英镑，并告诉大家用这笔预算去“买”功能卡。记下每个参与者的选择。

3. 标出结果：根据大家选择的次数对卡片着色，选中次数较多的卡片可以使用较为明亮的颜色表示，而选中次数较少的卡片就着淡色。从未被选中的卡片就让它们保持“无色”状态。通过这种方法，你就能够清晰地知道大家对哪些特征更感兴趣，对哪些特征没什么感觉。这种划分会给人们留下很好的视觉效果。

游戏策略

“价值光谱”游戏能够让你迅速以视觉方式呈现人们如何看待某些事物的价值，包括客户、团队成员、你自己的部门以及你的利益相关方。了解大家的共同兴趣点有助于我们集中精力（我们要向哪些方面努力？）、平息内部的争论（“客户的确不希望这个应用程序有任何社交网络功能，所以我们不必在这里花精力”）。可以利用幻灯片来演示这个色彩分类矩阵，一定会给人留下极其深刻的印象。

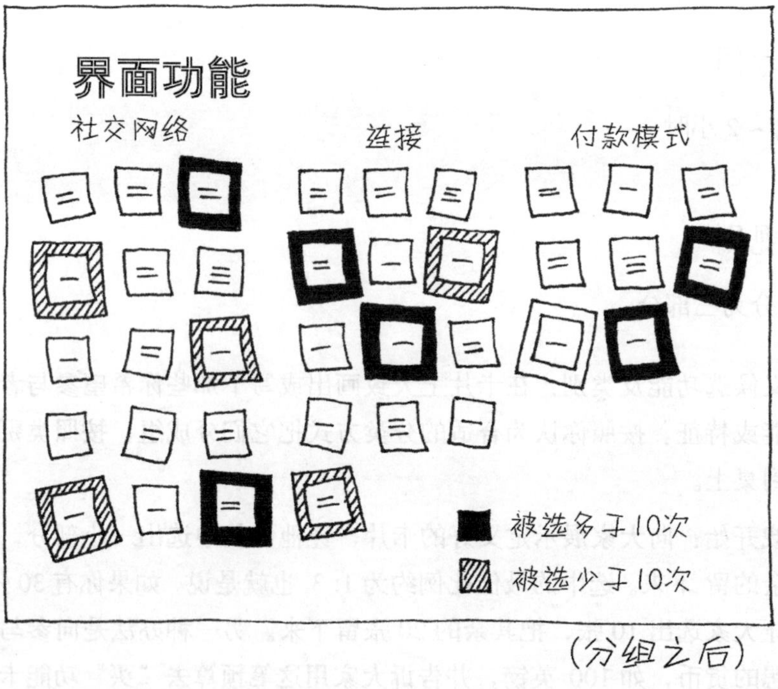
界面功能
社交网络
连接
付款模式
被选多于10次
被选少于10次
(分组之后)

“价值光谱”游戏归功于莎拉·瑞恩可（Sarah Rink）。

良性循环

英文名称：The Virtuous Cycle

游戏目的

这个游戏的目的是通过从不同角度观察已有的、稳定的商业流程，找出可能的改进机会，将其重塑为更有价值、日臻完善的流程。主要用于检验那些“值得重复”的流程，比如说客户体验（译者注：带动重复购买）。

如果当前的流程涉及交易服务、各个步骤互不相关，或者存在着资源浪费的现象，那就是进行这个游戏的好时机。除此以外，还有一些症状也需要这个活动，比如“目光短浅”的团队只将注意力集中在自己的内部流程；或是一个流程结束了，但没有人知道结果怎样以及下一步该怎样做。

该游戏给团队带来的效果就是通过“自我反馈”，从现有的流程中发现新的增长点或是值得改进的地方。

游戏人数

3~10 人

游戏时间

1~3 小时

游戏规则

你需要对当前的一个流程有个大致理解，或者能找到记录当前流程的文档。该游戏适用于任何现有的线性工作流程。

1. 开始之前给大家介绍本次游戏，用“黑箱”方式处理当前的流程。这意味着在游戏过程中参与者将集中注意力于流程之外的东西，而不是过多地关注黑箱里面的细枝末节。

2. 为了视觉化这个意图，在墙上给每个步骤分配个盒子，用中等大小的即时贴代表就可以，并用箭头把它们串连起来。

3. 游戏开始后，让大家努力思考，在流程开始前到底发生了什么：涉及什么人或者什么事？是怎么回事？在流程的末尾重复这样的过程：流程结束后会怎样？可能会出现什么结果？

4. 你可以要求他们把自己的想法记在即时贴上，贴在流程开始前和结束后的地方。

5. 接下来，从这个线性流程的结尾画一个箭头连到开头，形成一个圈。这样就把一个线性的流程变成一个反馈环。然后问大家："要从结尾回到开始，需要哪些条件？在这幅图中缺了什么？"

6. 接下来团队开始探讨不同的可能性和机会点。此时仍然可以使用即时贴，记录大家的想法。让参与者沿着箭头的线路进行讨论，并将他们的想法记下来。

列出有待探索的可能性和机会点，总结大家的想法，有可能是再次审查内部流程，寻找改进方法。结束会议。

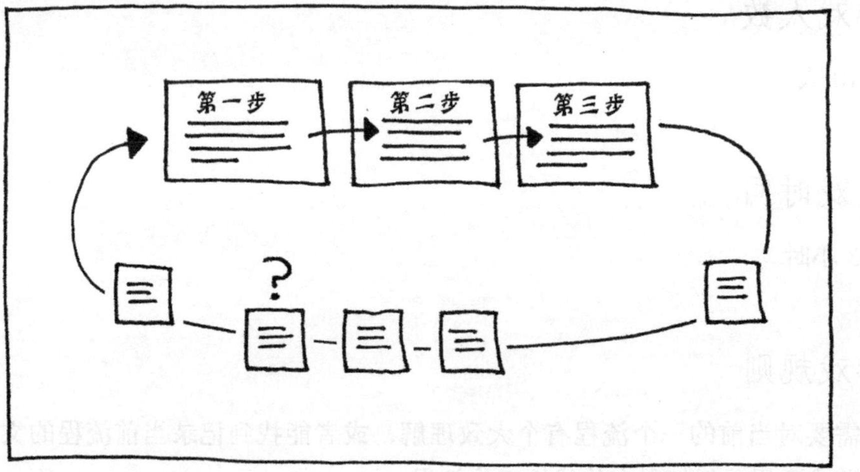
第一步
第二步
第三步
?

游戏策略

该游戏要找对恰当的流程。肯定会重复的流程，比如客户体验，用这个游戏效果就不错。另外，知识总结和提炼，商业战略策划等，也同样适用这个游戏。

确保找对恰当的游戏参与者。需要有人了解流程之外的事情进展，但是了解过多也会影响游戏的效果。该游戏带来的最有价值的潜在成果是参与人员的内在变化：他们的注意力将从关注内部转移到外部。

“良性循环”游戏归功于詹姆斯·马卡拉佛（James Macanufo）。

图解疑难词汇表

英文名称：Visual Glossary

游戏目的

该游戏的目标是定义一套清晰明确的通用词汇表，让大家有共同的语言。

人天性不愿意承认自己无知。听到陌生或者抽象的词语时，许多人就会不懂装懂，这比费进地去澄清事实、了解真相简单多了。这种现象在知识工作中尤为危险，因为团队在一起工作，必须要有共同的理解。

花时间将公用术语视觉化，能够帮助团队工作起来更快、更高效。

游戏人数

2~10 人

游戏时间

30 分钟 ~1 小时

游戏规则

1. 向大家介绍该游戏的目的是建立一套通用的术语。第一步是展开头脑风暴，让大家写出团队通用语言中那些难以理解的词组和术语。让大家独自思考，把这些词语写在即时贴上，包括他们使用的日常术语、俚语、科技词汇及缩写等。
2. 让参与者将即时贴贴出来，展开评估。讨论哪些词语最常用，把哪些词汇进行视觉化定义对大家最重要。
3. 接下来开始做难词汇编。从刚才的那堆词汇里挑出最重要的词语，在墙上留出足够的空间进行演绎。先从一个词语开始，邀请大家先用自己的话描述它。这样就能发现描述中含混不清、相互冲突或措辞不充分的地方。

4. 然后利用图片来澄清词语。可以提出这样的问题："这看起来像什么？"如果该词语很抽象，那就试一下图解的方法。从它涉及的人或者事物开始，想着如何把它们联系起来能表达出这个词语的意思。例如，词语"社会性"随上下文不同而有不同的定义，如果让大家用图片来表达，定义就会更加清晰。

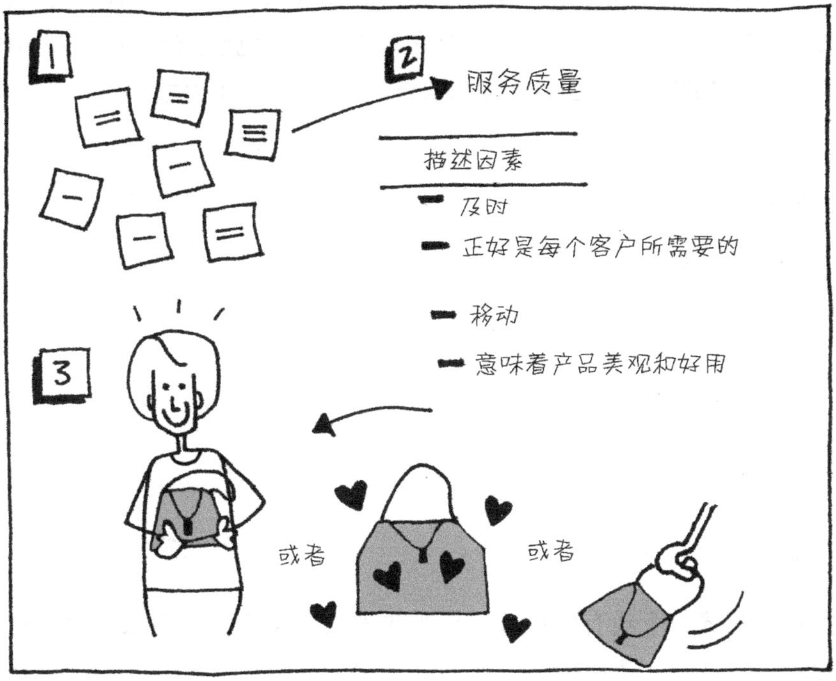

1
2
服务质量
描述因素
及时
正好是每个客户所需要的
移动
意味着产品美观和好用
3
或者
或者

游戏策略

不要试图定义所有的词汇。先找出最重要的词语，最需要澄清的，从这些词语开始入手。

高质量的图解难词汇编并不仅限于服务一次会议。在随后的活动中可以继续使用这些图片，还可以把它们放到网上，如果适用的话，也可以添加到培训材料中。鼓励参与者在交流和使用这些词语的时候使用相应的图示做速记。

"图解难词汇编"游戏归功于詹姆斯·马卡拉佛（James Macanufo）。

巫师奥兹

英文名称：Wizard of Oz

游戏目的

这是个角色扮演的游戏，在游戏中需要两个人模拟人机交互的过程：其中一个“躲在幕布背后”扮成机器，另一个在幕布前向他说话。他们可以利用剧本，发现现有设计中的断点，也可以即兴表演，得出全新的想法。

游戏人数

两名，加上数名观察者

游戏时间

30 分钟或以上

游戏规则

如果大家要测试一个现有的设计，应当先准备一个剧本，用来描述机器的反应和行为。“巫师”将使用这个剧本并且只使用该剧本与用户交互。例如，假设大家在设计自动取款机（ATM）的交互界面，他们的剧本就是所有 ATM 呈现给用户的信息，以及 ATM 能够理解的客户指令。

如果是即兴表演，那就可以立即开始游戏。开始的时候两个参与者必须分开，互相看不见对方。“幕布”的作用就是隔开他们，让他们不能在无意中透露信息或给对方线索，也可以使用一张纸板把两个参与者隔开，或者干脆让他们转过身去背对背。

参与该游戏最简单的方法就是让用户提出一些需要完成的任务。两个参与者展开这个游戏时，他们应当寻找问题、难点或是处理意外的机会。作为最基本的任务，用户应当尽可能地挑战机器，而机器则应当坚持使用它已知的剧本信息进行应对。

游戏策略

这项技术的应用已经不单只限于语音控制，因为“窗帘”消除了对机器的假设，同时更加明确地展现了用户想要做什么以及她想要如何做。

这种方法起源于20世纪70年代，用于初期设计和测试目前大为流行的机场自动售货亭以及IBM开发的“声控打字机”。在这些例子中，这项技术的应用更进一步：扮演机器的那个人要翻译客户的声音指令，并相应地操作原型系统，就像电影《绿野仙踪》中那个隐形巫师奥兹一样。

世界咖啡

英文名称：The World Café

游戏目的

商业会议和咖啡店的闲聊有什么区别？ “世界咖啡”游戏是在人数较多的情况下用来增强讨论效果的一种方法。它借鉴了在“咖啡店”闲聊天的各种理念：圆桌、传来传去的小道消息以及不断追问重点话题等。

作为一种会话流程，世界咖啡有很多种形式。我们这里讨论的是一种“快速启动”方式，它只注重基本的要素。

游戏人数

24~30 人，分成 4~5 桌

游戏时间

1.5 小时

游戏设置

作为会议的主持人，需要找出“重点问题”，让大家围绕着这些问题进行讨论。有力道的问题既要简单又要令人回味；要能同大家当前面临的困难息息相关。大家可以集中讨论一个问题，或者讨论一系列小问题。例如，“我们怎样才能与客户展开更真实的对话？”这个问题足够支撑大家做三轮讨论。

想出重点问题后，就要关注如何营造一个轻松、友善的环境。这可要比传统的会议布置麻烦多了。你要关注一些简单的规则，比如，圆桌比方桌更利于交流，每个桌子应当放上绘图工具，包括马克笔、白板架和纸桌布等。

游戏规则

该游戏由三轮讨论组成，每轮讨论用时 20 分钟，然后大家再一起进行综合讨论。每一轮的讨论结束后，留一个人作为本组下一轮的“主持人”，而其他人作为“大使”到别的桌子交流。从这个意义上讲，参与者就像“环游世界”一样，带着各自的想法一桌接一桌地去交流。

在一轮轮讨论的过程中，鼓励大家将每轮讨论获得的想法带到下一轮讨论里。

此处列出一些细节以供参考：

先花几分钟说一说上一次的讨论。留下的“主持人”可以展示上次讨论记录下的想法， 而“大使们”则谈论他们各自带来的想法。

留下证据。把重要的想法在桌上画出来。为了让下一组能够借鉴上一轮的讨论，

最好能够留下一些成果让下一组能够在其基础上反馈或者搭建。连接多种观点，鼓励每个人的贡献。如有必要，使用“发言棒”或是“按钮”方式来管理大家的发言。

寻找共有模式。在第二轮和第三轮的讨论中，某些主题和大的模式就会浮现出来。鼓励参与者去发现这些，并通过绘画或是书写的方式将其记录在桌布上，书写的方向是朝向桌子中央的。

在最后一轮结束后，共同讨论并综合大家获得的想法。再次回顾重点问题，询问哪些小组已经对此有了答案，这些答案之间有何关联。

一群热心的实践者正在不断发展着这个方法论，可以通过 www.theworldcafe.com 网站查到该方法的流程、历史和设计原则。

第 7 章

结束游戏

我们没有时间和资源去完成每一件事，所以我们要做出选择。结束游戏是对事物形成定论，无论是意识上还是最后体现在文档上。结束游戏不但可以通过优先排序、表决、对比从而找到终结点，而且还可以获取承诺，创建联盟，把我们带入下一步。

良好的结束取决于我们在开场和探索阶段创建的空间是否足够开放，探索是否足够充分。如果最后得出的想法不令人满意，那在结束阶段就会很棘手。尽管结束游戏通常要定义最终的目的，我们需要就五个优先事项达成一致，但仅仅靠结束游戏本身无法完成。如果你在结束的时候遇到麻烦，那问题的根源可能是在别处。思考一下场域的打开和探索是否充分。

100 元测试

英文名称：$100 Test

游戏目的

这是一种优先排序方法，参与者通过一起花 100 块钱来为被评估的事项分配相应价值。与直接武断地确定优先级或者排序相比，使用现金的概念能引发参与者更多的关注和积极性。

游戏人数

3~5 人的小组

游戏时间

中等长度；要让大家决定如何花钱，加上反思结果，可能要花上 1.5 小时，具体取决于待选事项的数量和参与者的人数。

游戏规则

要进行这个活动，你首先需要一个待排优事项的清单，并据此列出一个矩阵，在矩阵中留出足够的空间填写金额和花费缘由。

游戏开始时，向参与者解释游戏规则：他们总共有 100 块钱，要花在清单所列的事项上，花多少钱代表着该事项有多重要。必须经过所有人的同意，才能决定每件事项花多少钱。

留给大家足够的时间分配金额，要求他们对分配的数额写个简短的说明。小组可能会谈到清单上项目的实际成本或工作量，这很可能会混淆原先设定的评估重要性的主旨，最好将成本和工作量作为单独话题讨论，或用百元测试的方法另外组织一场活动。

矩阵完成后，让参与者解释他们的决定和缘由。随后可以把该矩阵看作是这些项目未来决策的指示牌，具体而言，就是哪些条目比其他的更重要，优先级更高。

100元测试

项目/题目/问题	美元	原因
因特网访问	$21	告诉别人并寻求帮助
闹钟	$7.50	唯一经常有的
电话	$55	和EMS联系
SMS	$8.50	紧急情况求助
相机	$4.25	制作保险文档
故事主线	.75¢	缓解压力
录音笔	$3	记录灾难采访

游戏策略

这个游戏普遍应用在软件开发过程中，与用户一起探讨，创建功能列表的优先级。实际上它适用于许多地方，只要能够通过“模拟资源短缺”让大家关注团队的需求就可以。例如，人力资源团队就新的员工福利计划举行投票，就可以采用百元测试发掘大家最想要的选项及其缘由。

百元测试有很多别名，包括“瓜分 1 块钱”（Divide the Dollar）和 10 元测试，10 元测试其实就是百元测试的简版。

“100 元测试”游戏来源未知。

20/20 视野

英文名称：20/20 Vision

游戏目的

“20/20 视野”游戏的目的是让参与者明确，在一堆项目中，哪些项目或举措应当具有更高的优先级。蜂拥而来的项目让员工眼花缭乱，他们的注意力经常被分散。这种情况下，需要帮助大家重新调整重点，更专注于高收益的项目，提振士气。带领大家一起共同定义收益评估标准，确保高质量的排优流程。

游戏人数

5~10 人

游戏时间

30 分钟 ~1.5 小时

游戏规则

1. 会议开始前，在卡片上写下所有与参与者相关的提议项目和举措，每张条上写一个。游戏开始的时候，一定要确保随机贴出这些便签条，这样做非常重要，活动的第二部分也要如此。在会议开始前，将卡片像洗牌一样弄混，你甚至可以闭着眼睛随便贴，或是请一名参与者来贴，确保这些条贴出去的时候，没带有任何轻重缓急的含义。
2. 向大家介绍“20/20 视野”游戏，说明该游戏的目标是根据预期收益来确定项目优先级。告诉大家对于项目重要性的共识非常重要，它关乎组织的发展。
3. 在大家都能看到的墙上先贴出一个项目，让参与者说出它的收益。将大家的回答记在一张便签条上，粘在该项目旁边。如果对这个项目的优点有不同的意见，就将两者或是更多的想法都记下来。不反驳，假定这些观点都是对的，让小组在排名过程中参考最主要的收益。如果大家对各个项目的收益都早有共识，就不必花很多时间进行澄清，可以直接进入到优先级排序阶段。过程中如果有人针对收益有疑问，再随时进行澄清就好。

4. 把所有的项目一个一个像第 3 步那样重复操作，直到所有项目的收益被大家充分挖掘出来，写在便签条上，贴在墙上。

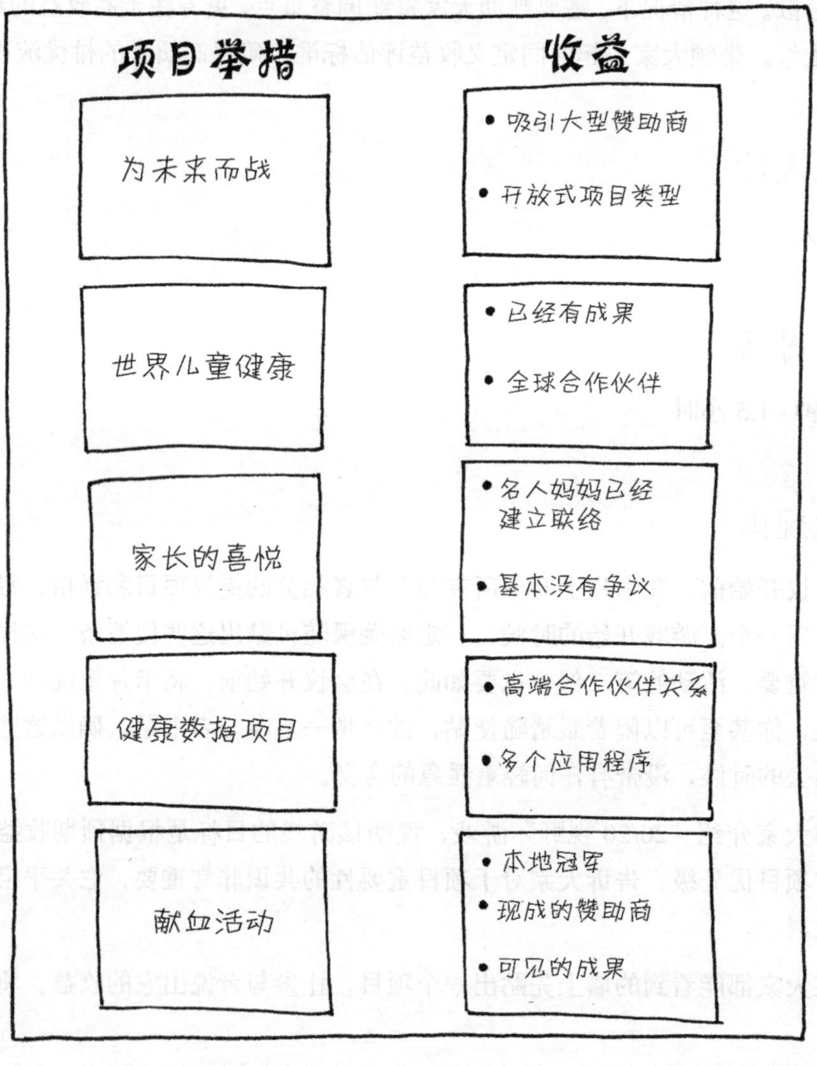
项目举措
收益
为未来而战
• 吸引大型赞助商
• 开放式项目类型
世界儿童健康
• 已经有成果
• 全球合作伙伴
家长的喜悦
• 名人妈妈已经建立联络
• 基本没有争议
健康数据项目
• 高端合作伙伴关系
• 多个应用程序
献血活动
• 本地冠军
• 现成的赞助商
• 可见的成果

5. 询问大家墙上的项目是否有遗漏。如果有，就让他们将漏掉的写下来贴到墙上，讨论这些项目的收益，记录下来。

6. 移到相邻的墙上，任意取下两张项目卡片询问大家，从企业愿景和目标角度出发， 他们认为哪一个更重要。
7. 将大家认为比较重要的那个项目贴在另一个的上方。
8. 再从原来的墙上移过来另外一个计划。询问大家，与两个已经贴好的计划相比，新的这个是否更重要，或更不重要，更重要的话就贴在顶端，更不重要的话就贴在底部。
9. 重复这个过程直到所有的计划都经过充分讨论并完成优先排序。

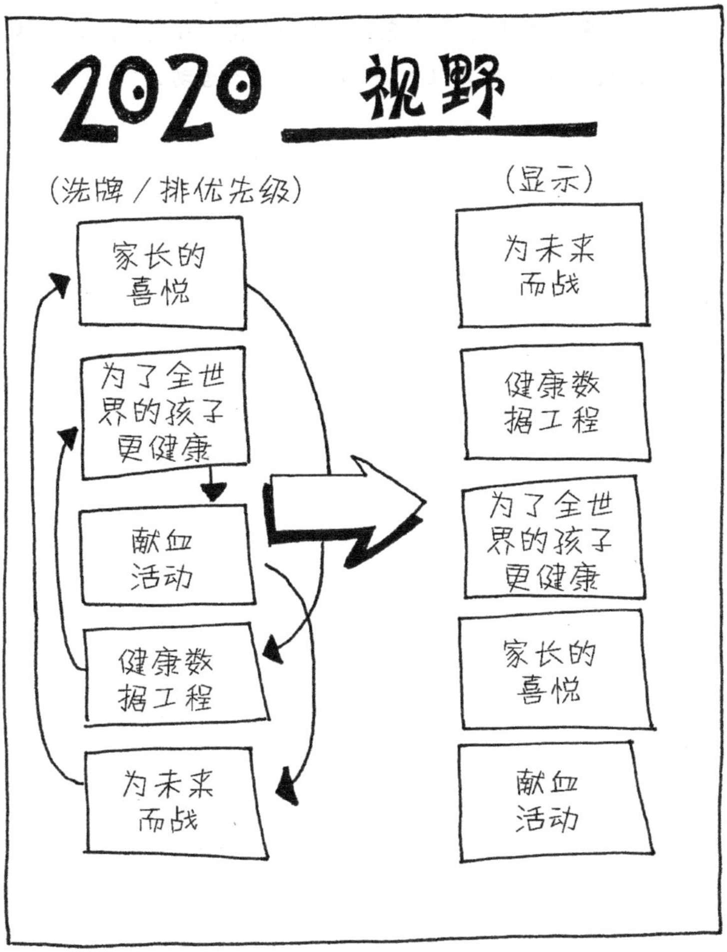

2020 视野
（洗牌／排优先级）
家长的喜悦
为了全世界的孩子更健康
献血活动
健康数据工程
为未来而战
（显示）
为未来而战
健康数据工程
为了全世界的孩子更健康
家长的喜悦
献血活动

游戏策略

“20/20 视野”是要求参与者共同评估项目和计划的优先级。游戏的第一个阶段很重要，一定要描述并记录项目收益，它是后面困难的部分的基础。因为所有项目从某些方面来说都很重要，所以让大家给它们排序其实很不容易。

所以如果你拦得住大家七嘴八舌、各说各的理，引导大家围绕收益迅速达成共识，活动就能取得最佳效果。必须让团队做出艰难的抉择。这个抉择的过程越困难，就越要鼓足劲头：对目前的优先排名反对最强烈的人也许对那些项目和计划具有丰富的洞察力，说到底，这会有助于大家更好地确定最终排名。

“20/20 视野”游戏基于并出自于卢克·霍曼（Luke Hohmann）所著《创新游戏：一起玩，协同共创突破性产品》一书中的同名活动。

喻德，喻理，喻情

英文名称：Ethos，Logos，Pathos

游戏目的

该游戏的目的是用亚里士多德的评估标准支撑你的论点。

游戏人数

1~10 人

游戏时间

10 分钟 ~1 小时

游戏规则

亚里士多德在 4 世纪时奠定了说服性沟通的基础。尽管时代发生了变化，但有效沟通的本质却没有改变。要评价沟通的有效性，仍然是通过运用修辞学的三要素来展开，比如讲解价值定位。在该游戏中，让大家扮作听众，按照以下三个方面对你传达的信息，从 1 到 10 打分。

喻德：你是谁，在这个话题上有多高的权威性？

喻理：你的推理有多清晰？有多一致？你的论据多大程度上能应对我的论据？

喻情：你的表达有多生动，多难忘，多激励？

价值主张：功能齐全的全球社交网络和在线市场的完美结合。

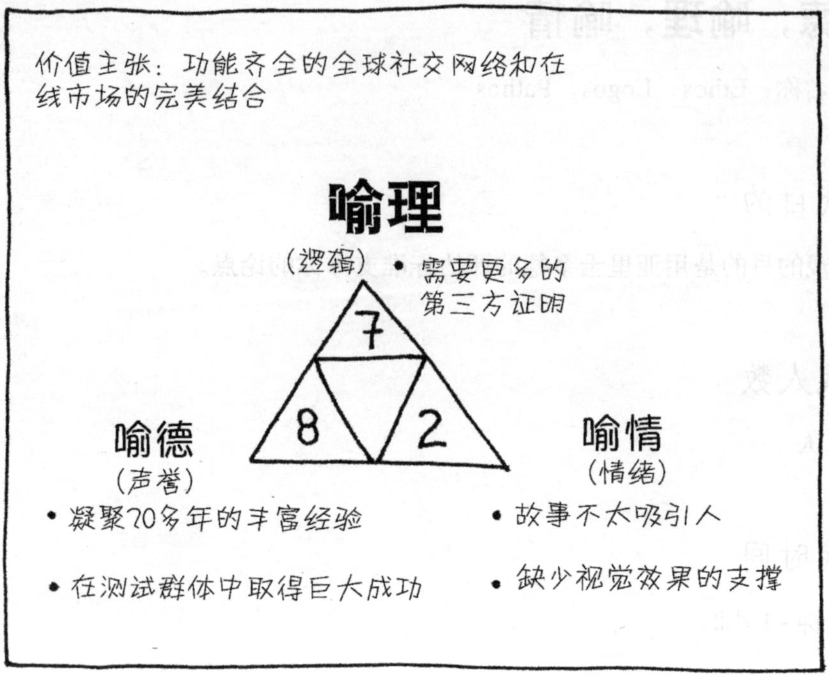
价值主张：功能齐全的全球社交网络和在线市场的完美结合
喻理
（逻辑）
• 需要更多的第三方证明
7
8
2
喻德
（声誉）
• 凝聚20多年的丰富经验
• 在测试群体中取得巨大成功
喻情
（情绪）
• 故事不太吸引人
• 缺少视觉效果的支撑

“喻德，喻理，喻情”归功于詹姆斯·马拉卡佛（James Macanufo）。

项目推进图

英文名称：Graphic Gameplan

游戏目的

我们很多人都是幻想家、创意发明家，或者至少也善于出谋划策。可是如果没有一个具体的计划，想法永远不会得出结果。正如本杰明·富兰克林所说："说得好不如做得好。"优秀公司与普通公司的差别何在？分水岭之一就是在一个精彩的点子背后，是否紧接着有切实可行的计划。这也是为什么本游戏需要给予特别关注。视觉游戏计划将帮你展示如何通过项目实现计划，达到目标。

游戏人数

一小群人，也可以由个人独立完成

游戏时间

30 分钟 ~2 小时

游戏规则

1. 在游戏开始前，列出一个或几个需要继续跟进的项目。
2. 在一块大白板上画一幅类似下图的图画，白板的尺寸最好是 3~4 英尺长，6~12 英尺宽。

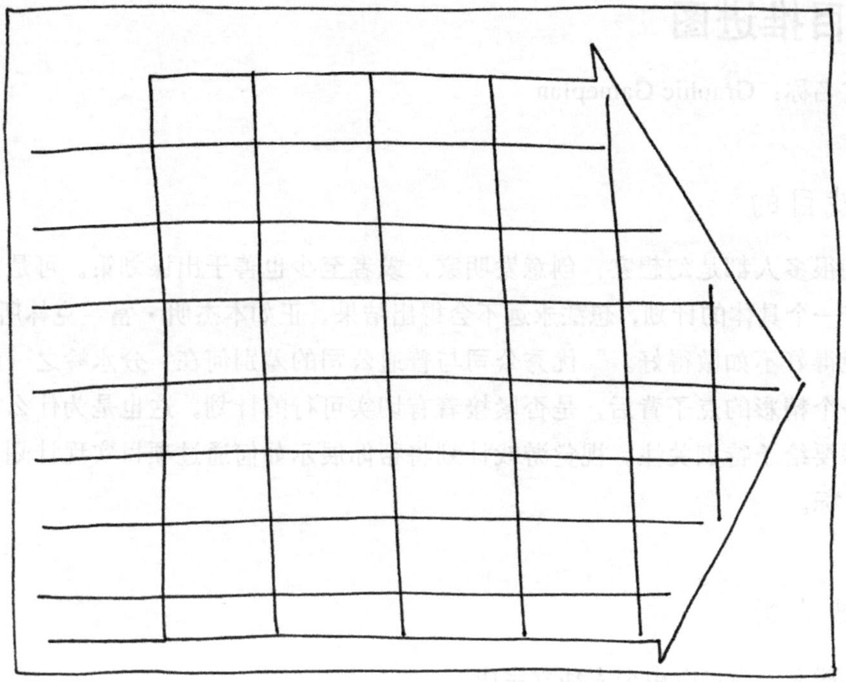

3. 将该图画挂在会议室的墙上，告诉参与者这次会议的目标是围绕一个项目所需的任务达成共识。

4. 在第一列的左上角写下即将讨论的第一个项目的名称。如果你是团队的领导人，可以在同一列写出所有与之相关的项目，也可以让大家添上他们一致认为需要关注的项目。无论何种方式，最后在最左边的列里都应该是相互关联的项目。

5. 根据列出的项目确定时间线，你可以给大家规定一个时间范围，在最上面一行写下以每天、每周、或是每月为单位的里程碑。或者，你也可以询问大家应该怎样定义时间线，写在最上面一行。注意：也可以在步骤 6 完成后再设定时间线。

6. 拿着便签条，让大家选一个项目，并大声讨论完成该项目的第一步是什么。将大家贡献的意见写在便签条上，贴在该项目旁边第一个方框里。

7. 让大家思考该项目的第二步、第三步和第四步……重复同样的活动。在便签条上一项一项记下他们的发言，直到大家都认为他们已经充分分析了完成该项目的每一步行为。

8. 针对大图中的每个项目重复第 6 步和第 7 步，直到填满整个推进计划。

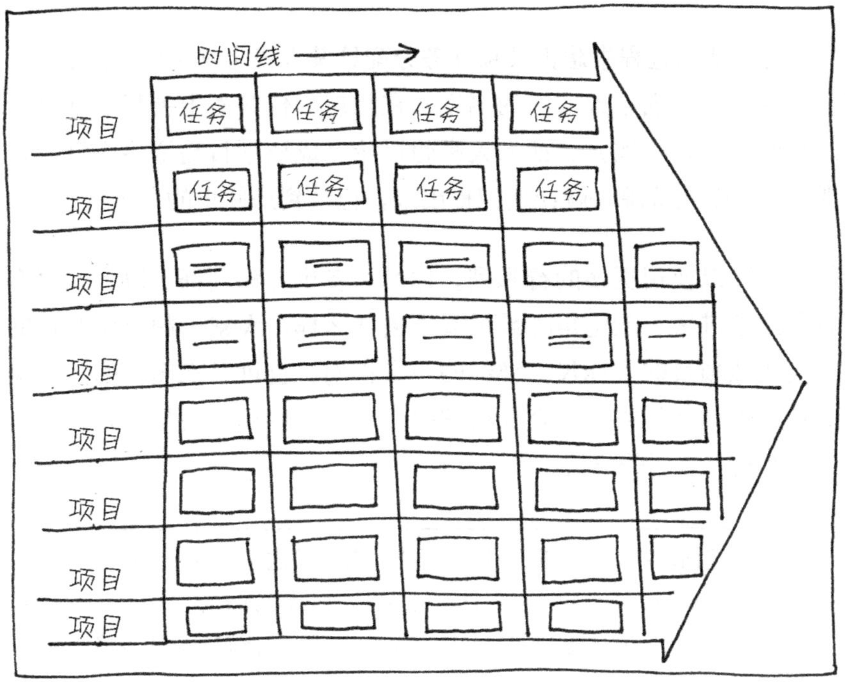
时间线
项目
项目
项目
项目
项目
项目
项目
项目
任务
任务
任务
任务
任务
任务
任务
任务

游戏策略

带领团队整体规划项目推进步骤有两个主要好处。第一，它将大型项目分成若干个容易管理的小任务，能够激发大家对于该项目的责任感。第二，由于大家用“团队智慧”创建了这个推进计划，项目管理的质量会得到提高。重要的步骤不太可能被漏掉，反而使项目推进的过程更加严谨、更具战略性。但是，贴便签条的时候，不要认为大家做的第一版方案就是最好的。针对参与者给出的内容提出一些挑战性的问题：这个步骤必须首先执行吗？这两步能够合并吗？这些项目中的步骤是如何相互关联的？一个项目中的步骤是否会影响其他项目的进展或结果？给团队提出尖锐的问题，有助于团队获得最好的结果。把大家考虑后得出的所有结果都写在附近的白板上。

图上端的时间表也可以在确定项目的具体实施步骤后另行定夺，这一点很重要。预先标出的时间表会影响大家对项目的规划，大家会考虑到可行性，从而降低行动愿望。所以一定要根据实际情况仔细斟酌，到底是在游戏前期还是后期确定时间线，哪一种方式更支持引导流程的有效性。

如果参与者在活动过程中想把某项任务分配给某人或者某部门，也完全可以，你只要将这个人的名字或部门的名字加在相应的便签条上就好了（当然这些任务的分配要力求务实）。如果大家想讨论完成该项目需要多少资源，或者他们现在缺少哪些资源，就让他们提出来，记录到房间里的白板纸上。

复杂的项目可以使用更多的行和列。你想画多少行和列都可以，只要有足够的便签条能放进去。无论矩阵最后看上去什么样，大家一起讨论制作的大图都可以当成该项目的大标尺、详细的步聚指南，也可以把图里的内容输入更正式的项目管理软件或其它企业管理平台中。无论哪种使用方式，创建过程中的探讨都具有重要的价值。

可选活动：在白板纸上画一个小号的项目推进图，将大家分为几个小组，让每个小组领一个项目，用马克笔和小便签条贴出其步骤。然后让每个小组向大家展示他们的讨论结果，并就他们列出的步骤寻求反馈。

“项目推进图”游戏基于《引导者随身指南——游戏计划的图解指南》，它源自格鲁夫国际咨询公司的战略远景规划，使用的也是同名模板。

影响与投入矩阵

英文名称：Impact & Effort Matrix

游戏目的

在这个有关决策制定的游戏中，是否采取行动取决于两个要素：行动所需的投入和其带来的潜在回报。某些决策的代价高昂，但是相对于短期的行为，它可以带来更好的长期回报。在决策制定过程中，根据这些因素进行决策分类是一种有效的方式，它迫使人们在实施决策之前对其进行权衡与评估。

游戏人数

以小组为单位，可以扩展到任意规模

游戏时间

30 分钟 ~1 小时，取决于参与者的人数

游戏规则

一旦树立一个目标，团队就会有很多方法想怎么去实现它。游戏开始的时候，先把目标改些成一个问句，用“做些什么”或是“我们需要什么”开头。类似“我们需要做些什么才能达到目标？”这样的，就很清晰、简单。

让大家针对提问独自想自己的答案，写在便签条上。然后运用“点子上墙”游戏的模式，请他们与大家分享自己的想法，同时将这些便签条贴入一个 2x2 的矩阵中，该矩阵由“成果”和“投入”两个维度组成。

成果：行动带来的潜在收益。

投入：行动所付出的代价。

游戏策略

参与者将他们的想法放入矩阵之后，大家可以公开讨论这些放置位置。此时常常会出现这样一种现象，大家拥护某个想法，会把它在“潜在成果”的维度上向上移，或在“投入”维度上向下移。在这种情形下，处在高回报低投入范围内的想法就是大家最赞同，并且愿意实施的想法。

“影响与投入矩阵”游戏来源未知。

记忆墙

英文名称：Memory Wall

游戏目的

公司的每个员工都是有血有肉的人，每个人都想得到大家认同。为了感谢员工的贡献，庆祝他们取得的成就，凝聚团队人心，我们会使用记忆墙，它具有神奇的魅力。

游戏人数

10~50 人

游戏时间

45 分钟 ~1.5 小时

游戏规则

1. 在会议开始的时候，发给大家马克笔、纸、胶带和一个用来画画的平板。同时确保墙上有足够的空间展示他们的作品。
2. 让大家采访屋里的其他人，花 10~15 分钟写下大家记得的那些积极的、印象深刻的记忆，包括一起工作、互相学习和共同参与公司活动的情景。
3. 当参与者记录下足够的素材以后，让他们在 A4 大小的纸上分别将每个场景画下来。告诉他们有 20~30 分钟的时间将这些“难忘的时光”画出来。他们可以和当时场景中涉及的人一起共同回顾并设计当时的细节，用绘画方式或文字方式都可以。
4. 绘画时间结束后，让大家把各自的图画用胶带粘在墙上，形成一个视觉上的“记忆云彩”。

5. 会议的主持人询问谁愿意先讲，邀请他们来到墙边，讲述自己贴出来并愿意分享的回忆故事。所有自愿分享的人都讲完后，你可以走到墙边，挑出那些吸引你的图画，邀请它们的作者来分享其中的故事。

6. 总结整个活动，要求大家花上一点时间，安静地回想那些帮助他们工作做得更好的人，从内心予以感激。游戏结束后，可以紧接着组织个小茶话会！

可选活动：让志愿者来到墙边，挑出一幅图，然后猜一猜是谁画的。如果猜对了，就发给他们一个小奖品并让那个人上来详尽地讲述他的画。如果猜错了，就把问题留给听众，让大家一起猜。如果有多个人猜对，就给他们每人发一个小奖品。

公司棒球队赢了！
把冰水抛给巴恩斯教练
安德拉把她的停车位给了我
欢迎社区改变了这个
我
其他
网络崩溃
妲尼内来救援
POW!
pop!
蕾妮的流程
我们的流程
感谢CI团队！路线图编排得很完美
团队红包
嗨！
给我？
本月优秀员工
客户抓狂
②交给夏洛特
①
③
客户开心
我忘带午饭了，戴夫把他的给了我
感谢你，戴夫！
分销渠道像豆荚中的豆子
技术达人联盟

游戏策略

记忆墙并不是一种策略制定游戏，而是一种表达感激的方式。它唯一的规则就是参与者必须回忆并画出正面积极的、蓬勃向上的记忆，不能是负面的或者有敌对情绪的。对于绘画要有一个大的规定：参与者不许嘲笑自己或是其他人的绘画技术。告诉大家，这个活动是用来分享趣闻轶事，不是绘画比赛。图画是为了描述过去的美好时光，当然我们非常欢迎幽默的表达。

如果看到有的人卡住了，想不起什么故事，就问他一些开放性的问题，帮助他回想起脑海中的某个场景。当有人在分享回忆墙上的一段回忆时，邀请那些同样记得这个场景的人举手，并请他从另外的视角描述这个故事。你也可以把记忆墙用于一个特定的项目或是其中一个里程碑，让大家回想这个项目中或者与这个里程碑有关的回忆，然后画出一大幅图画来描述该项目或里程碑。

“记忆墙”游戏来源未知。

NUF 测试

英文名称：NUF Test

游戏目的

当大家在头脑风暴中集思广益的时候，需要一个好的方法对收集到的想法做一个快速的“现状核实”。在 NUF 测试中，参与者使用三条原则评估一个想法：新颖性 (New）、有用性 (Useful）和可行性 (Feasible）。

游戏人数

小规模团队

游戏时间

短，15~30 分钟，取决于人数规模和讨论的深度。

游戏规则

在游戏开始前首先画一个矩阵，竖排列出想法，横排是以下三个标准。

新颖：这个想法以前试过没有？如果一个想法明显不同于以前的想法，它的得分就比较高。新的想法会吸引大家的注意力，提高成功的可能性。

有用：这个想法真的能解决问题吗？ 一个能彻底解决问题，同时也不会带来额外麻烦的想法会得分较高。

可行：这个想法能够完成吗？新颖而又有用的想法仍需要评估实施成本。资源和投入要求不高的想法得分较高。

在玩该游戏的时候，大家围绕着每一个想法，根据列出的准则从 1 到 10 打分，在专用 记分表上登记分数。团队可以采取先个人打分，再是大家汇总的方法，确定最后得分。打分应该快速，运用直觉，不要做过多分析。

分数确定后，大家就分数展开讨论，过程中可能会发现新的想法或低估了某个想法的不确定性。这时团队可以选择优化某个想法，比如“我们能做些什么，让这个想法花更少的资源，以增加其可行性？”

	新颖	有用	可行
推广蝙蝠侠战车	7	2	6 = 15
脸书小组	Ø	3	10 = 13
奥斯汀蝙蝠之旅	Ø	6	8 = 14
鸟粪肥料	8	9	5 = 22
蝙蝠栖息地赞助商	10	4	1 = 15

游戏策略

该游戏的目标是针对会议上产出的重大举措，从现实的角度对它们进行评估。评估的意图不是“扼杀”好的想法，反而是找出可能存在的弱点，以便在实际运用之前进行改进，使其更为严谨。

“NUF 测试”游戏改编自专利检验过程。

加分项 / 改变项

英文名称：Plus/Delta

游戏目的

该游戏的目的是提出建设性的反馈意见。

游戏人数

人数不限

游戏时间

10~45 分钟

游戏规则

画出两栏：一栏标记为“加分项”而另一栏为“改变项”（Delta, 希腊字母，表示“变量” 的意思）。

1. 让参与者回想某一个活动中做得好的、或是可重复进行的元素，把他们想到的东西记在“加分项”栏里。
2. 然后让大家头脑风暴，哪些是他们想要改变的，写在“改变项”一栏中。

游戏策略

这种征求反馈的方法能够运用于任何活动、想法、产品、或行为。“改变项”让我们更加关注需要改进的地方，而不是直接否定它，这让大家更愿意分享自己真实的评价，并产生改进的想法。

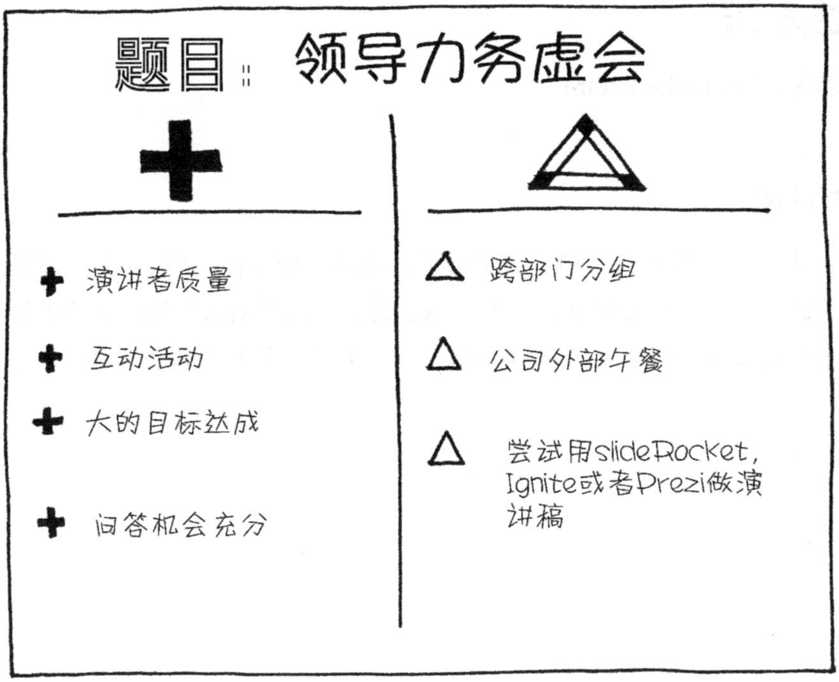
题目：领导力务虚会
+
△
+ 演讲者质量
+ 互动活动
+ 大的目标达成
+ 问答机会充分
△ 跨部门分组
△ 公司外部午餐
△ 尝试用slideRocket，Ignite或者Prezi做演讲稿

“加分项/改变项”游戏来源未知。

修整未来

英文名称：Prune the Future

游戏目的

在大企业工作的员工都知道，许多变革不会在大范围内立刻发生，而是循序渐进，通过小的战略性部署，一点点达成的。“修整未来”使用树作为隐喻，展现未来是如何一步步地塑造成型的，一片叶子一片叶子慢慢雕琢。

游戏人数

5~15 人

游戏时间

30 分钟

游戏规则

1. 在会议开始前，将几摞即时贴或卡片修剪成叶子的形状。在参与者都能看到的空白处画一棵大树，要划上很多粗一些的枝丫，代表多种类型的事件。在树的上方或者下方写下有待讨论的主题。
2. 告诉大家里面的树冠代表主题的当前状态，向外生长的外部树冠意味着它们在向未来发展。例如，如果话题是关于客户数量增长，那么内部的叶子就代表着当前客户的人数分布，而外部的叶子则代表未来期望达到的客户人数分布。
3. 要求参与者把该主题的当前状态写在叶子上，一片叶子一个看法，然后把它们粘在树冠的底部。如果有重复的意见就去掉，然后进行分类，把相似的意见聚在一起，大家一起确定一个合适的枝丫，把它们贴在旁边。
4. 接下来，要求参与者将该主题的未来写在新的叶子上，这些观点可以是对未来的描述，可以是正在发生的变化，也可以仅仅是些潜在的可能性。

5. 让大家围绕着树冠中的相关枝杈，粘贴他们手里的叶子，以此来“修整”未来。如果你愿意，也可以在上面画上粗粗细细的枝干来表示它们之间的关系，这样可以让树看起来更像是自然生长的样子。万一它是以对称生长的，也顺其自然。

6. 同参与者讨论最后形成的这棵树的样子。哪些树枝上的内容最多？哪部分看起来根本没有生长？枝杈在哪些地方连接最多？哪些地方断开了？

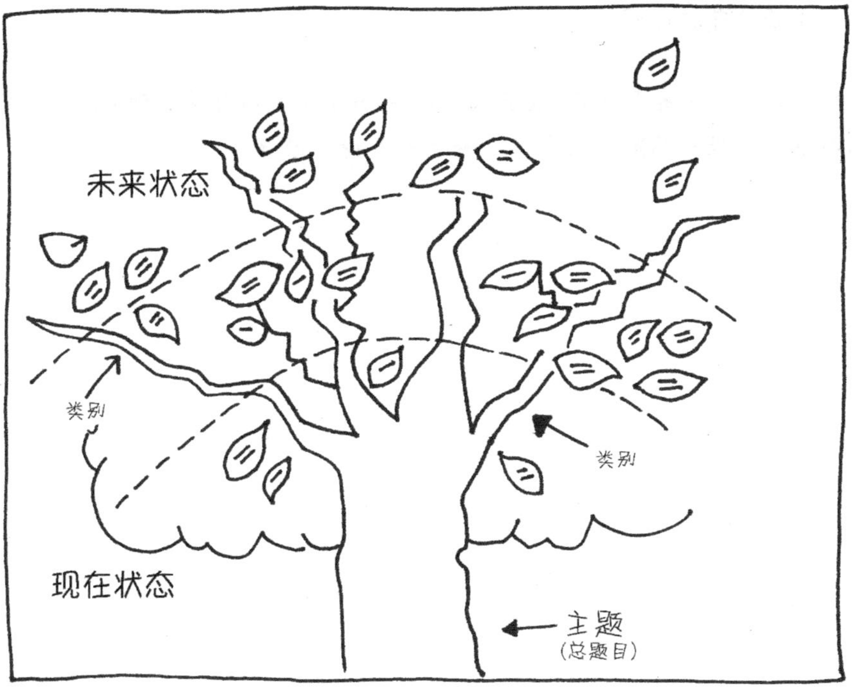

未来状态
类别
类别
现在状态
主题
(总题目)

游戏策略

这个游戏的关键点是运用了树的隐喻，表现出了主题的根源，主题的分枝，还有主题的潜在发展。该游戏用途广泛，因为你可以用一棵树来隐喻公司里任何需要发展或需要塑造的主题。你可以用它来代表一种产品，探索未来的功能；你可以用它来代表一个团队，为它设计未来的角色和责任；你可以用它来代表市场，让大家探索哪些地方正在变化，哪些地方正在增长。

当参与者描绘外部的树冠轮廓时，鼓励他们“爬上高枝”，对未来做更多的畅想。这个游戏的目的是探索各种可能性，现实不现实且放一边。如果某人想让树上长个果实代表投入产出比，那就找合适的地方画个苹果。如果有人要求画另外一棵树（甚至是个小树林），就迅速画一些树的轮廓，让大家按照同样的流程开始添加叶子。该游戏之所以效果好，是因为它可以让我们对看起来较为复杂的主题进行一种非线性的、自然的表达。它通过视觉呈现展示了主题中各要素在未来的内在联系，让大家看到在未来哪些地方生长会受阻，哪些地方生长会蓬勃茂盛。

“修整未来”游戏基于卢克·霍曼（Luke Hohmann）所著《创新游戏：一起玩，协同共创突破性产品》一书中的“修整产品树”游戏。

开始，停止，继续

英文名称：Start, Stop，Continue

游戏目的

“开始，停止，继续”这个游戏的目的是对当前现状进行检验或开发未来的行动计划。

游戏人数

1~10 人

游戏时间

10 分钟 ~1 小时

游戏规则

要求参与者根据目前的状况或未来的目标，针对以下三个方面进行头脑风暴，独立思考。

开始：我们需要开始做什么事情？

停止：我们目前正在做的什么事能够或应该停止？

继续：我们目前正在做的什么事干得不错，应该继续下去？

让每个人与大家分享自己的想法。

游戏策略

该游戏用途非常广，可以作为开场活动或者结尾活动。在“问题解决”类会议中可以用作讨论框架，或通过头脑风暴的方式开发实现愿景的步骤。

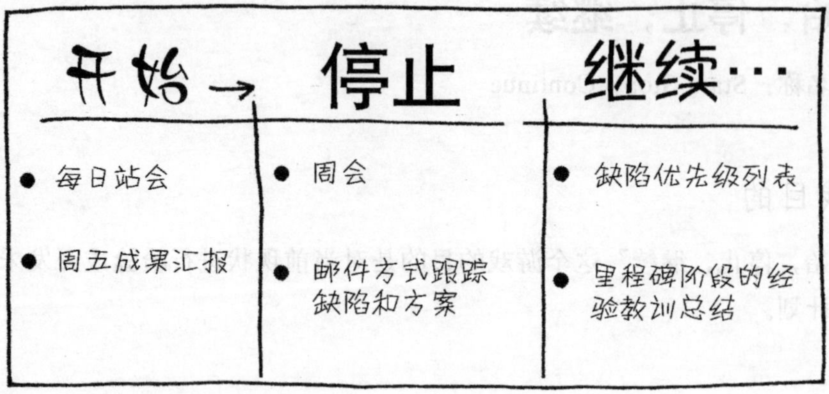
开始
停止
继续…
每日站会
周五成果汇报
周会
邮件方式跟踪缺陷和方案
缺陷优先级列表
里程碑阶段的经验教训总结

“开始，停止，继续”游戏来源未知。

“何人、何事、何时”矩阵

英文名称：Who/What/When Matrix

游戏目的

大家常常会看到这样的情形：人们参加会议，发表强烈的意见，但一谈到接下来要做的事情，就开始含糊其词，躲躲闪闪。我们大家肯定都这样做过，当然心里也会很不自在。这种情况的发生是因为每个与会者都会很自然地认为，组织会议的人要为后续的事情负责，这是他的事。之所以这么想我们是有原因的：我们没有时间承担；我们不相信会议的目标；也有可能是没有清晰的方向，无法决定下一步要做什么。

许多会议结束的时候都会讨论“下一步行动计划”。这些讨论通常都含糊其辞，大家一起列出一堆任务清单，然后交给某个不情不愿的人完事，也没有特定的期限。 通过将讨论关注于何人、何事、何时矩阵，帮助大家清晰地定义出各自的行动，并承诺执行，从而将大家团结起来。

游戏人数

1~10 人

游戏时间

15~30 分钟

游戏规则

在一张白板纸或白板上，画一个矩阵，写上“何人、何事、何时”。

通常我们会本能地从“何事”（必须完成的任务和项目）开始，但该游戏其实要从“何人”（将采取行动的人）开始。将每个参与者的名字写在矩阵的第一栏里。

询问每个参与者，下一步他们承诺实施哪些行动。将这些放到“何事”那一栏里。一个参与者可能会有不止一个他认为必要又重要的事项去完成，那么，针对每个人的每个行动，询问他们“何时”完成。

没人干，活就完不成。人们对行动的承诺不如他们对人的承诺来得强烈。通过“以人为先”规划下一步的行动，会带来几点变化。首先，它清楚地表明，房间里的每个人就是要对下一步承担责任的人。其次，通过当众做出承诺，参与者的行动与个人信誉连在一起，这会促使他最终完成任务。最后，每个人在什么时候完成什么事情就很清晰了，那么谁干得多谁干得少，也就一目了然了。

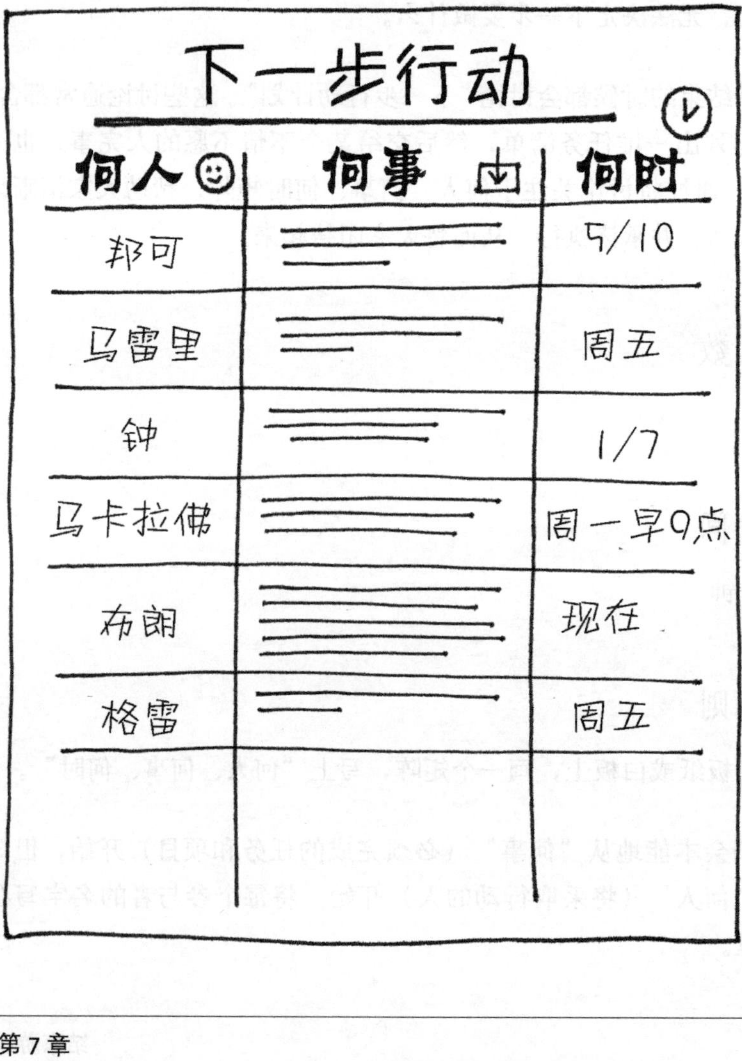
下一步行动
何人
何事
何时
邦可
5/10
马雷里
周五
钟
1/7
马卡拉佛
周一早9点
布朗
现在
格雷
周五

游戏策略

在填写“何人、何事、何时”矩阵时，你可能会发现有很多事情要做。可以利用这个机会询问那些承诺较少或是没承诺的参与者能否承担一些，他们也可以帮助其他人完成任务，不然他们没有必要参加这个会议。

尽管参与者在大家面前接下了任务并给予承诺，但在会后跟进任务的完成则是会议主持人的责任。你可以让大家把承诺通过电子邮件发给你，然后把全部列表整理好再发给大家。

该游戏来源未知。

第 8 章

在工作中应用游戏风暴

我们已经在微观世界中讨论过游戏，你可以通过创造和探索游戏深入理解和参悟任何主题。现在让我们看看现实世界中的一个例子，小规模的团体如何利用游戏风暴寻求特定问题的解决方案。

想象一个世界：贝塔杯故事

2009 年夏天，在一年一度的被誉为“思维大碰撞”（Overlap）的会议上，设计师们在一个偏远的会议中心相遇，同其他领域的人交流想法和实践经验。

什么是“思维大碰撞”？日新月异的技术和设备正在改变人们与信息的交互方式。设计师明白他们也得与时俱进。现在手机可以是网络浏览器、电视、音乐播放器或是卫星导航系统，在这样一个跨界的世界里，你是不可能忽视网络交互对象和接口而去孤立地设计产品和用户界面的。由于复杂度的增加，设计从个人行为变成了团队合作，设计师明白，与其他学科的重叠和交互可以帮助他们找打开创新思路，提高创新机会。因此，他们着手组织活动，全部目的就让设计领域的人和其他跨学科领域的人进行想法交互。

组织类似活动的挑战之一是如何安排时间。每个行业都有自己的语言、文化和做事方式。怎样才能把大家组织起来进行有效的讨论？让大家围坐一圈挨个发言吗？或者设定一个话题，还是展开提问，还是其他方式？在 2009 年的会议上，本书的三位作者，也是本次大会的与会者，决定采用游戏风暴的方式来管理会谈。

所以，现在你可以想象一个世界：在一个遥远的会议中心，50位充满好奇心的高智商人士，心怀与他人讨论创新想法的愿望，我想讲述“思维大碰撞”的参与者托比·丹尼尔（Toby Daniel）。

托比·丹尼尔的故事：他来这里的原因，他在这里的经历，他带走的收获，游戏风暴在他的全程体验中的作用。

甘地说过“欲变世界，先变自身”，那个夏天，托比·丹尼尔就是带着这个想法去参加“思维大碰撞”活动的。

托比本身不是设计师，他是社团组织者，工作职责是改变世界。他曾经为公益机构“上善若水”（Charity Water）募集了25万多美元的善款，该机构的宗旨是为发展中国家的人们提供洁净、安全的饮用水。他还是Camp Interactive的董事会成员，这是一个公益组织，通过户外活动让在城市中长大的年轻一代认识到科技的创造力。2009年夏天，托比找到他特别想做的一个新项目。

“我来参加‘思维大碰撞’活动时，只带了两样东西：我的名字和一个清晰定义的商业问题，”他说，“离开时我不但有了解决方案，而且有了全新的思考问题的方法。”

托比所说的精心定义的商业问题很简单：为什么越来越多的人不用可以重复使用的咖啡杯？每年要砍掉两千万棵树，扔掉580亿个纸杯，就因为对大多数人而言随身携带自己的杯子太过麻烦。但是托比的梦想不是喋喋不休的劝说人们，让他们改变使用习惯，他想让设计师设计出更好的杯子。托比为这个项目起名“贝塔杯”（Betacup）。

想象一个世界。用一个问题开启想象。

在托比梦想的世界里，人们去购买咖啡，但是不需要砍伐树木，不需要制作一次性纸杯。这些不可回收的纸杯越来越多，填满世界各处的垃圾场。他不喜欢这样。那么他的问题是“那个世界看起来会是个什么样子？”

托尼的一位朋友强烈建议他参加我们的会议，理由是“思维大碰撞”大会设计师云集，也许能帮托比的项目找到关键突破口。

“我没有任何设计背景，仅仅有个想法，我要和设计师待上三天，我想他们一定认为我是个彻头彻尾的外星人。”托比说，“我心态很开放，但我只是一个被动的旁观者而已。我会在后排呆着，多观察，看能否通过观察学到点什么。”

但是托比很快认识到游戏风暴完全不是这样的，它把所有人都包含进来，绝不允许任何人游离于外。下面简要描述四个游戏，以及这些游戏是如何帮助托比找到解方案的。

游戏 1：海报会议

第一个游戏是信息采集的“海报会议”，其设计框架参见第 5 章，要求每个参与者用海报的形式创建一个可视化的图画，提出他们要探索的问题。

“这是我第一次有机会对外人仔细描述什么是‘贝塔杯’。这个游戏太有趣了，”托比说，“我觉得既兴奋又挑战。它迫使我用可视化的方法来思考项目。我开始找符号，挑图片，然后寻找它们之间的联系。这方法真不错，它使我意识到要向别人解释清楚这个项目我得需要准备些什么。”

这个练习有个部分是“参观画廊”，所有参与者绕着屋子看其他人的海报。这意味着你的海报不能像 PPT 那样，只是演讲者的视觉辅助工具。每个海报都应该包含了完整的内涵，让人一看就能懂，就像报纸上的资讯图像一样。

“这个练习的最大挑战就是你得把它挂起来，然后自己走开。我必须让人们自己看图并理解它的含义。这确实迫使我要让图片尽可能清晰、容易理解。”

接下来团队用“投票数点”方法（参见第 7 章）从 50 张海报中选出 5 张做深入分析。托比的海报被选中，这就意味着他有机会在更多人面前演示他的提案。

“当我意识到有机会公开分享这个想法时，我兴奋极了。我知道如果有机会让我讲解，再加上一些视觉表述，我就能让大家对我的想法感兴趣，这样我就会得到更多人的参与和支持。”托比说道，“我们每个人有 30 秒时间陈述自己的想法，然后人们‘用脚投票’（参见第 6 章）。那绝对是一个可怕的练习。但是这种可怕非常刺激。我们可以清楚地看到大家的热情在哪儿，人们愿意在哪里投入时间和精力。值得高兴的是，贝塔杯汇聚了一部分人气，这样我们就能一起做更深入的工作了。”

游戏 2：出去走走

虽然没有正式规定，但不管是在公园散步，还是吃个随便的午餐，大家在休息时间都被鼓励与团队成员聚在一起活动，互相增加了解。海报会议结束后，每个人都加入了五个“项目组”中的一个，团队成员会一起出去走走，互相认识，并且开始规划他们要做的工作。

“出去走走的过程使我有机会认识其他志同道合的伙伴，与他们探索想法，思考如何从概念向前更进一步。”托比说。

“我们散步的时候，我决定带头打开对话。我不想当头儿，但是我真的很想了解他们每个人体验，以及他们如何看待这个问题。喝咖啡的人在这个问题上多少都有想法和感受，我们可以有很多话题。”

“所以我就开始抛出个大话题，让大家谈论喝咖啡的体验，当然每个人对此都有相关的体验。接下来我试着锁定一个问题‘这件事你打算怎么做？’”

“我们当时散着步，而每个人都想参与讨论，因此大家需要重新调整队形。一半的人开始后退着走。这种新的队形让我们的谈话更加热烈。我们一边走一边说，人们不断地移动， 调整并变换位置。人们有时候分散成小团队，然后再回到大组来。这个过程非常松散，没有组织，但是很有趣。”

“45 分钟散步结束过后，从想法、创造性和友情方面，我们都有了出乎意料的收获。”

游戏 3：做出有形的东西

下面的游戏就是原型制作，即应用设计能力，做出一个具体的模型，让人们可以实际触摸和感知，与之互动。托比的团队选择使用便签条做一个在线调 ? 的原型。

“我们散步时得到的想法之一是做一个咖啡消费调研，因此一旦有机会可以做些事情，我们便迫不及待地写调查问卷。我们开始试着真正了解人们喝咖啡的体验和过程。”

“我们在大张易事贴上写下要调查的问题，总共约 20 个，每张写一个，然后把它们都贴在墙上。我们把问题挪来挪去，修修改改，扔掉一些不够好的，看到哪个问题行不通就直接换掉。”

“接下来我们从别的组邀请了三个人来回答问卷。我们让他们浏览每个问题，用小张易事贴写上答案，并把它贴在问题的后面。”

“我从来没想过能把电脑里的调研问卷用这种方式设计，可是它取得了不可思议的成功。观察人们用这种方式回答问卷的过程，你可以看到他们在哪里困惑或者根本没看懂，因为你就站在他们旁边。你可以非常容易地给他们反馈或者寻求他们的反馈，他们会说‘哦，我刚才没理解那个意思’等。”

游戏 4：肢体风暴

肢体风暴（参见第 6 章）是一种游戏，参与者通过即兴表演和角色扮演把想法转化成切身的体验，以此来进一步探索问题。参与者可以用各种小道具、纸或手边的任何东西布置出简单的舞台，通过肢体互动来展示出他们自己的想法。

到了向所有人展示想法的时候，托比的贝塔杯团队决定采用现场表演的方法来了解消费者是如何购买咖啡的。他们用折叠椅、纸杯和桌子布置了一间星巴克咖啡屋，给每个人分派角色，开始表演不同的场景。

“开始的时候我们觉得是产品问题，随着表演这些知识性游戏，我们意识到这个问题是多方面的，不仅仅包括产品，还有商业系统以及同消费者互动方面的问题。”托比说。

“我们需要解决产品问题、系统问题和消费习惯问题。这个游戏是帮助我们把所有这些放到了一起。我们需要从消费者的角度来理解系统，同时也要从商店经理的角度来理解问题。我们搭好舞台后，演出了许多不同的场景。体风暴让所有的体验生动有趣，它是我们做得最有用的事情之一。”

“在总结阶段我们需要向大家解释我们的解决方案，但是我们玩得太嗨了，充满激情，因此决定继续用体风暴探索我们的想法，希望别人能够藉此理解这些想法，”他补充说，“我们还给观众安排了‘暂停键’，他们可以暂停我们的表演，随时提问。”

托比的团队通过游戏风暴找到的解决方案不只是更好的、可以重复使用的杯子，它还是一个非常棒的系统。他们使用数字化手段使这种杯子有了更多功能，它可以记住主人最喜欢的口味，可以用作信用卡，或者借记卡，或者返点卡，或者会员卡，多种功能汇聚一身。他们用肢体风暴给大家展示的星巴克咖啡屋里，除了有你们常见的普通的排队通道，还有一种快速通道，人们通过扫描自己的贝塔杯方便快速地选择咖啡，躲开了时间长、服务慢的普通队列。他们通过不同的场景突出了贝塔杯的好处。例如，给办公室同事捎咖啡的人没有必要记住每个人的口味了，因为这个信息已经在同事的贝塔杯中有记录。团队的解决方案使每个人受益：消费者可以得到更快、更好的服务，星巴克可以为更多客户服务从而获得更多利润。

游戏结果

周末结束后，托比回到纽约。一周后他接到星巴克环境事务部总监吉姆·汉纳（Jim Hanna）的电话，你可以想象他有多么惊讶。

“有意思的是他正好是我们想要去拜访的人，”托比说，“来到思维大碰撞会议之 前，我曾经问我的一个顾问是否认识星巴克的人。她说我应该和吉姆·汉纳聊聊，但凡是涉及星巴克的环境影响问题，他绝对是首选。”

“接着就是‘思维大碰撞’会议，我们团队的成员之一，布莱妮·埃文斯（Brynn Evans）在她的博客中为这个会议写了精彩的回顾，许多人转载了她的内容，我们的故事就在互联网上逐渐传播开来。然后就有人把它转发给了吉姆和他的同事。”

“接到吉姆的电话真是令人兴奋，我是说，每个人都想和星巴克建立联系，而他却主动给我们打来电话！”

据托比说，更有意思的是，星巴克说如果按照托比原来的计划，设计一个更好的、可以重复使用的杯子的话，他们就不会打电话了。他们手里有成千上百个涉及如何设计更好的一次性纸杯的想法，星巴克几乎要被杯子的想法淹没了，而且还有很多人排着队等着和星巴克介绍他们自认为不错的杯子。星巴克对托比的贝塔杯项目感兴趣，是因为它把很多人凝聚在一起，不仅重新思考杯子的设计，还关注与杯子相关的整个体系的搭建。

引起他们共鸣的是设计方法来自于一个社区，而这个社区里的人可以是来自世界任何地方人，他们可以提供任何想法，即使在设计过程的开始，这已经带动起一场运动了。

“如果我们早点儿找到星巴克，在我们参与到社区交流之前与他们交流，我们不可能从最重要并最有价值的潜在伙伴和分销商那里得到这些深刻的见解。”托比说，“而现在，星巴克绝对是我们正在做的这件事的主要支持者之一。”

星巴克现在赞助 2 万美元进行贝塔杯设计挑战赛，已经收到上百个想法，这些想法将由贝塔杯社区和一个专门小组来审视。

这只是一个成功的案例。我们希望你能创造自己的故事，并在本书未来的版本中与我们分享。通过游戏风暴，你可以比已知的其他方法更快、更好、性价比更高地把想法变为行动。

我们的网站是 *http://gogamestorm.com*。现在放下手中的这本书，行动起来，游戏风暴就此开始！

世界咖啡，我们新大陆是怎么玩出新花样的

文/林静　魏丽萍　王唐燕

> 中文版编者按：没有什么问题，不是世界咖啡不能解决的，如果不能，请来三杯！！！在《游戏风暴：硅谷创新思维引导手册》这部视觉引导经典中，我们特别邀请新大陆软件的团队来分享一下他们的世界咖啡落地实践，彩色版请扫描二维码阅读。

作为敏捷培训的后续活动，我们新大陆参训的学员尝试用一种新鲜的方式进行复盘，那就是世界咖啡。通过工作坊的方式来开展头脑风暴，寻求思维碰撞，集思广益，针对大家碰到的难点一起探索解决方案和行动计划。我们新大陆一共举办了三轮世界咖啡。

分享
聆听
连结
贡献
集体智慧
世界咖啡
Be Happy

ASIA
EUROPE
CENTRAL AMERICA
AFRICA

第一轮，运营部的星星之火

来自不同地域的咖啡豆，天然带着自身特有的风味，标签鲜明。来自不同团队的每个人，往往也都带有自己的固定视角，执着其中。我们时常会遇见这样的情境，讨论会太长太枯燥，全程团队无精打采。说好轰爆全场的思想碰撞，却被现实打脸，变成泡影？究竟是哪里出了差错？第一轮“世界咖啡工作坊”，要做的就是药到病除的事儿。

之所以选择世界咖啡，主要来自于这个游戏本身的三大特点。第一，打破僵化会议形式，化解尴尬会议现场，短时间大量倾听不同角色、不同“派系”的观点，第二，可以帮助大家“跳出舒适区”，换个角度看问题。第三，用分享、聆听、连结贡献集体智慧，用文字、图画、演讲展现团队魅力。

世界咖啡五字真言

听（动耳）：用心聆听每一位参与者的发言，有可能不经意之间，你就能听到那句触动人心的真理或者是对你极其有帮助的一句话。

说（动口）：勇敢地表达自己的想法，你的想法是否有价值，不是由你自己判断，而是由听的人说了算，你不以为然的一句话，可能给他人带来很大的帮助或者触发他新的思考。

话题一：认识我们的团队，
优势and不足
话题二：SCRUM，
是否给出了改进的建议
话题三：落地过程，
问题and对策

思（动脑）：任何话题的交流与学习，不仅仅在于你听到什么，说了什么，更重要的是你想到了什么，只有积极地思考，才能让对话更具有价值。

画（动手）：每一轮讨论的集体成果都需要用图画的方式来呈现（不排斥文字），同时每一个小组成员都要讲得清楚画的是什么内容。

行（动脚）：听说思画都是仅仅围绕着实际行为开展，一切问题来自于工作，而又回到工作，以解决实际的工作问题。

经过三轮采蜜，我们针对三个话题实现了初步目标，各团队之间互通有无，更好地了解项目情况，兄弟团队遇到问题，互帮互助，攻克团队弱点，吸取团队可借鉴的方法，思路豁然开朗，原来可以这么玩，原来问题真的是可以解的。我们可以大胆预期，运营部点燃的星星之火，能进一步推动形成燎原之势，让更多团队通过这种跨界合作的机会，共同创造一个更新颖轻松的氛围，打开脑洞，真诚地交流。

第二轮，交付提速老话题，世界咖啡新形式

团队交付速率慢，需求交付周期长；过程执行不透明，问题定位不清晰。每一个问题都似曾相识。老调重弹，改进！改进！改进！方案讨论了一轮又一轮，落地时候却困难重重，更糟糕的是竟然会逐渐悄无声息。第二轮，我们希望通过“世界咖啡”的新形式，重新启动头脑风暴，探讨交付提速的老大难问题，用对话找答案，体验集体创造力。

在世界咖啡的“香氛”中，26位伙伴全情参与，4个小时的思维碰撞，5个小组的

热情分享，了解更全面的团队现状，挖掘更深入的阻碍原因，聚焦更有效的行动方向，获取更深刻的改进共识。

环节一：分析交付速率阻碍
环节二：聚焦TOP10
环节三：探讨落地策略
环节四：总结行动方案

开始之前，我们做了一番自省，找找各家都遇上了哪些阻碍交付速率阻碍的情况。通过畅所欲言，不同团队暴露出不同的问题，挖掘更深层次的原因；通过小组分享，原因归类，聚焦十大，考虑最有成效的改进方案。

以下，是我们总结出的十大交付速率障碍。

01. 变更影响

02. 关联影响

03. 需求排期问题

04. 需求、代码复杂度高

05. 开发质量不高

06. 环境问题

07. 流程执行

08. 沟通问题

09. 人力资源不足

10. 开发人员无法专注开发

随后4轮“采蜜”，每轮20分钟，通过认真倾听和激烈的探讨，5位桌长平均20分钟的分享和答疑解惑，进一步澄清了改进目标和措施。哇哦，我们最后硕果满满，得到了7大主题24条改进措施。

1. 需求排期

目标：聚焦业务需求的按时交付；测算产能，有效规划交付承诺

行动项：

01. 测算团队产能及需求流量，提供排期计划数据基础。

02. 以业务需求的按时交付为目标，梳理软件需求优先级，建立跨组团队协调小组，按月制定需求排期计划，推进开发实现。

03. 确定紧急需求容量，超过容量限制，对排期计划进行调整，替换低优先级需求。

04. 系统优化：实现业务需求电子看板，展示排期计划推进情况。

05. 推行业务需求 Owner 负责制，负责需求的统一管理、协调。

2. 变更控制

目标：变更影响分析，明确责任，避免扯皮现象；提前干预，主动引导，控制变更源头

行动项：

01. 进行有效变更影响分析，包括技术风险、变更范围、工作量影响、工期影响等，并及时邮件通知客户，获得确认后，纳入需求队列，进行需求排期，原则上不影响当前迭代。

02. 业务需求分析阶段，产需人员提前介入，与需求提出人、客户需求负责人进行评估，包括需求合理性、技术可行性等，降低开发过程的变更风险。

03. 邀请客户参与迭代评审会，通过对已完成的功能或用户故事的实际运行，提前进行确认；或通过页面截图、操作过程录屏或操作手册的方式，在开发过程中与客户进行分阶段确认。

3. 流程控制

目标：强调流程规则，降低流程反复、等待影响

行动项：

01. 明确提测条件：功能功能基本流贯通，开发文档齐备，系统过程状态正常。

02. 产需文档需提供完整流程图（子系统交互）。

03. 确认第三方联调需求和计划后，由需求负责人发起联调环境网络申请，避免影响联调进度。

4. 效率提升

目标：提升开发效率，尽可能消除等待时间，实现快速交付

行动项：

01. 通过每日立会，主动沟通开发、测试进度，识别过程阻塞，并及时消除。
02. 控制并行任务数量，降低在制品 / 半成品质量，提升开发专注度。
03. 定期对故障和问题单进行分析，收集典型案例（问题定位、解决方案、原因分析、改进措施等），进行总结分享，并提交知识库，方便检索，提升故障处理效率。
04. 指定专人进行故障协调，制定合理的故障升级和汇报机制，并切实执行。
05. 成立技术专家组，复杂需求及跨组需求，通过专家组进行需求分析、拆解及架构设计整体规划，加强需求支撑的前瞻性，提高复用度。

5. 质量提升

目标：提升开发质量，避免返工造成的浪费，提高客户满意度

行动项：

01. 召开需求澄清会和计划会，产需及设计人员对团队成员进行需求业务背景及设计方案说明，通过团队共同估算，共同拆分任务，团队成员对需求内容、开发思路形成一致明确的理解，逐步打破业务壁垒。
02. 关键模块 / 新员工代码，进行代码走查，或开展结对编程。
03. 开展编码规范的培训与宣贯，并落实跟进；Java 代码通过自动化工具检测，技术债务需及时清除；C++ 代码暂无自动化工具支撑的情况下，需安排专人进行代码走查。
04. 提高自动化测试覆盖度，降低系统关联性影响。

6. 环境维护

目标：解决开发、测试环境可用性问题，规避封网影响

行动项：

01. 组建开发、测试环境维护团队，负责环境维护（包括应用、数据、网络、权限等），明确人员职责。

7. 团队培养

目标：明确团队目标，提升团队成员能力，建立可持续发展的工作环境

行动项：

01. 识别团队的人才梯队，确定团队目标，制定合理培训计划。

02. 完善知识库，梳理培训材料，开展定期培训，包括业务流程、设计方案、开发技能等。

03. 定期开展回顾总结会，范围可涉及开发过程优化、团队工作氛围、故障缺陷分析、开发经验分享等。

通过第二轮世界咖啡工作坊，我们进一步创造了一个更开放、主动的交流场景，突破了思维的局限性，通过集体智慧加深共识。我们发散思维，再聚焦讨论，收获了很多改进建议，并达成了共识。接下来更重要的是，行动！确定改进建议的优先级、落地措施、跟踪成效、持续改进！

第三轮，让问题素颜出镜，暴露最本质的“浪费”

我们第三轮的宣传做得太燃了，你看：

> **这是团队目前面临的困境吗？需求分析不到位，返工止步不前！无用功繁重文档，占据大量时间！流程反复催操作，让人心烦意乱！环境主机老问题，排障无从下手！各种巨大“浪费”，怎样合理“消除”？4 小时世界咖啡工作坊，带你一起头脑风暴，聆听来自不同岗位、不同团队伙伴的声音。**
>
> **这 4 小时，让你确认 TOP3；**
> **这 4 小时，让你深入 5WHY；**
> **这 4 小时，让你明确 4 大主题；**
> **这 4 小时，让你获得 12 条解决措施。**
>
> **沟通无限，思想火花，就在此刻世界咖啡工作坊。**

很抱歉，这张图实在太重要，我们不得不让它再次出境。我们从三大话题入手。

分享
聆听
连结
贡献
集体智慧
世界咖啡
Be Happy

话题一：识别和“浪费”“价值”
确定top3
话题二：“浪费”从何而来
深入5WHY
话题三：“消除浪费”我有招！
马上5Do

为了寻找丢失的75%的时间价值团队对工作过程中的“价值”和“浪费”进行了识别，各组的五大汇总如下。

价　值

01. 持续快速交付需求，促进工作量结算。

02. 自动化工具开发，减少重复人工消耗。

03. 必要的高质量培训、分享会，提升团队能力。

04. 开发过程内建质量措施，如单元测试、代码走查等。

05. 有效的需求分析，业务需求的正确解读，软件需求的详细描述，以及多角色共同参与的需求澄清会。

06. 看板和站立会，显示化团队进展、阻碍和问题。

07. 迭代评审会，通过功能演示，确认需求被正确实现，保障交付质量。

浪　费

01. 业务需求不明确，软件需求分析不到位，在需求接收阶段或开发过程中，反复沟通、等待、返工，耗费大量时间。

02. 代码质量不高，产生大量缺陷，或上线后出现生产故障；缺陷修复不产生价值，但影响交付时间和客户满意度，严重的情况，对团队后续计划也无法保障。

03. 需求开发完毕，受关联影响不能及时上线，等待过程发生需求变更要求返工，或直接需求取消，造成无效投入，由于资源占用，还可能造成其他需求无法及时开发交付。

04. 开发过程要求提交大量配套文档，文档内容重复较多，且部分内容无人关注；文档编写低效，且无法有效保证填写规范性，为保证质量，需要进行人工审查，进一步增加工作量和开发周期。

05. 任务并行情况常见，以及紧急任务强行加塞，导致时间碎片化，任务频繁切换，效率降低。

06. 低效沟通，传递环节过多，信息在传递过程消减、失真，造成歧义或需反复确认；同时缺乏对重要信息的广播，团队无法及时获悉，达成共识。

07. 维护团队与开发团队存在脱节，问题定位需要双方团队频繁交互，提供咨询，影响工作专注性。

经过激烈的头脑风暴，团队运用5个为什么的探索方式，深入分析每个现象最根源的问题，讨论更有效的解决方案。主要集中于对4个主题进行根因分析并提出改进措施。

主题1：需求分析

原因分析：

01. 客户需求负责人对业务需求不明确，与一线需求提出人沟通不畅，无法满足需求深入挖掘需要。

02. 团队各角色成员，对需求理解不一致。

03. 需求优先级识别，与业务需求交付或关联需求交付要求不一致。

改进措施：

01. 业务需求分析阶段，产需人员提前介入，与需求提出人、客户需求负责人进行评估，深入挖掘需求，包括需求合理性、技术可行性等，降低开发过程的变更风险。

02. 以业务需求的按时交付为目标，梳理软件需求优先级，建立跨组团队协调小组，制定需求排期计划，明确迭代目标，确定协调负责人，推进开发实现。

03. 召开全团队共同参与的需求澄清会，由产需人员进行需求目的介绍和用户故事梳理，团队参与实现方案和维护跟踪的落地方案讨论，避免信息在多轮传递过程中失真或丢失，在保持对需求理解一致性的情况下，也能起到团队业务培训的作用。

主题 2：内建质量

原因分析：

01. 代码质量不高，单元测试及代码规范走查不充分。

02. 开发、测试人员对业务熟悉度不足，对需求缺少全局意识。

03. 开发环境不具备自测和集成测试条件，无人维护。

改进措施：

01. 重新梳理培训体系，建议参考测试团队的课题设置，根据受众需求不同，有针对性地设计分层次的培训课程内容和方法，包括各类开发规范、业务场景、模块架构、接口规范、开发技巧等。

02. 加大自动化测试投入，提高自动化测试覆盖度，降低系统关联性影响；前期可由开发人员主导，后续测试人员进行维护。

03. 组建开发环境维护团队，建议采用“专职机长”制度，负责对应主机的环境维护和协调（包括应用、数据、网络、权限等），明确人员职责和工作流程；建议参考测试组，建立固话、话单等数据库资料、文档（或和测试共享）。

04. 故障处理、分析和改进要落到实处，生成对应故障处理分析过程文档，建立推送机制和知识库，让团队全员都对生产故障加强感知，并及时了解，达成共识。

05. 按照团队情况，进行在制品限制，培养团队“尽快交付、延迟开始”的工作模式，减少并行任务干扰，提高反馈效率。

主题 3：文档规范

原因分析：

01. 部分文档信息冗余，无人关注，模版长期未更新。

02. 部分文档信息为常规、固化信息，重复填写，浪费时间。

03. 手工维护文档，完整性和规范性无法保证。

改进措施：

01. 开发新的文档编写工具，减少重复信息填写，将文档信息和融合在开发过程中，并结合完整性和规范性审计；需求交付时，可根据交付内容和客户需求自动生成对应文档。

02. 常规、已固化操作的文档信息，如上线跟踪表，要进行梳理，根据业务需求自动提供对应信息。

主题 4：运维衔接

原因分析：

01. 运维团队对业务了解不足，沟通滞后；

02. 自动化运维工具有待完善，监控信息无法及时传递到开发团队。

改进措施：

01. 建议运维团队增加前期与开发团队的交互，参与需求澄清会、迭代评审会这样的实践活动，将运维风险提前暴露，同时加深对业务需求的理解。

02. 建议运维团队增强自动化运维工具的使用，减少人工重复工作的资源耗费，才有精力和时间参与需求开发过程。

在面临复杂问题时，我们的思维方式也常同这个“灯下找钥匙”的醉汉所差无几，同样也是先在自己熟悉的范围和领域内寻找答案，哪怕这个答案和“有效”相隔万里！

而我们应该全面思考问题的最根本原因，不能只局限在灯下的亮光，找到最有效的解决方案，消除工作中的“浪费” 使工作达到更大的成效。多问几个“为什么”，向根源要答案！

“我在找钥匙。”

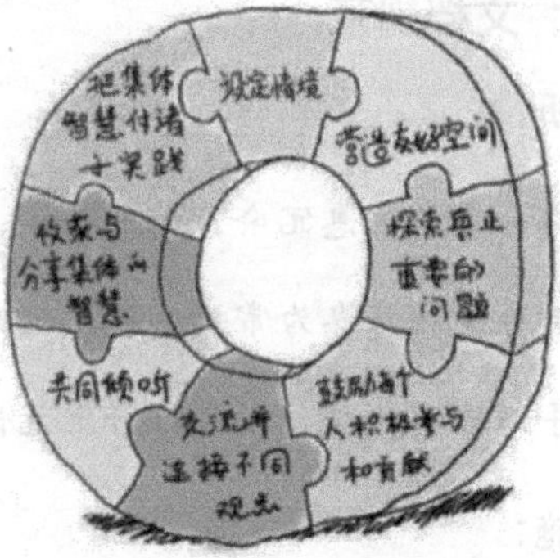
设定情境
营造友好空间
探索真正重要的问题
鼓励每个人积极参与和贡献
交流并连接不同观点
共同倾听
收获与分享集体的智慧
把集体智慧付诸于实践

（左图来自何勉老师的《精益产品开发》，右图来自网络，版权归原作者）

同时，在这次世界咖啡工作坊的开始，我们通过多元化特性分析（地域、性别、业务、角色、年龄段），重新进行了团队的组建，让大家对自己的团队成员加深认识。其实，这在我们日常工作也是时常会面对的一个场景。不管是新组建一个团队或是加入一个团队，都需要跟团队的伙伴们互相了解，这样在接下来的工作中才能有效配合和补位。如果团队资源无法满足团队目标的要求，我们还必须积极地去争取外部的资源支持，来重新打造团队。一个活动，多重收获，这就是我们希望带到给团队的。

世界咖啡整个的模式，是鼓励每个参与的成员积极的发言，把自己的想法分享给团队，通过这次的有问有答，我们把更多的交流和想法达成共识，收获了集体的智慧。活动结束后，希望参与者把这次的集体智慧付出实践，这，才是一个完整的世界咖啡的闭环。